Richard Bühle

Mein Tagebuch

Aufzeichnungen
eines Dreizehnjährigen
aus dem Jahr 1865

Herausgegeben
von Brigitte Richter

Lehmstedt

www.lehmstedt.de

Gestaltung, Satz, Umschlag: Mathias Bertram, Berlin
Herstellung: Jütte-Messedruck Leipzig GmbH, Leipzig

Printed in Germany
ISBN 3-937146-30-X

Tagebuch
von
Richard Bühle

Leipzig,
den 1. Januar
1865

HINWEISE ZUR LEKTÜRE

Alle Zusätze der Herausgeberin stehen in eckigen Klammern [ ]. Worte, Sätze und Abschnitte, die mit geschweiften Klammern { } umschlossen sind, wurden von Richard Bühle nach der Niederschrift wieder gestrichen oder gar überklebt. Serifenlose Schrift kennzeichnet Aufzeichnungen, die aus Gründen der Geheimhaltung in Gabelsbergerscher Kurzschrift abgefaßt wurden. Die Ziffern neben den Abbildungen im laufenden Text (zum Beispiel ▸ F1) verweisen auf vorhandene farbige Faksimiles originaler Tagebuchseiten in den sechs Bildteilen, wo die Reproduktionen von 1 bis 24 durchnumeriert wurden. Nähere Erläuterungen zur Textgestaltung finden sich im Anhang auf den Seite 187/188.

§en. 1865.

§ 1. Dieses Tagebuch schreibe ich im Jahre: 1865.

§ 2. Meine Eltern[1] haben ein Dienstmädchen, welches »Friderieke Mehnart« heißt.

§ 3. Wir wohnen in Leipzig, Klostergasse N° 14, 3 Treppen, zu den 2 goldenen Sternen.[2]

§ 4. Ich gehe in das Zillsche- ehmals Hauschildsche Institut, in der Petersstraße zum »Hirsch«.[3]

§ 5. Ich gehe in der § 4 genannten Schule, in die II. französische Classe A, jedoch hoffe ich daß ich zu Ostern in die I. französische Classe komme.

§ 6. Mein Bruder Oskar[4] geht ebenfalls in das Zillsche Institut, aber einige Classen tiefer: in die II. englische Classe, jedoch derselbe wird gewiß zu Ostern in die I. englische Classe versetzt werden.

§ 7. Ich habe folgende Lehrer: Dr. Kleinsteuber, Klassenlehrer,[5] Mr. Mikeltwathe ausgesprochen: Mister (Herr) Mickelqeet, Englischlehrer, Herr Fuchs, Turnlehrer, Herr Conrad, Schreibelehrer und Zeichenlehrer, Herr Wienand, Singelehrer, Dr. Quell, Geographielehrer, Dr. Lachmann, Naturgeschichtslehrer, der Herr Direktor Zille, Religionslehrer.

§ 8. Dr. Kleinsteuber hat die beiden folgenden Spottnahmen: Krätzrich, welches der gebräuchlichste ist, und Katzendoktor. – Dr. Lachmann wird: Lerchenbaum (am gebräuchlichsten), Pavian oder Lacharsch genannt. Das Wort Lerchenbaum werde ich im »§ 12« erklären.

§ 9. Sandford and Merton ist ein Buch,[6] Westley ebenfalls.[7] Beide Stunden haben wir bei Mr. Mikeltwathe.

§ 10. Ich habe folgende Verwandte:
Mein Großvater »Herrmann« in Cöthen.[8]
Meine Großmutter »Lore (Eleonore)« in Cöthen.[9]

Onkels.

Moritz	Cöthen	Die bis jetzt verzeichneten
Herrmann	Cöthen	heißen alle mit den Vatersna-
Carl	Cöthen	men Sternthal.
Franz	Cöthen	
Albert Bühle	Berlin	selbstverständlich des
Eduard Bühle	Mittenwalde	Vaters Brüder.
Löwenberg	Brüssel (??)	hat meiner Mutter Schwester, Emma, zur Frau gehabt, welche aber längst an der Schwindsucht gestorben ist.

Tanten.

Marianne	Cöthen	Moritzens Frau
Ida	Cöthen	Franzens Frau
Marie	Cöthen	Herrmanns Frau
Auguste Bühle	Liebenwalde	selbstverständlich des
Julie Bühle	Berlin	Vaters Schwestern.
Anna Bühle	Berlin	Alberts Frau
Therese Bühle	Mittenwalde	Eduards Frau
Adelheid	vorläufig New York	Carls Frau

Cousins.

Alfred 2 Jahr alt	Cöthen	Herrmanns Junge
Selmar 10 Jahre	Cöthen	Karls Junge. Derselbe ist mit seiner Schwester und Mutter in Amerika, wird jedoch bald nach Europa kommen.
Oskar ½ Jahr alt	Cöthen	Herrmanns Junge

Cousinen.

Rosalie	vorläufig New York	Karls Mädchen
Anna	Mittenwalde	Eduards Mädchen
Agnes	Berlin	Juliens älteste Tochter

§ 11. In meine Classe gehen folgende Knaben:

R. Bühle (also ich)	Klostergasse No. 14
B. Flemming	Weststraße No.
A. Friedländer	Bahnhofstraße No. 19–20
C. Henniger	Auerbachs Hof
P. Hoffmann	Elsterstraße
K. John	Antonstraße No. 9
R. Liebich	Weststraße No. 30
P. Roch	Lurgensteins Garten No. 5g
C. Rüder	Braustraße No. 14
J. Schapiro	Poststraße
R. Schulze	Grenzgasse No. 6 a
R. Syrutschöck	Wintergartenstraße No. 13
H. Tannert	Karolinenstraße No. 14
C. Vogel	Alexanderstraße No. 5
Summa: 14.	

Vogel und John gehen zu Ostern ab, da sie comformirt werden. Da kommen gewöhnlich viele neue in die Schule, ach, wollte doch der liebe Himmel mithelfen, daß Große in unsere Classe käme.

§ 12. In diesem § werde ich den Spitznamen des Doktor Lachmann »Lerchenbaum« erklären. Schon im Voraus will ich sagen, daß »ich« der Urheber dieses Spitznamens bin. Dr. Lachmann nannte uns einst einige Bäume und schrieb sie an die Tafel. Er schrieb:

Lerchenbaum
Leder

Jeder wird das oberste, wenn es genau gelesen wird, für Cerchenbaum und das unterste [für] Ceder ansehen.[10] Da sagte ich halblaut: das heißt: Cerchenbaum. Wüthend gemacht rief mich Dr. Lachmann vor. Er fragte mich: »Wie heißt das oberste?« Ich antworte, nicht ahnend, daß ich es falsch sagte: »Cerchenbaum«. Quatsch, hatte ich eine

Ohrfeige weg. Natürlich war ich sehr erstaunt. Aber bald klärte er mich auf, denn es hieß ja: Lerchenbaum. »Wenn das oberste aber Lerchenbaum heißt, muß das unterste doch aber Leder heißen«, sagte ich nachher zu meinen Mitschülern und sie stimmten mir vollständig bei. –

Der letzte Glockenschlag der 12. Stunde ist soeben verhallt und das neue Jahr hat begonnen!!! »Prosit Neujahr!«

Leipzig, in der Nacht des 31. Dezember Punkt 12 Uhr geschrieben!

Jetzt gehen wir zu Bett – und Prosit Große

Sonntag, den 1. Januar 1865.
Prosit Neujahr! Große lebe hoch!

Sonntag, den 1. Januar 1865. Heute Nachmittag 3 Uhr ging ich ein wenig runter. Ich ging nach der Pleiße, welche an der Promenadenstraße vorbeifließt. Da sie schon längst gefroren war, und auch jetzt alles voller Menschen wimmelte. Ich will jetzt den ganzen Lauf der Pleiße beschreiben:

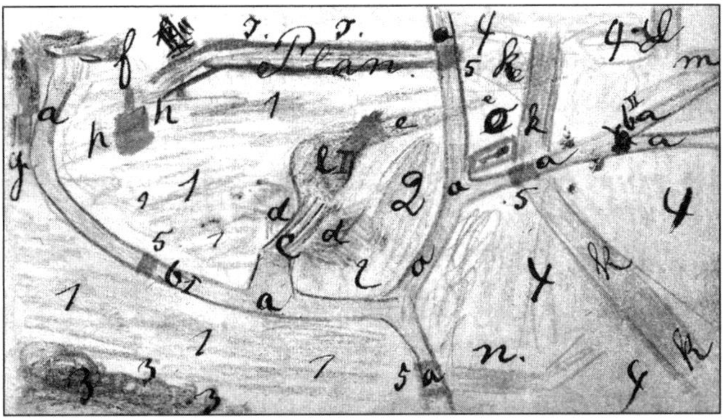

▸ F2

a Pleiße.
b^I so weit bin ich nach Lindenau zu gekommen
b^II so weit bin ich nach Leipzig zu gekommen
c trockenes »Hochzeitswehr«
d Abhänge; da das Hochzeitswehr in einem Kessel liegt
e offenes (nicht zugefrorenes) Wasser unterhalb des Hochzeitswehres
f Lindenau
g Plagwitz
h Kuhthurm (Restauration)[11]
i Chaussee nach Leipzig
k Weststraße[12]
l Leipnitzstraße[13]
m Frankfurterstraße[14]
n Promenadenstraße[15]
o Liebichs Haus[16]

1 Wiesen
2 Felder mit Schnee bedeckt
3 Wald
4 Vorstadt
5 Brücken

Erst ging ich rechts nach dem Hochzeitswehr[17] um zu sehen ob das Wasser unterhalb des Wehres zugefroren war. Jedoch daßelbe war nicht zugefroren. Dann ging ich wieder zurück rechts die Pleiße entlang vor Liebichs Haus vorbei durch Brücke 5. bis b II. Dann ging ich bei Heines[18] Bau vorbei und an der Barfußmühle[19] sah ich plötzlich mehrere Lichter auf dem Eise; als ich dazukam war es ein Christbaum welcher auf dem Eise stand und eine Menge Jungens drumrum. Nachdem ich ihnen eine Weile zugesehn ging ich nach Hause.

Was noch über den Plan:

Was den Plan anbelangt, so ist er nicht ganz richtig und bei der Pleiße z.B. fehlen vor Plagwitz noch einige Arme. Überhaupt sind die Straßen nicht ganz richtig; auch das Wasser ist nicht so lang, aber ob es sich in Gräben verliert oder zu einem Sumpfe wird und überhaupt wo es sich endigt – weiß ich nicht, muß daher einmal im Frühling oder Sommer seinen Lauf verfolgen. Die Leipnitzer und Frankfurterstraße muß ein ganzes Stück zurück sein und folglich bin ich auf dem Eise auch weiter gekommen.

Montag, den 2. Januar. Ging ich etwa um 11 Uhr Vormittag zu Paul Roch wohnend in Lurgensteins Garten[20] No. 5 G. 3 Treppen, Mitschüler von mir und Mitverfasser der Leipziger Classenzeitung, welche jedoch bald unter dem Namen *Classen-Kladderadatsch* erscheinen wird.[21] Ich fragte ihn nach den Arbeiten, welche wir haben und erhielt zur Antwort nur die Westley Arbeit bis Donnerstag. Dann zeigte er mir was er zu Weihnachten bekommen hatte, welches sehr reichlich und schön ausgefallen war. Jedoch als ich nach der Zeitung fragte, hatte der faule und zwar sehr faule Kerl noch nichts gemacht. – Dann borgte ich mir seine alten Schlittschuhe, putzte sie mir zu Hause mit Sandpapier sehr schön blank, denn ich beabsichtigte Nachmittag mit Roch auf der Schimmelei[22] Schlittschuh zu fahren.

Nachmittag: Ich holte Roch ab und nachdem ich auf der Schimmelei angelangt war, schnallte ich an. Nach vieler Mühe brachte ich die Schlittschuh an. Doch o Schrecken! – sie rutschten immer hin und her und saßen noch schlechter als meine eigenen. Nach einer viertel Stunde ging ich nach Hause, da ich kaum von der Stelle kam. – Heute Abend ging ich um 9 Uhr zu Bett, da morgen die Schule wieder angeht.

Dienstag, den 3. Januar. Heute standen wir ¼8 auf, da die Schule anging. Syruthschöck brachte Kuchen mit in die Schule und wollte denselben gemüthlich verzehren, jedoch mehrere fielen über ihn her und beraubten ihn. Ebenso erging es ihm Nachmittags.

Mittwoch, den 4. Januar. Heute Nachmittag hatten wir, wie alle Mittwoche Nachmittags, frei. Heute wollte ich es noch einmal versuchen mit Rochs Schlittschuhen, jedoch hatte ich unter die Riemen ein dünnes Stück Holz eingeschlagen damit sie fester saßen, weil sie immer hin und her rutschten. Jedoch ich mußte erst noch bis ¾ 4 im Geschäft bleiben. Darnach trug ich meine eigenen Schlittschuhe (Oskar ebenfalls) zu Müller[23] rüber; er sollte vorne an den Seiten Eisen Grammen[24] machen ebenso hinten, darnach ging ich mit Rochs Schlittschuhen nach der Schwimmanstalt, welche (siehe Plan Seite [11]) dicht hinter der Weststraße nach der Frankfurter Straße zu liegt. Dort war gefroren. Nach vielen Mühen brachte ich sie an, jedoch sie saßen zu schlecht und sehr oft mußte ich mich hinsetzen, um sie wieder in Ordnung zu bringen. Jedoch von hinter Liebichs Haus an mußte man bezahlen. Ich fuhr jedoch keck durch die Fischer durch, als hätte ich bezahlt und wär bloß über die Grenze zurückgefahren und als ob ich jetzt zurückkäme – und ich – gelangte glücklich durch. Ich fuhr jedoch gar nicht weit sondern schnallte bald ab, da es schon ½5 Uhr war und ich in die Turnstunde mußte.

Turnstunde: zuerst hatten wir Strickklettern wo allemal 4 Jungen kletterten. Mit mir zusammen kletterte noch Glinzt, einer aus der Fleischergasse dann, und noch einer. Jedoch in Strickklettern thut mirs wol keiner nach, ich schoß wie ein Pfeil hinauf und kam über 3 Ellen eher hinauf. {Ich bemerkte daß Große schon beim vorigen mal sich nach mir umgeguckt hatte jetzt sah er mich manchmal heimlich an. Ich freute mich über diese Fortschritte.}

{Beim Stangenklettern, welches viel schwerer ist, kletterten 12 Mann; auf einen Händeschlag des Herrn Leonardt kletterten wir hinauf. Große war der erste, ich – der zweite. Er war nur einen Kopf höher als ich. Alle waren noch weit unter uns als wir beide nauf kamen. Dann hatten wir Bockspringen; schon beim vorigen male hatte ich alles gekonnt auch heute lag es wie eine Zauberkraft in mir, ich konnte aber auch alles.

Beim vorigen Male hatte ich bemerkt, daß Große (auch da hatten wir Bockspringen) mich oft ansah, wahrscheinlich weil ich so gut turnte; heut aber war es zu auffällig; o Glück, sollte auch er eine Ähnlichkeit zwischen mir und sich bemerkt haben. In dieser Ansicht wurde ich noch mehr bestärkt durch folgendes: Er steht über mir jedoch nicht gerade vor mir, sondern einige Stellen höher und beim Bockspringen werden wir in 2 Abtheilungen getheilt, da es 2 Böcke sind. Der Erste der II. Abtheilung, also in der in welcher ich bin, ist Große, er kommt also eher als ich. Wenn ich nun dran komme, so stellte sich aber auch allemal Große und Friedländer neben den Bock und sahen mir zu wie ich turne. Ueberall sah Große mich an und es schien, als ob er mich seit voriger Stunde très – liebe. O, wie heureux war ich. Immer und immer sah er mich an. Ich war überheureux. Ich turnte heute ausgezeichnet und habe alles gekonnt.} – Später gingen wir hinauf in den Fechtsaal wo wir Märsche und Schwenkungen ausführten. Als die Turnstunde aus war ging ich nach Hause. – Vor der Turnstunde noch schenkte uns der liebe Onkel Karl eine schöne Trillerpfeife aus Terpentin.[25]

Donnerstag, den 5. Januar. Als ich heute früh aus der Hausthür trat, erschrak ich nicht wenig, denn es war: 1) sehr warm 2) sehr schmutzig, ohne daß es geregnet hatte; wenn nun diese beiden Sachen im Winter sind, so nennt man das Thauwetter, denn es thauen alle zugefrorne Gewässer, und man kann nicht mehr Schlittschuhlaufen. Ich ärgerte mich destomehr, da ich mit dem Vater gestern meine Schlittschuhe zu Müller rüber getragen hatte, damit sie gemacht würden, indem Beschläge vorne an den beiden Seiten und hinten gemacht werden sollten, und nun war die Freude hin, und wenn sie auch gemacht waren – auf dem Wasser hätte ich doch nicht fahren können. Um ½5 etwa ging ich nach dem Schwanenteiche[26] genannt Schwanns, um zu sehen ob er gethaut habe. [Zwei Zeilen in Gabelsberger Schrift unlesbar gemacht.]* Der Schwanenteich war im Thauen begriffen und das Wasser stand oft mehrere Zoll hoch auf dem Eise. Fahren konnte man jedoch immer noch; der Zustand des Schwanenteiches war so wie: siehe

* {Am Mittwoch in der Turnstunde avais je erfahren that Große [...] zu einem sagte: [...] patiner[27] kann [...] Als ich zu Hause ging, machte ich den unpardonable defaut [...] Schon längst hatte ich bei [...] bemerkt, daß auch er eine große Zuneigung zu Große [...] hatte [...]

Tagebuch 1864 Seite 22, Sonnabend, den 13. Februar, wo es auch so war. Heute war es aber noch schlimmer, denn der *ganze* Schwanns stand unter Wasser; damals war doch noch in der Mitte fahrbares Eis. Es waren gerade 12 Jungens auf dem Teich, aber Große nicht. Dadurch angelockt ging ich ich auf den Teich, aber durchnäßte meine Stiefeln und Strümpfe vollständig. Rasch ging ich nach Hause zog Stiefeln und Strümpfe aus und trocknete sie. Um 10 Uhr ging ich zu Bett, da wir Morgen frei haben, weil Feiertag ist.

Ich habe noch etwas vergessen. Um 2 Uhr ging ich rüber bei Müller und ließ mir zu den Schlittschuhen Maaß nehmen. Auf dem Sonnabend sollen sie fertig sein.

Freitag, den 6. Januar. Heute war frei da Feiertag war.[28] Jedoch wir blieben den ganzen Tag zu Hause da es sehr schlechtes Wetter war. Erst schien zwar die Sonne; aber

sagte er, er könne Große nicht leiden aber ich kann mit Zuversicht behaupten, daß dies nur eine List ist, damit ich nicht merke, daß auch er wahrscheinlich bemerkt hat, daß ich eine große Zuneigung zu Große habe. Durch folgendes kann ich es noch mehr behaupten, daß es eine List ist von [...] am 27. Dezember [...] daher [...] uns [...] Unter andern sagte er auch, als wir nehmlich gerade [...] Große [...] »Ich muß es aber doch noch durchsetzen, daß Große [...]!« Da hatte er sich verrathen, ich wußte [...] Bestreben. Das ist gefährlich für mich und er kann mich noch sehr behindern in meinen Bestrebungen. Mein allergrößter Fehler ist aber eben der, daß ich ihm [...] gesagt hatte, daß Große patiner könne, denn darnach hatte er sich augenblicklich erkundigt, ob Große fahre. Er hatte [...] einen [...] aus [...] erfahren: Große fuhr auf dem Schwanenteiche [...] ist natürlich, daß [...] auf dem Schwanenteiche fährt [...] mit Große [...] wird. Heute hab' ich mir aber nun folgendes Mittel ausgedacht, wovon ich mir gute Erfolge verspreche: [...] für twelve Pfennige Schokolade, vertheile dieselbe in [...] etwas [...] wahrscheinlich wird sich dann Große mehr nach mir zuneigen als zu [...]}

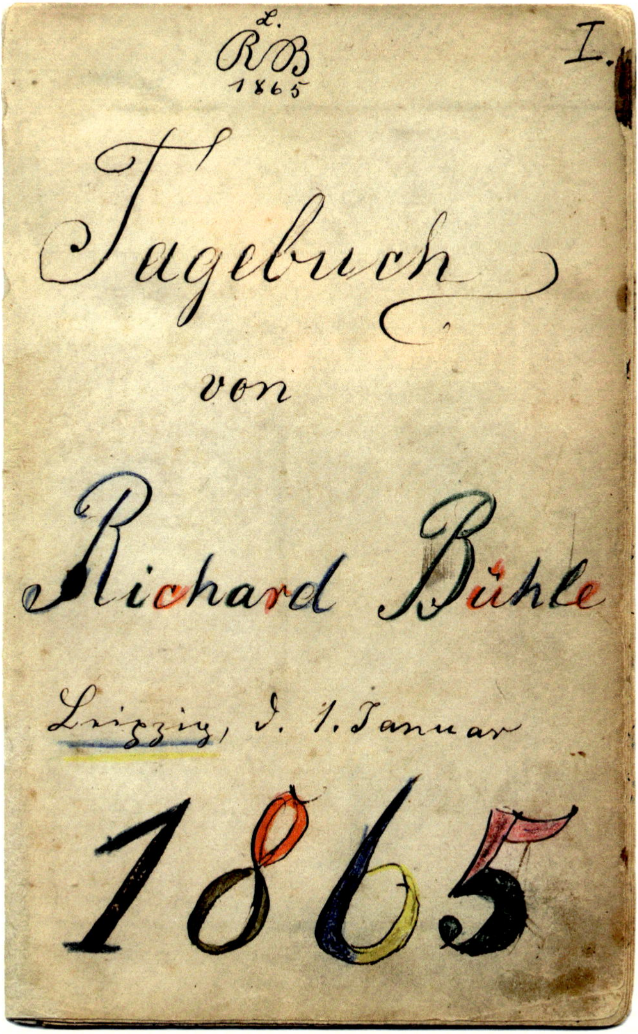

Faksimile 1 (▸ Seite 5)

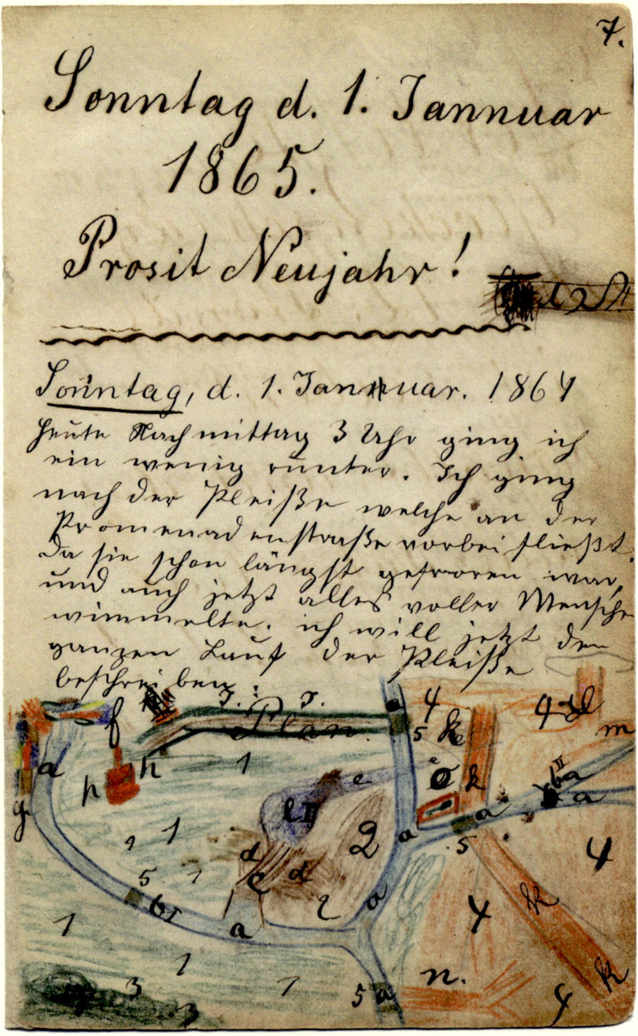

7.

Sonntag d. 1. Jannuar 1865.

Prosit Neujahr!

Sonntag, d. 1. Jannuar. 1864

Heute Nachmittag 3 Uhr ging ich ein wenig runter. Ich ging nach der Pleiße welche an der Promenadenstraße vorbei fließt. Da sie schon längst gefroren war, und auch jetzt alles voller Menschen wimmelte. ich will jetzt den ganzen Lauf der Pleiße beschreiben:

Plan.

Faksimile 2 (▸ Seite 11)

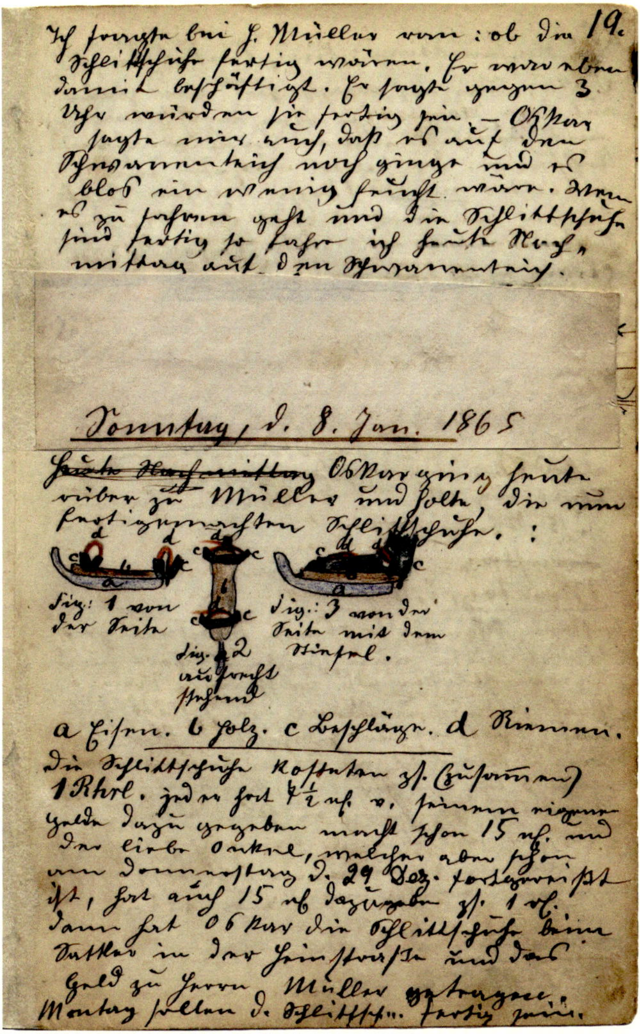
Ich fragte bei J. Müller vor: ob die 19.
Schlittschuhe fertig wären. Er war aber
damit beschäftigt. Er sagte gegen 3
Uhr würden sie fertig sein. – Oskar
sagte mir auch, daß es auf dem
Schwanenteich noch ginge und es
bloß ein wenig feucht wäre. Wenn
es zu fahren geht und die Schlittschuhe
sind fertig so fahre ich heute Nachmittag auf dem Schwanenteich.

Sonntag, d. 8. Jan. 1865

~~Heute Nachmittag~~ Oskar ging heute
über zu Müller und holte die nun
fertiggemachten Schlittschuhe.:

a Eisen. b Holz. c Beschläge. d Riemen.

Die Schlittschuhe kosteten zs. (Zusammen)
1 Rthl. jeder hat 7½ ngr. v. seinem eigenen
Gelde dazu gegeben macht schon 15 ngr. und
der liebe Onkel, welcher aber schon
am Donnerstag d. 29 Dez. fortgereist
ist, hat auch 15 ngr dazugegeben zs. 1 rh.
Dann hat Oskar die Schlittschuhe beim
Sattler in der Hainstraße und das
Geld zu Herrn Müller getragen.
Montag sollen d. Schlittsch... fertig sein.

Faksimile 3 (▸ Seite 19 f.)

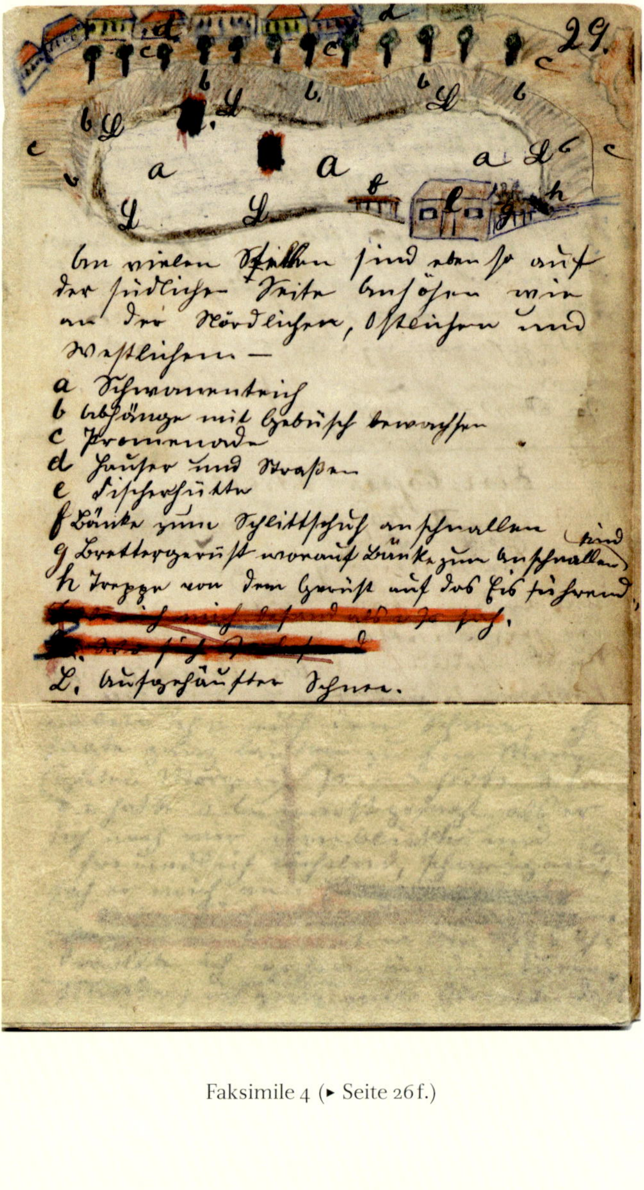
29.
An vielen Stellen sind ebenso auf der südlichen Seite Anhöhen wie an der Nördlichen, Östlichen und Westlichen —
a Schwanenteich
b Abhänge mit Gebüsch bewachsen
c Promenade
d Häuser und Straßen
e Fischerhütte
f Bänke zum Schlittschuh anschnallen
g Brettergerüst worauf Bänke zum Anschnallen sind
h Treppe von dem Gerüst auf das Eis führend
L. Aufgehäufter Schnee.

Faksimile 4 (▸ Seite 26 f.)

dann fing es schrecklich an zu stürmen und zu regnen. Es thaut fort.

Sonnabend, den 7. Januar. In der vorletzten Zwischenstunde balgten wir uns, da kam Dr. Miehle (Thierbändiger genannt) und kriegte Rüdern zu packen, stellte ihn vor und schlug ihn sehr derb. Miehle sagte: »Wenn ich Euch wieder so treffe müßt Ihr eine ganze Woche sitzen.« Kaum war er heraus so ertönte plötzlich in der Classe der vielfache Ruf: »Eine Maus!« Hurrah, das war etwas für uns. Augenblicklich wurde darauf Jagt gemacht, aber wir bekamen sie nicht, sie schlüpfte plötzlich unter das Cateder. Ich stellte mich auf die Bank hob das Cadeter in die Höhe, Tannert störelte[29] mit einem Stock darunter und husch, husch – kam sie wieder hervor. Aber jetzt! Alle leeren Tintenfässer wurden gepackt und nach der Maus geschleudert, Kreidestücken und der Lappen flog herum, dazu ein mordmäßiges Gekreische und Gebrülle – hier – da – dorte – die Maus, da ging die Thüre auf – und Dr. Miehle trat herein: »Nein, solche Gassenjungen«, rief er, »ihr treibt es ja zu schlimm und nun sitzt Ihr eine ganze Woche.« »Ja, eine Maus«, war die schüchtern hervorgebrachte Antwort. Ja, aber was macht unser Mäuschen!?? – So wie Miehle die Thüre öffnete, huschte sie hinaus – aber draußen stand unser Klassenlehrer Dr. Kleinsteuber. Ein Sprung und ein Tritt von ihm und unser armes Mäuschen – war todt. – Wir lachten noch tüchtig und unser Peiniger, Dr. Miehle, trat wieder herein, zankte einmal wieder tüchtig aber – verordnete keine Strafe. Die Zwischenstunde war bald zu Ende, da ertönte zum 2. x, jedoch nicht so laut wie am vorigen Male, der Ruf: »Eine Maus« und richtig, noch ein Mäuslein rannte in der Stube herum jedoch gleich unter das Cateder. – Jetzt wurde nun ausgemacht keinen

Lärm zu machen sondern bloß rasch anzugeben, wo die Maus allemal war. Nun hob ich das Cadeter wieder in die Höhe und die Maus kam wieder hervor, und es war alles wieder so wie beim ersten male, nur nicht so viel Lärm; die Maus huschte aber wol 10x (mal) unter das Cateder und eben so viele male hob ich das Cadeter in die Höhe, und jedesmal kam sie vor. Sie lief also gewöhnlich unter das Cadeter, hinter den Ofen, und in der ganzen Classe herum; obgleich wir nicht sehr viel Lärm machten, hatte doch der Thierbändiger ein sehr feines Ohr, und hörte es, er kam herein und sagte nur: »Nun bleibt Ihr da!« – Jetzt machten wir aus, in der nächsten Zwischenstunde auch nicht einen Laut von uns zu geben. Gleich darauf kam Dr. Kleinsteuber herein. – – Nächste Zwischenstunde geschah alles in aller Ruhe. *Ich* hob allemal das Cateder in die Höhe, sprang dann herunter, und half die Maus mit fangen. Wir beabsichtigten nehmlich, dieselbe *lebendig* zu fangen, was keine Kleinigkeit ist. Niemand war so geschickt, daß er die Maus fangen konnte, nur ich, der ich am wenigsten Gelegenheit dazu hatte, indem ich immer das Cateter heben mußte. Ich, also, fing die Maus, und zwar am Cateter, *lebendig*. Jedoch was sollte ich mit der Maus machen, [sie] ewig in der Hand zu halten, gefiel mir nicht, sie zu tödten, wollte ich auch nicht, und darum ließ ich sie wieder – frei. Nun begann die Jagd von neuen. Wenn man sie noch einmal bekam, wollte man sie mit runter in den Turnsaal nehmen und dort freilassen. Darum gab ich mir große Mühe sie wieder zu fangen. Und es – *gelang mir* wider Erwarten. Ich hielt sie, fest in der Hand haltend, hoch in die Höhe, [ca. fünf Worte unlesbar gemacht]. Schnell wickelte ich sie nun in meinen Shale. Da ich aber doch nicht in die Turnstunde ging, so gab ich sie im Shale eingewickelt, meinem besten Freund Henniger, welcher mir verspach den Chal mir ins Haus zu bringen. – Ich ging nun mit hinunter, jedoch nicht in den Turnsaal hinein sondern sah bloß, da die Thüre offen blieb, hinein. Henniger ließ die Maus – frei, und wie auf ein Zeichen brüllten und schrien alle: »Eine Maus.« Ich sah noch wie Herr Fuchs kirschroth vor Zorn überall hineinschlug und schrecklich zankte. Da plötzlich wurde die Maus von Tannert, herausgeworfen, aber todt. Er schob sie mit dem Fuß hinunter in den Hof. Dort besah ich sie mir – sie mußte gleich todt gewesen sein, denn der ganze Kopf war herausgetreten. Darnach ging ich zu Hause. –

Ich fragte bei Herrn Müller ran: ob die Schlittschuhe fertig wären. Er war eben damit beschäftigt. Er sagte gegen 3 Uhr würden sie fertig sein. – Oskar sagte mir auch, daß es auf den Schwanenteich noch ginge und es blos ein wenig feucht wäre. Wenn es zu fahren geht und die Schlittschuhe sind fertig, so fahre ich heute Nachmittag auf den Schwanenteich.

{Turnstunde: Zu meiner großen Betrübnis hat mich Große heute nicht einmal angesehen. Hoffentlich habe ich mich aber [...] Große würde wohl ebenso klug sein als ich und würde mich nicht mehr ansehen.}

Sonntag, den 8. Januar 1865. Oskar ging heute rüber zu Müller und holte die nun fertiggemachten Schlittschuhe:

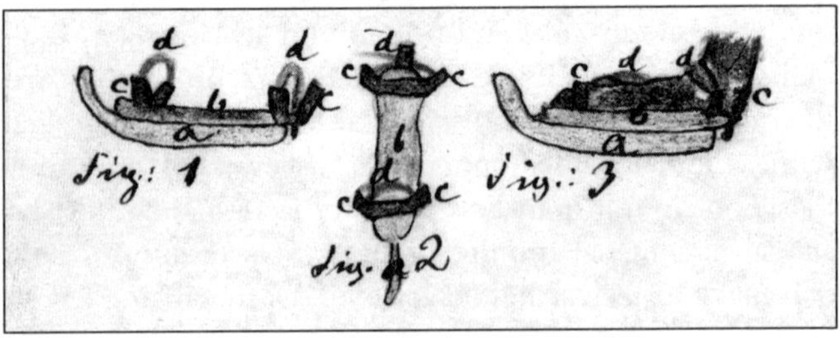

▸ F3

Figur 1 von der Seite
Figur 2 aufrecht stehend.
Figur 3 von der Seite
mit dem Stiefel.

a Eisen
b Holz
c Beschläge
d Riemen

Die Schlittschuhe kosteten zusammen 1 Reichsthaler, jeder hat 7½ Neugroschen von seinem eigenen Gelde dazu gegeben macht schon 15 Neugroschen, und der liebe Onkel, welcher aber schon am Donnerstag, dem 29. Dezember fortgereißt ist, hat auch 15 Neugroschen dazugegeben, zusammen 1 Reichsthaler. Dann hat Oskar die Schlittschuhe beim Sattler in der Heinstraße und das Geld zu Herrn Müller getragen. Montag sollen die Schlittschuhe fertig sein.

Nachmittags: sind Onkel Karl, Oskar und ich weggegangen und zwar auf dem Plagwitzer Weg nach Plagewitz durch Lindenau und nach dem Kuhthurm. Da kehrten wir ein und bestellten *jeder* 1 Tasse Kaffee 2 Pfannkuchen und Karl brachte der Mutter 2 Pfannkuchen mit. Für unser Theil bekam er zusammen 5 Neugroschen, welche uns der Vater dazu gegeben hatte, jedoch Karl gab jeden 5 Pfennig wieder zurück. Dann gingen wir die Chaussee, haschten uns alle 3 ein wenig und kamen {wohlbehalten} zu Hause wieder an.

Am Abend wurde der Christbaum noch einmal angebrannt und alles abgeleert; jeder bekam 8 Pfennigstücke und 7 andere Sachen, zusammen 15 Stück.

Montag, den 9. Januar. Gestern schon hatte es ein bischen gethaut, heute nun thaute es fort und zwar stärker als gestern. Um 4 Uhr holten ich und Oskar die Schlittschuhe vom Sattler; wir bezahlten für beide Paar 12 Neugroschen. Dann fuhr ich von 5 Uhr an auf dem Schwanenteich Schlittschuhe jedoch es stand alles voller Wasser und es ging dennoch prachtvoll mit meinen Schlittschuhen, sie rührten sich nicht. Große war nicht da.

Dienstag, den 10. Januar. Heute thaute es immer noch fort. Ich ging mit meinen Schlittschuhen nach der Schimmelei, es war jedoch nicht mehr fahrbar und kein Mensch war da, alles öde, einsam, still. {Da erschollen plötzlich die ernsten Klänge der nahen Kirche, und sie stimmten mich andachtsvoll [...] bis die Klänge verhallten.} Dann ging ich nach dem Schwanenteiche; auch da ging es nicht mehr.

Mittwoch, den 11. Januar. Nachmittags: sind wir gefahren, da es wieder gefroren hatte. Ich und Oskar fuhren auf dem Schwanns, und es war ganz hübsch. Ungefähr gegen ½5 gab ich [...] vor zu Hause zu gehen, jedoch ich hatte eine ganz andere Absicht. Ich wollte nämlich Schokolade kaufen. Dies that ich auch. Ich kaufte für 8 Pfennige [...] ungefähr 10 kleine Stückchen [...] In der gymnastik-chool vertheilte ich die Stückchen. Da sie fast schon alle waren so rief ich da Große gerade neben mir stand: »Wer will das letzte Stückchen haben«. Da rief Große: »Ich«. Ich wollte es ihm schnell geben, er aber sagte: »Ja, ich danke schön, es ist nichts darin«. Da sagte Friedländer: »Gib mirs«. Ich gab es ihm. Zur Entschädigung gab ich Große nun das allerletzte Stückchen. Um 6 Uhr war die Turnstunde aus.

Donnerstag, den 12. Januar. Heute hatten wir blos die 2 ersten Stunden Schule; um 10 Uhr bekamen wir schon frei und Nachmittags hatten wir auch frei, da heute Pestallozi Stiftung[30] war. Vormittag ging ich einmal nach dem Schwanenteiche jedoch fuhr [ich] nicht, da der Fuß unterm Knöchel entzündet war. Am Nachmittag konnte ichs aber nicht aushalten. Ich ging auf die Schimmelei wo sehr viele aus unserer Schule da waren. Um 4 Uhr ging ich fort und ging zum Schwanenteiche, wo mein Bruder fuhr. Ich schnallte auch hier an und fuhr bis ungefähr nach 5 Uhr. {Sehr merkwürdig kommt es mir vor, daß Große gar nicht fuhr, denn in der Turnstunde gestern hatte er gesagt, er wollte morgen fahren. Jedoch er war nicht da.}

Freitag, den 13. Januar. Nachmittag war wieder Singen und ich ging daher fort, da ich doch in Singen (Montag von 3–4 und Freitags auch von 3–4) und Turnen (Donnerstags von 2–3 und Sonnabends von 11–12) nicht hineingehe. Rüder kam mit mir obgleich der Singen mit hat. Wir bummelten ein wenig. Erst ging zu Karl; derselbe schenkte mir ein Gürtel von Gummi, aber es war zu meiner Betrübtniß ein *Mädchengürtel.* Dann ging ich und Rüder nach dem Magdeburger Bahnhof[31] und erzählten uns dabei so manches. Um 4 Uhr gingen wir aber nach Hause. Am Abend maskirten sich der Vater und Karl zum Maskenball. Der Vater hatte nur einen großen braunen Vollbart und war darin nicht zum Erkennen. Karl hatte eine Nase und eine graue Fledermaus; er machte schrecklich viel Unsinn und wir krieschten (lachten) uns halb todt. Jedoch die Mutter blieb zu Hause.

Sonnabend, den 14. Januar. Heute hatten wir von 11–12 in der Schule Turnen und ich ging fort. Henniger kam jedoch mit mir obgleich der Turnen mitnimmt. Wir gingen nach der Grimmaischen Straße in ein Geschäft und kauften uns jeder ein Stückchen [...] für 3 Groschen [...] und [...] Um 5 Uhr ging ich in die Turnstunde. Es ist nichts bemerkenswerthes vorgefallen.

Nun muß ich aber mein Geburtstag am heutigen Tage erzählen:

Als ich um 12 Uhr zu Hause kam und in die Stube trat, lagen auf dem Tische auf einem Teller 6 Pfannkuchen und 3 Vorhemdchen. Bald kam die Mutter und Oskar und beide gratulirten mir. Von den Pfannkuchen bekam die Mutter 1 Pfannkuchen. Oskar hatte schon 2 bekommen. Ich hatte also 5 Stück. Davon aß ich gleich 3 Stück, die andern 2 Stück verschloß die Mutter. – Der Vater gab mir 5 Neugroschen. – Nachmittags kam ein Brief von den lieben Großeltern. Sie gratulirten mir herzlich und wünschten mir alles gute. Der Onkel und die Tante schenkten mir 15 Groschen, die Großeltern auch 15 Groschen zusammen 1 Reichsthaler. Dann hatte mir doch der Vater 5 Groschen gegeben. 15 Groschen hatte ich so noch, demnach hatte ich nun zusammen 1 Reichsthaler 20 Neugroschen. Am Abend kochte die Mutter Chocolade, wovon ich 3 Tassen trank. Den 1 Reichsthaler gab ich der Mutter zum Aufheben.

Sonntag, den 15. Januar 1865. Heute Nachmittag fuhr ich auf dem Schwanenteiche und bezahlte 5 Pfennig vom Vater sein Geld und 5 Pfennig von meinem Geld zusammen 1 Neugroschen – es war keine gute Bahn. {Große fuhr heute wieder nicht, überhaupt ich habe ihn noch nicht fahren sehen.} Von ½5 Uhr an ging ich auf die Schimmelei und fuhr dort wo es sehr schöne Bahn war. Jedoch ungefähr

½ 6 Uhr trieb uns der Fischer wieder fort, da es Feierabend war. Unterwegs kaufte ich mir in der Petersstraße bei Freyburg[32] einen gefüllten Pfankuchen für 6 Pfennig und 3 Bretzeln für 3 Pfennig. – Heute hatte ich im Ganzen 24 Pfennig ausgegeben (auf der Schimmelei kostete es auch 1 Neugroschen).

Montag, den 16. Januar. Heute Nachmittag hatten wir Geographie und Singen. – In Singen gehe ich nicht hinein und Geographie schwänzte ich mit Henniger. Wir gingen ins Rosenthal, denn Schnee lag nirgends. I bought me two [...] for me one piece and for Henniger one piece; Henniger [...] the [...] but I the half price we [...] by our [...]. Wir gingen tief ins wilde Rosenthal.[33] Gegen Abend war ich wieder {glücklich} zu Hause.

Dienstag, den 17. Januar. Folgende 4 Tage: Dienstag, Mittwoch, Donnerstag und Freitag, sind sehr wichtige in der Schule, und was in diesen 4 Tagen merkwürdiges passirte, werde ich zu einer Geschichte machen und werde dieselbe in: *Kapitel, Fortsetzungen* und *Schluß* abfassen, jedoch nur diese 4 Tage.

Wenn ich mich nenne, so werde ich meinen Namen und nicht »ich« schreiben, werde überhaupt so thun, als wenn ich sie von Jemand erfahren und dabei gar nicht mitgewirkt hätte. – {Für Erwachsene hat die Geschichte natürlich keinen Werth.} – – – Noch muß ich erwähnen, daß ich mich heute mit Rüder, in einer Zwischenstunde, balgte. Aus Ernst war Spaß geworden. Ich stolperte über das Cateter und verlor somit. Es war herrlich.

EIN BÖSSER STREICH.

I. Kapitel.

Die That!!!

Im Modernen Gesammtgymnasium[34] in der Stadt Leipzig hielten die beiden Klassen: II. französische Classe a und II. französische Classe b gerade Geschichte. Es war ihre letzte Stunde da nur – [bis] 12 Uhr gelehrt wurde. – In jeder Schule, in jeder Klasse kömmt es vor, daß mitten in der Stunde ein Kind einmal herunter muß, indem es seine Nothdurft verrichtet und der Lehrer wird es wol auch gestatten, daß das Kind raus kann.

Es war aber nur eine bloße Güte von Dr. Kleinsteuber, daß er es den Knaben gestattete herunterzulaufen. Diese Knaben aber mißbrauchten seine Güte indem eine Unmasse der Knaben fragten ob sie runter dürften, und Dr. Kleinsteuber war so schwach und erlaubte es den Schülern; natürlich trieben sie ihren Unsinn unten denn keiner hatte eine Nothdurft zu verrichten.

Die Stunde war zu Ende und die Knaben gingen nach Haus; nur Einer, Tannert, blieb da. Derselbe war lange Zeit krank gewesen und mußte jetzt im Französischen, bei einem andern größern Knaben, Nachhilfestunde nehmen.

Tannert ging eben in seine Classe II französisch a zurück. (Jede der beiden Classen hatte eine eigene Stube jedoch da sie beide zusammen bei Einen Lehrer Geschichte hatten, so mußten doch nothwendigerweise beide Classen in einer Stube sein. – So war es auch. Die a ging im Anfang der Stunde in die b Classe hinein, und wenn die Stunde zu Ende war, gingen sie wieder in ihre Classe zurück.) Das Erste was ihm auffiehl war, daß die ganze Decke voller Tinte war. Erstaunt bemerkte er auch, daß alle Wände, der Ofen,

Bänke und Tafel ebenso verwüstet war. An der Erde lagen Tintenfässer, bei anderen fehlte die Tinte, kurz und gut, es war eine reine Verwüstung. Natürlich machte er gleich Lärm, lief zum Schuldiener, Herrn Hannig,[35] zum Herrn Direktor Zille, und meldete es diesen beiden. Wenn er Knaben traf, so sagte er es denselben, indem er mit Recht glaubte, daß wenn er schwiege, der Verdacht sofort auf ihn fallen würde. Der Herr Direktor kam natürlich gleich herauf und besah sich den Frevel; er hatte die Klasse erst kürzlich weißen lassen und jetzt sah sie so aus!!! – Herr Hannig, der Schuldiener, machte sich nun daran, die Tinte von der Decke abzumachen. Vom einen Ende bis zum anderen waren große schwarze Flatschen von Tinte. – Herr Hannig kratzte also mit irgend einem Werkzeug die Tinte von der Decke ab, jedoch viel besser sah es auch nicht aus, denn erst sah es schwarz und jetzt sah es weiß. (Die Decke war nicht geweißt.)

Fortsetzung folgt.

Mittwoch, den 18. Januar. – Nachmittags fuhr ich auf dem Schwanenteich Schlittschuh; es war famos. ½5 Uhr ging ich mit Klingst in die Turnstunde. –

Der Schwanenteich sieht ungefähr so aus wie es die Abbildung zeigt!

▸F4

An vielen Stellen sind, ebenso auf der südlichen Seite, Anhöhen wie an der Nördlichen, Östlichen und Westlichen –

- a Schwanenteich
- b Abhänge mit Gebüsch bewachsen
- c Promenade
- d Häuser und Straßen
- e Fischerhütte
- f Bänke zum Schlittschuh anschnallen
- g Brettergerüst, worauf Bänke zum Anschnallen sind
- h Treppe von dem Gerüst auf das Eis führend
- i {Wo ich mich befand, als ich Große sah.}
- k {Wo sich Große befand}
- l Aufgehäufter Schnee

{Heute fuhr ich auf dem Schwanenteiche (Oskar fuhr auf der Schimmelei) und schwänzte die Turnstunde, weil derselbe von der Turnstunde nicht weit war [...] Große – ein anderer Grund da, nehmlich ich wollte sehen, ob Große da wäre. Ich schnallte an und fuhr, da war ich gerade auf der Stelle i (siehe Seite 29 Plan vom Schwanns). Da sah ich zu meiner größten Freude ihn: »Große«. Er war mit seinem besten Freund Naumann da. Er war auf der Stelle k und saß auf dem Schnee indem er an seinen Schlittschuhen etwas machte. Wie ich gesehen hatte konnte er ganz schlecht fahren. Ich fuhr auf ihn zu und setzte mich einen Schritt neben ihn auf den Schnee; ich sagte ganz laut zu ihm Morning (guten Morgen) Große. –

Er hörte es nicht, ich hatte es eben nur erst gesagt, als er sich nach mir umblickte und freundlich lächelnd, schweigend, sah er mich an. [Zwei Zeilen unlesbar gemacht.] – Um ½ 5 Uhr wollte ich gehen in die Turnstunde; ich ging mit Glinzt. Fast wäre ich mit Große zu gleicher Zeit [...] als [...] In der Turnstunde war es sehr hübsch, überhaupt es gefällt mir zu schön wenn Große [...] Auch heute sah mich Große sehr oft an [...] es war so als wenn er verglich wie weit ich ihm ähnlich sah. – Wir gleichen uns überhaupt sehr. Ich habe [...]; er ebenso [...] wie Große nur [...] tiefer. Große sah mich oft an.}

EIN BÖSER STREICH.

II. Kapitel. Fortsetzung.

Die Untersuchung.

Am andern Tage (Mittwoch) kam der Herr Direktor in der englischen Stunde herauf bei Mr. Mikelthwate, einem Engländer, und erzählte ihm die Sache. Er war sehr bewegt und sagte: daß es doch traurig wäre, daß ein Knabe, welcher doch nun wenigstens 2 Jahre in seine Schule ging, so eine That machen könne; es kränkte ihn tief, aber er müsste es ertragen. – Alle Schüler waren empört über die Handlungsweise des Thäters, und soweit man augenblicklich an den Augen der Knaben sehen konnte, hatten sie sofort Verdacht auf den Jungen Schapira. – Schon in der Stunde vorher hatte er so ängstlich gethan und hatte gesagt, daß die Tinte doch leicht wegzubringen sei. Ueberhaupt war dieser Knabe falsch und voller Gehässigkeit. – Mr. Mikelthwate sprach darauf: er wolle die Sache in die Hand nehmen. Die vorliegenden Arbeiten wurden bis zur nächsten Stunde verschoben. – Zuerst fragte er auf wen sie Verdacht hätten, jedoch kam er nicht weit damit, da keiner auf irgend Einen Verdacht *haben wollte*. Er hielt nun folgendes für zweckmäßiger. Zuerst mußte jeder die Namen derjenigen aufschreiben, welche herausgegangen waren: Schapira, Rüder – aus der II. französischen Classe a; Klemm, Krims, Schuhorn, Scheuermann, Heischel, Glöckner, Danziger – aus der II. französischen Classe b.

Dann strich jeder diejenigen aus, welche man der That *unfähig* hielt und ließ diejenigen stehen, welche man der That *fähig* hielt. Dann nahm Mr. M. Bühlen's Buch und verglich es mit den Anderen und schrieb die Stimmen zusammen in das Buch hinein; dann sprach er folgendes:

»Unter den neun Verdächtigen befindet sich auch Krims; auf diesen hatte ich den meisten Verdacht gehabt, die That ausgeführt zu haben; zu meinem größten Erstaunen sehe ich aber, daß Schapira viel mehr verdächtigt ist! – Schapira – wieviel sind in der Classe?« Schapira zählte mit sich selbst: 12 –. Mr. Mikelthwate: »Nun zähle dich und Rüder ab – 10! – wieviel glaubst Du wol unter diesen Zehnen haben Dich ausgestrichen, also der That unfähig gehalten?« Schapira antwortete nach einigem Besinnen: »5«! Mr. Mikelthwate: »Nun Deine Frechheit hat einen kühnen Schritt gethan! Aber glaub es mir – – *Keiner!!* Alle haben hier selbständig gehandelt – keiner hat in des Nachbarn Buch gesehn. – Und – – – Alle haben auf Dich Verdacht! Bist Du's gewesen, so gestehe es. Denn nur ein Geständniß bringt Dir die Achtung Deiner Mitschüler wieder. Bist Du's nicht gewesen – dann kannst Du auch nichts gestehen!« – Mit leiser Stimme sagte Schapira, daß er es nicht gewesen sei.

Mr. Mikelthwate: »Nun, bist Du's nicht gewesen, Schapira, so kannst Du doch sehen in welcher Achtung Du bei Deinen Mitschülern stehst. Jeder traut Dir so eine boßhafte That zu. Du machst Dir vielleicht nichts daraus – aber höre wol, Schapira: *So gut Du die Achtung deiner Kameraden verloren hast, so gut wirst Du Dir auch, wenn Du größer bist, wo Du auch seist, die Verachtung deiner Mitmenschen zuziehn!«* – Wie Alle, war auch Schapira ergriffen, denn große Thränen liefen seine Backen herunter, jedoch gestand er nichts.

Mr. Mikelthwate sagte dann daß es mit Rüder nicht viel besser stände, da diesen 7 der That fähig und 3 unfähig gehalten hatten. – Trotzdem daß er sich alle Mühe gab, ein Geständniß heraus zu bringen, scheiterte doch dieselbe an der Hartnäckigkeit der Verdächtigen. Bald klingelte es die Stunde aus und Mr. Mikelthwate war zu keinem Resultat gekommen.

Unterdessen war ein Knabe Namens Bühle weiter gekommen, denn er hatte dem Schapira so lange zugeredet und gesagt: er (Schapira) müßte es gewesen sein, denn er verräthe sich mit jedem Worte mit jedem Blicke und – – ihm hatte es Schapira gesagt, daß er (Schapira) und Rüder es gewesen seien. Natürlich behielt Bühle die Sache für sich, jedoch schon in der nächsten Zwischenstunde wurde er des Schweigens überhoben, da Schapira sein Geheimniß noch mehreren Kameraden vertraute.

Schluß folgt.

Donnerstag, den 19. Januar. Heute fiel Schnee; daher schneeballerten wir uns, nehmlich unsere Classe, die II. französische Classe b und 1 oder 2 aus der I. französischen Classe. Unser Schneebällern war unschuldig. Doch auf dem Augustusplatz fand eine Bällerei zwischen Bürger- und Armenschülern statt, welche in einem blutigen Handgemenge endigte.

EIN BÖSER STREICH.

III. Kapitel. Schluß.

Das Geständniß.

Noch am selben Tage (Mittwoch) sagte es Bühle einem anderen Mitschüler, Liebich. Dieses mußte ein anderer Schüler gehört haben, mit Namen Becker, und erzählte es wahrscheinlich Andern wieder, denn als am Donnerstag gerade Zwischenstunde war, kam der Herr Direktor Zille in die Classe und rief Bühle heraus. Er ging mit ihm in sein Zimmer und sprach in Gegenwart des Dr. Kleinsteuber: »Nun Bühle Du hast Dich doch so geäußert, als wenn

Du wüßtest, wer die Thäter wären, Du kannst es mir ja sagen!« – Bühle antwortete nach einer kurzen Pause mit leiser Stimme: »Ja, ich weiß es.«

»Weißt Du etwas bestimmtes, warst Du dabei und hast Du's gesehen?«

»Nein, dabei war ich nicht, aber – – *sie* haben es mir selbst gesagt.«

Nachdenklich stand der Direktor vor ihm; er sagte dann wieder: »Du bist also sicher, *selber* haben sie es Dir gesagt?«

»Ja«.

»Nun dann geh!« –

Als oben Bühle ankam, bestürmten ihn alle mit Fragen, was geschehen sei; man ahnte es schon fast. Aber Bühle war standhaft und sagte nichts von dem Vorgefallenen.

Als die Schule zu Ende war und die Schüler eben fortgehen wollten, kam Mr. Mikelthwate herein und rief Bühle und Roch zu sich und schickte die Andern fort. – Er befragte zuerst Roch, ob er etwas über die Thäter wisse. Roch meinte: es müßten Schapira und Rüder gewesen sein. »Weißt Du denn nichts gewisses?« fragte Mr. M. »Nein, gewisses nicht, aber ich hörte, wie Schapira zu Rüder sagte: ›Du hast eins und ich habe eins darangeworfen‹, und daraus schließe ich, daß diese beiden die Thäter seien!« Nach vielen andern Fragen, fragte er auch Bühle, ob er etwas genaueres wisse. Höchst erstaunt war er, als ihm Bühle erklärte, daß Schapira in seiner (Mr. Mikelthwate's Stunde) zu ihm (zu Bühle) gesagt habe, daß er (Schapira) und Rüder die Thäter seien.

»In meiner Stunde« rief er erstaunt aus, »und warum hast Du mir nichts gesagt?!«

»Das wollte ich doch nicht thun und alles gleich sagen, was er mir vertraute; freilich ausgemacht hatte ers nicht, daß ichs verschweigen sollte, und hätten Sie mich gefragt, so hätte ichs doch wol sagen müssen!« –

»So, – nun denn kommt mit mir, und wir wollen dem Herrn Direktor sagen, was wir wissen.«

Damit gingen die 3 die Treppen zum Zimmer des Direktors hinunter; unterwegs sagte noch Bühle zu Mr. M. daß er dasselbe alles schon, auf Fragen des Direktors, demselben gesagt habe. – Unten angelangt sagte Mr. M.: »Wartet hier, und wenn ich binnen 5 Minuten nicht wiederkomme, so könnt Ihr gehen!« Nun wußten die Beiden auch, daß Rüder und Schapira beim Herrn Direktor waren. – Kurz darauf kam Mr. M. mit den Worten: »Die Thäter haben gestanden, und Ihr könnt gehen!«

Sie gingen. (Wahrscheinlich hatte übrigens Mr. M. diese beiden um ihre Ansichten gefragt, *weil er sie für die Klügsten unter den Schülern hielt*).

Die beiden frechen Thäter erhielten ihre wohlverdiente Strafe, indem sie tüchtig durchgehauen wurden, und zwar sehr stark. –

Als man sie nachher fragte, warum sie das gethan hätten, so antwortete Schapira: »Ich weiß selbst nicht, was wir für ein Vergnügen an solcher That hatten, wir wußten nicht warum – aus Unsinn« – – –

R. Bühle. Verfasser
dieser wahren Geschichte.

Leipzig, Freitag, den 20. Januar 1865.

Freitag, den 20. Januar. Kann ich mir nichts erinnern.

Sonnabend, den 21. Januar. Heute Nachmittag bin ich auf dem Schwanenteich Schlittschuh gefahren. {In der Nacht vom 20. – 21. folgenden Traum gehabt: Wir wohnten in einem großen Hause mit breiten steinernen Treppen 1 bis

2 Treppen hoch. Ich stand um 4 Uhr auf, da ich zu Große gehen wollte. (Es war Sommer.) Ich lief gerade einmal bloß in den Hosen, Hemde und Schlafrock die Treppen herunter, da kam zu meiner bodenlosen Freude Große die Treppe herauf. Wahrscheinlich wollte er zu mir. Er blieb stehen. Ich stellte mich neben ihn und sagte: »Große, wie kommst du denn jetzt hier her?« Ich hatte meinen Arm auf seine Schultern gelegt. Er ließ es ruhig zu. Ich fragte ihn noch mehrmals, aber er verbarg nur sein schönes Gesicht.}

Sonntag, den 22. Januar 1865. Heute früh ist Onkel Karl gekommen, aber später kam Herr Schardius[36] aus Hamburg zu der großen Freude des Vaters. Herr Schardius war früher der Vergnügungsrath der Gesellschaft Rose[37] gewesen (wo der Vater Direktor ist). Da er aber wegen Geschäftssachen nach Hamburg mußte, trat er aus. Ich bin Nachmittag auf der Insel[38] Schlittschuh gelaufen und habe 1 Neugroschen bezahlt; es waren aber so viele Ritze und Löcher, dazu schlechte Bahn, das ich nach kurzer Zeit wieder ging. Unterwegs traf ich die Eltern, Karl und Herrn Schardius, welche nach der Insel gehen wollten. Dann ging ich auf den Schwanenteich, wo es viel bessere Bahn war.

Montag, den 23. Januar. – – –

Dienstag, den 24. Januar. – – –

Mittwoch, den 25. Januar. Heute fuhr ich auf dem Schwanenteich Schlittschuh. Oskar und August (Müller) ebenfalls. Es waren noch viele Jungens da aus der Schule und aus der Turnstunde. {Ungefähr ½ 5 Uhr sagte Oskar zu mir: »Wir müssen auch bald gehen in die Turnstunde. Es sind schon fast alle fort. Große ist auch schon fort, dort hinten geht er.« »Halt, dachte ich, daß ist eine Gelegenheit um einmal mit Große altogether in die Turnstunde zu gehen.« Schnell schnallte ich ab. Ich sah es wohl, Große sah mir von weitem zu.}

▸F5

A Schwanenteich
B Abhänge
C oben abgetragener Schneckenberg
D Straße
E Fischerhütte
F Weg
Ha Grimmaischestraße
Hb Brühl
I Park (oberer)
K Verschiedenes (Augustusplatz, Häuser usw.)

{Oben auf G stand Große; ich ging den Weg F, blieb aber in der Mitte bei L stehen und machte an meinen Schlittschuhen etwas um mich zu vergewisssern, daß Große wirklich auf mich warte. Er blieb ruhig stehen [...] Nun ging ich auf Große zu und sagte: »Gehst du jetzt in die Turnstunde?« Er sagte: »Ja.« Und wir gingen zusammen. Wir sprachen beide nicht viel, es kam mir vor als ob er ein wenig blaß wäre.

Er fragte mich und Oskar wo ich wohne. Als wir bald [...] waren, ging ich bei einen Bäcker und kaufte 2 gefüllte Pfannkuchen, wovon ich ihm einen gab. Er war sehr erfreut darüber. In der Turnstunde sprachen [...] –

Ich glaube es war heute Abend wo ich zum Vater sagte, daß wir doch aufs Land im Sommer ziehen möchten. Er schien unserer Bitte geneigt.}

Von Mittwoch den 25. Januar an bis Sonntag, den 29. Januar, bin ich mehrere male Schlittschuh gelaufen.

Sonntag, den 29. Januar 1865. Am Nachmittag ging ich mit Oskar auf die Schimmelei und bezahlten jeder einen Neugroschen oder 10 Pfennige. Es war sehr voll; jedoch von meinen Bekannten waren nur Rüder und Werner da. Da geschah folgender Vorfall: Sechs Franzosen (natürlich keine Soldaten) waren auf der Insel *ohne* Schlittschuhe angekommen und liefen auf der ganzen Insel herum. Da machten sich zwei derselben den Spaß und warfen eine Dame und auch die Knaben. – Wir Jungens waren aber nicht faul und warfen wieder (mit Schneebällen) und im Nu – entstand eine furchtbare Bällerei, denn es waren noch unendliche Massen dazugeströmt. Augenblicklich rissen die Franzosen aus aber umsonst, man warf schrecklich auf sie; sie sahen so weiß wie der Schnee selbst aus, mehreremale fielen die Hüte herunter. Die Luft verfinsterte sich ordentlich vor lauter Schneebällen. – Immer mehr Menschen strömten dazu und drängten sich auf einen Knäuel; jetzt wurde aber die Sache gefährlich, denn durch das Zusammendrängen so vieler Menschen fing das Eis an zu krachen – es bildeten sich plötzlich 3–5 große Öffnungen und das Wasser strömte mit großer Gewalt und in großen Wellen heraus. – Nun kamen aber die Fischer herbei, trieben alles auseinander und schlugen sogar diejenigen welche noch mit Schnee warfen; verstopften aber die Löcher mit Schnee. – Die Fischer waren wüthend und verlangten die Entfernung der 6 Franzosen; jedoch die Franzosen gingen nicht herunter; nach kurzem Gestreite kam es zur Prügelei. Die Franzosen stießen mit den Beinen, aber die Fischer schlugen mit derben, deutschen Fäusten darauflos und trieben die Franzosen vom Teiche auf das Land. – Die hohen Cylinderhüte der Franzosen waren ganz und gar breitgequetscht. – Einer der Fischer ging auf die Polizei, wovon 3 Mann kamen und die Franzosen mitnahmen. – Um 6 Uhr ging ich heim.

Monat Februar. Da ich mein Tagebuch einige Wochen vernachlässigt habe, so werde ich diese Tage (vom 1.–25. Februar) gar nicht beschreiben, sondern nur im Ganzen hier kurz erzählen.

In dieser Zeit also bin ich sehr oft Schlittschuh gefahren; auch sind die Eltern mehreremale nach dem Schwanenteich gekommen und haben uns zugesehn. Ich kann schon so ziemlich »rückwärts« fahren. – {Was mich sehr geärgert hat ist, daß die Mutter einst mein Tagebuch las, und alles über Große erfuhr [...] doch versprach sie, niemandem etwas davon zu sagen.}

Ungefähr am 10. des Monats war es sehr kalt, diese Kälte steigerte sich von Tag zu Tag bis zu 18 Grad Kälte. Es war fast jeden Tag 15 Grad Kälte und da ich, trotz wiederholten Mahnungen meiner Mutter, keine Handschuhe anzog, *so erfror ich an jeder Hand einige Finger*; zuletzt wurden sie so schlimm, obgleich ich sie mit Frostsalbe einschmierte, daß sie aufsprangen und Löcher hineinkamen. –

Nachdem die Kälte etwa 14 Tage gedauert hatte, fiel eines Abends der so geliebte Schnee, und ich glaube *Diens-*

tag, den 17. Februar fing die Bällerei hinter der Kirche (Peterskirche) an. –

Täglich, Vormittag und Nachmittag, bällerten wir uns, nehmlich unsere Classe (die II. französische a) und die II. französische Classe b, aber in aller Freundschaft. Einige wenige aus den Unterclassen, wie Oskar II. englische, Benno Vogel II. englische, Locker I. englische u.a.m. halfen uns oder den Feinden. – Vor allen hatte es uns der Direktor erlaubt, indem er gesagt hatte: er wolle unser Wintervergnügen nicht stören! Da es immer nun ein klein wenig thaute, so ballte sich der Schnee ausgezeichnet. – In der letzten Zeit aber trieben wir die B Classe manchmal auf die Straße (natürlich siegten wir jedesmal über sie, da wir ja fast alle stärker waren), und daher kamen mehrmals Polizeidiener und trieben uns auseinander. Der erste ernstliche Kampf war mit fremden Jungen, welche sich mit hineinmengten (aus der 3. Bürgerschule???). Sie stürmten auf uns, und wir wichen langsam zurück. Da kam plötzlich der Schippenmann (Blech),[39] und alles stob auseinander, und somit wurde unsere Schmach verdeckt; auch Blech wurde geworfen; später kam noch die Polizei dazu. Als wir uns ein ander Mal wieder warfen, bedrängten wir die B Classe sehr und da nun gewöhnlich einige fremde Jungen zusahen, so riefen (es kann aber auch sein, daß sie von selbst mitgeworfen haben) sie dieselben zu Hülfe. Darüber wurden wir ergrimmt und drohten ihnen, daß wir Ernst machen würden. Bald darauf stürmten wir auch im vollen Ernste und trieben sie auseinander bis weit in die Petersstraße. Dann gingen wir zu Hause.

Am nächsten Tage, es war Donnerstag, der 23. Februar (?), thaute es und hinter der Kirche[40] geht der Schnee allemal zuerst fort, also war nicht mehr viel da. Diesen Nachmittag hatte ich in der ersten Stunde Turnen, und da gehe ich doch nicht rein. Henniger gleichfalls. Wir machten, im Auftrag unserer Classe, 180 Schneebälle. Jedoch als die B Classe aus der Schule kamen, liefen sie fort und fingen gar nicht an. Sie hatten einen Schlitten und gingen auf den Obstmarkt,*[41] wo eine Masse Schnee lag. Schnell packte jeder 4–6 Schneebälle (es blieben aber ungefähr 100 Stück liegen) und folgten ihnen, jedoch sie zogen sich immer mehr zurück. Da schickten sie einen Jungen, Scheuermann, und baten um Vereinigung und Frieden. Zu gleicher Zeit erblickten wir 10–15 Jungens, welche auf 3 kleine einstürmten. Gleich halfen wir den kleinen, (wobei auch der kleine Franke aus der Turnstunde war) und erfuhren von diesen, daß ihre Feinde: »Katholiken« waren. Mit desto mehr Energie stürmten wir – sie flohen in langsamen Trabe, bald hielten sie Stand, und wir stürmten von Neuem. Ich war der Erste: unter den letzten der fliehenden Katholiken war *Match* ein alter Freund von mir. Ich rief ihn lachend – er drehte sich um und warf lachend nach mir, traf aber nicht. Davor bekam er einen Schneeball auf die Brust, und als er sich abermals bückte, um einen Schneeball zu machen, bekam er noch einen in die Seite – jetzt regneten aber die Schneebälle auf ihn nieder, da meine Freunde keine 3 Schritt von ihm entfernt waren. Er floh nun, aber immer tapfer werfend; überhaupt schien er der Hauptmann zu sein. Als wir vor der Kirche bei unserer Schule anlangten kam er mit Henniger in Kampf; sie rangen eine Weile, dann gab ich ihm einen großen Schneeball, worauf er weiter floh. Wir trieben sie in den Schulhof unserer Schule hinein, da kamen aber Hannig, der Direktor und die Polizei, worauf wir alle flohen. Die Katholiken

* Der Obstmarkt lag vor den Lehmannschen Häusern an der Pferdeschwämme.

verjagten uns vollständig, da sie gescheidter waren als wir und sich zusammenhielten, und wo sie einen von uns sahen, den suchten sie zu kriegen. Der Schlitten der B Classe war am schlimmsten daran, denn als Wrankmore, Kuchs und Becker (Schapira glaub ich auch???) ruhig mit dem Schlitten in die Petersstraße gingen, wurden sie von den Katholiken überfallen und letztere hätten den Schlitten beinahe erobert, wenn die 3 nicht so verzweifelt drauflos geschlagen hätten und dann die Flucht ergriffen. Ich und Henniger wurden mehreremale von ihnen gesehen und wiederholt verfolgt, bis wir Endlich heim gingen. – – – – –

Ein andermal waren wir nur 6 Mann, wozu Friedländer und Flemming, dazu 2 schwache waren. (Tannert war nicht dabei). Die Feinde waren 11 Mann. Wir waren in einer verzweifelnden Lage. Es hagelte Schneebälle auf uns hernieder. Dazu machten die Feinde Sturm auf Sturm, und wir konnten uns kaum halten. Auch wir machten mehrere Stürme! 1–2 gelangen, die andern nicht. Die Feinde hatten es darauf abgesehen, heute zu siegen (sie hatten noch nie gesiegt). Nachdem wir uns eine halbe Stunde geballert, da sahen wir uns plötzlich von der B Classe umzingelt. Da erschien plötzlich ein großer Junge, welcher ungeheuer schnell hintereinander auf die B Classe warf. Alle B Clässer vereinigten sich, und wir waren frei. Jetzt ein rascher Sturm und wir sprengten die vollständig auseinander und verfolgten sie weit bis in die Petersstraße. Bald kam unsere Classe zusammen und jeder ging fix seines Weges nach Hause, ehe die B Classe wiederkehren konnte.

So bällerten wir uns die ganze Zeit, bis endlich Thauwetter eintrat und die Freude ihr Ende erreichte. –

Die Luft war nun wärmer geworden, daher verabredete ich mich mit Henniger, eines Sonntags eine Landparthie zu machen, demgemäß wartete ich eines Sonntags, den

25. Februar 65, am ehemaligen Frankfurter Thore* von ¾ 2–¼ 3 Uhr, jedoch er kam nicht, wie er doch versprochen hatte; ich ging daher nach Lindenau, wo ich ihn mit einem Jungen: Gatter traf, als er eben nach der Stadt wollte. Wir gingen nun über die Wiesen, wo wir oft Graben, mit Wasser gefüllt, überspringen mußten. Auch stand manche Wiese unter Wasser, wo wir nicht darüber konnten, da es thaute. Wir trafen noch 3 andere Jungens. Einer davon heißt Getsch, der andere Gustel, und noch ein großer Junge war dabei. Sämmtlich rauchten sie Cigarren, Henniger auch. Ich rauchte aber nicht, weil ich weiß, daß das frühzeitige Rauchen das Verderbniß der Jugend ist: Man müßte doch eigentlich meinen, daß die Dorfjugend frisch und gesund aussieht. Das ist aber nicht so. Eher sehen sie blaß aus. – Ich bin doch im Sommer fast immer nach Lindenau gegangen und habe also Gelegenheit gehabt, die Kinder dort zu beobachten, was sie thun und treiben; da habe ich denn bemerkt, daß eben nur dieses Rauchen schuld ist, daß die meisten Knaben blaß aussehen. Sie rauchen den ganzen lieben Tag und trinken ab und zu einen Schnaps dabei. Da soll nun so ein Kind rothe Backen bekommen. Die Blässe wird nur nothdürftig, {sehr nothdürftig} von etwas gebräuntem Teint verdeckt. – Nun weiter. – Wir liefen nun allesammt in den Wald, wo aber noch sehr viel Schnee lag. Später gingen wir noch auf den leicht zugefrorenen Fluß; erst ganz vorsichtig, später mit Unvorsichtigkeit. Das Eis wurde aber immer unsicherer, und daher trennte ich mich von den Lindenauern. Ich glaube auch, daß ich mir in der Stadt einen oder zwei Pfannkuchen gekauft habe. Ueber-

* Das Frankfurter Thor ist vorigen Sommer abgebrochen worden und an einen Mann verkauft, welcher an der Ecke der Frankfurter- und Elsterstraße wohnt und es jetzt als Hofthor gebraucht.

haupt was *ich* für Pfannkuchen zusammengegessen habe – das ist unermäßlich!! Ungefähr für *One Dollar and five new grosches*. August, Oskar und ich kauften (nachdem wir einige Stunden auf das Land gegangen waren) – um uns einen guten Tag zu machen – 5 Pfannkuchen auf einmal: *Jeder*. Ich kaufte mir fast jeden Tag 1–2 Pfannkuchen und dazu immer Gefüllte. »Aber man muß das Leben genießen und es sich so angenehm wie möglich machen. So lange man das Geld dazu hat, sehe ich nicht ein, warum ich es nicht gebrauchen soll. Ob ich das Geld nun jetzt oder erst im Sommer ausgebe, das ist einerlei. Im Sommer bekomme ich längst wieder Geld und zum Ansehen habe ich's nicht!« –

So verging die Zeit vom ersten bis zum fünfundzwanzigsten Februar mit Schlittschuhlaufen, dann Schneebällern, Pfannkuchenessen und in der letzten Zeit mit kleinen Landparthien. – *Jedoch es ist noch lange nicht so warm, daß man den Überzieher anziehen könnte!* Und somit schließe ich. Sollte mir noch später etwas einfallen, was ich unter den 25 Tagen vergessen hätte einzuschreiben, so werde ich es bemerken unter der Aufschrift und mit rother Tinte: *Nachschrift. 1.–25. Februar.*

Nachschrift 1.–25. Februar. Henniger und ich machten doch am 25. Februar eine Landparthie, es war aber der 26. Februar, gerade zu Oskars Geburtstag. Um noch ein wenig mit Oskar und den eingeladenen Kameraden zu spielen, trennte ich mich so früh von den Lindenauern.

Sonntag, den 26. Februar 1865. Nachdem ich von der Landparthie, mit Henniger und den Lindenauern, um 5 Uhr zurückgekehrt war und mich in der Frankfurterstraße befand, traf ich den kleinen Becker und nahm ihn mit. Oskar war sehr froh, daß ich ihn mitgebracht hatte, da Einhenkel aus Gohlis nicht gekommen war. Außerdem war noch Mäder und August Müller da. – – Oskar hatte folgende Sachen bekommen: Von dem Vater: Ein Etuis mit 4 Bleistiften, außerdem Halter und Federn. Von der Mutter 6 Hemdenkragen und einen Blumenstock. Von August eine kleine aber gute und schöne Torte und 2 Äpfelsienen à Stück jetzt 2 Neugroschen. Von Mäder ein Schweizerhäuschen, und wenn man das Dach aufschlug, so war ein Schreibzeug darin. Von mir: 4 gefüllte Pfannkuchen à 6 Neugroschen. Halt! – und von der Mutter noch einen Kuchen. Von Becker – Nichts, da ich ihn doch auf der Straße aufgefischt hatte.

Wir spielten bis zum Abend, und als es finster war, ließen wir die Roulaus runter und es wurde nun stockfinster. Da wurde Roth- Blau- und Grünfeuer angebrannt, dabei thaten wir Gespensters! Am Abend wurde Butterbrod mit Käse und Wurst gegessen und Braunbier getrunken. Um 9 Uhr gingen die Gäste. Auf der Treppe war es finster, ich schlich mich leise nach und erschreckte sie fürchterlich, daß sie Hals über Kopf zum Hause hinausrannten! –

Montag, den 27 Februar.
Dienstag, den 28. Februar. } Nichts.

Monat März 1865. Im März ist nicht so viel passiert, daß ich es hier aufschreiben könnte. Das Pfannkuchen Essen bei mir nimmt *ab*, da das Geld wird *knapp* (reimt sich).

Am 23. März war die erste Auction des Tattersall in der Gustav-Adolphstraße zu Leipzig.[42] – In Lindenau war Viehmarkt. – Auch wundere ich mich, daß bis Ende März noch Winter ist. Es stand in den Zeitungen, daß die Kälte, der Schnee und das schlechte Wetter in diesem Jahrhundert noch nie so lange gedauert habe. Das wäre Alles was ich vom März weiß, und ich schreibe jetzt nur die letzten wichtigen Tage des März nieder.

Dienstag, den 28. März. Heute fiel allen unerwartet den ganzen Tag ohne Unterbrechung der Schnee in ungeheuern Massen.

Mittwoch, den 29. März. Immernoch Schneefall. Es fällt so viel Schnee wie wir im Ganzen Winter nicht gehabt haben. In den Straßen ist es kaum durchzukommen, da die Schneearbeiter den Schnee nicht bewältigen können. Große Stockungen auf den Eisenbahnen; alle Züge kommen zu spät, da alle Schienen verschneit sind. Der Schnee lag so hoch, daß einige Züge im Schnee stecken blieben. Ebenso liegt der Schnee auf unsern Feldern und Wiesen haushoch. Alle Wege sind verschneit und wir haben den Winter wieder vor der Thüre.

Donnerstag, den 30. März. Früh schneite es nicht, aber zu Mittag wieder mordmäßig. Unsere Classe hat mit der B Classe geballert. Es thaut ein wenig und so ballt sich der Schnee ganz gut. Heute hatten wir Katechismus, und da konnte ich meine Sprüche nicht, und daher mußte ich eine halbe Stunde dableiben. Es ist dies das erste Mal im halben Jahre, daß ich in Religion dableiben mußte. Uebrigens konnte ich es nicht in der Stube aushalten, als ich meine Kameraden so fröhlich bällern sah. Ich eilte hinunter und half tüchtig mit. Als es ½12 Uhr war, ging ich hinauf um mit Klemm, welcher auch dableiben mußte (sich aber nicht mit geballert hatte, sondern seine Sprüche gelernt hatte; ich hatte sie schon in den Zwischenstunden gelernt) die Sprüche dem *Rexe* (der Direktor ist das) herzusagen, aber wir brauchten es nicht herzusagen. Als ich hinter die Kirche kam, um mich zu bällern (Klemm war gleich zu Hause gelaufen), standen sie alle auf einen Haufen ganz ruhig da, und getrauten sich nicht 5 großmäuligen Katholiken die Spitze zu bieten. Als sie mich sahen, erhoben sie ein Freudengeschrei. Ich warf nun einige Bälle auf die Feinde, wodurch sie ein wenig eingeschüchtert wurden. Ich getraute mich ganz weit vor. Die andern blieben etwas weiter zurück und getrauten sich nicht weiter, außer Tannert, welcher bei mir blieb. Jetzt waren die Katholiken 8 Mann, und Match war auch dabei. Ich fing nun an Unsinn zu machen und ging mitten unter sie und [sie] thaten mir nicht das geringste. Da kamen auch die Andern und wir unterhielten uns. Die ganze B Classe außer Glöckner und Müller hatten sich davon geschlichen. Die übrigen waren: Tannert, Henniger, Schulze, Rüder, Oskar und ich. Bald gingen nun die Katholiken und ebenso wir friedlich unsers Weges nach Hause. –

Freitag, den 31. März 1865. Heute haben wir den Zettel für den Examen bekommen,[43] wir haben: *Französisch, English, Naturgeschichte* (Menschen) und *Declamiren.* – Es thaut. – Nachmittags sind: Roch, Henniger, Rüder, Schulze, Benno Vogel, Oskar und ich bei Tannerts gegangen. Dort erwarteten uns im Garten der große 18–20jährige Ingolf Tannert, unser Hugo Tannert und der kleine Albert Tannert. – Wir erbauten uns auf einer Anhöhe eine mächtige Schneeschanze. Als wir so bauten, kam noch ein anderer Großer aus des großen Tannert's Classe, welcher mitthat. Tannert (der große) war der Befehlshaber von mir, Roch, Vogel und Oskar. (Hugo Tannert war von seinem Vater gerufen worden und bis jetzt nicht zurückgekehrt, ebenso Albert). Der andere große Junge war Befehlshaber von Henniger, Rüder und Schulze. Die letztere Partei war in der Schanze, wir lagen davor. Wir stürmten die Schanze nach 2 abgeschlagenen Angriffen. Später wechselten wir in der Besetzung der Schanze. So spielten wir prächtig bis ¾ 5 Uhr, wo wir fortgingen. – Ich habe noch vergessen aufzuschreiben, daß wir heute Nachmittag frei hatten, da der Geburtstag des Rexes war. Sonst hätten wir ja auch nicht bei Tannert sein können.

Sonnabend, den 1. April 1865. Heute war Prüfung in der Turnstunde und wir sind geschwänzt. Nemlich wir sind bei August gegangen, da es uns aber langweilig wurde, so gingen wir fort. August blieb aber zu Hause, weil seine Mutter nicht da war. Hinter der Peterskirche bällerte ich mich mit Oskar. Nach einer halben bis ¾ Stunde zu Hause gegangen. – Vor allem muß ich noch berichten, daß wir heute um 12 Uhr Ferien bekommen haben. Bis 24. April. Also 23 Tage oder 3 Wochen 2 Tage. Montag, den 10. April sollten wir noch einmal in die Schule kommen. Dienstag, den 11. April sollte Censurvertheilung sein; Mittwoch, den 12. April war Entlassungsfeierlichkeit, Sonntag, den 23. April Gottesdienst in der Schule und Montag, den 24. April ging die Schule um 6 Uhr wieder an.

Sonntag, den 2. April 1865. Tannert hatte uns wieder eingeladen. Aber nur ich und Oskar kam. Da Niemand kam so gingen wir nach einer langweiligen halben Stunde wieder fort. Wir bummelten die halbe Stadt durch und gingen dann zu Hause. Später sind wir noch mit den Eltern fortgegangen.

Montag, den 3. April.
Dienstag, den 4. April. Am Vormittag ging ich mir noch Alles tüchtig durch zum *Examen*, wie ich schon gestern und

vorgestern gethan hatte. Nachdem ich mich fein geputzt hatte,* ging ich in den Examen. Eine einzige Frage im Französischen habe ich nicht gewußt, jedoch waren die Eltern noch nicht da. Wir hatten Französisch, Englisch, Menschenkunde und Deklamiren. In Deklamiren sagte ich »Columbus« her,**[44] aber gar nicht gut, ich blieb 3–4 mal stecken, da es so sehr lang war, und da ich nur auf das Können des Liedes bedacht war, vernachlässigte ich die Betonung.

Später kaufte uns die Mutter jeder ein Stück Flaten.

Der Vater, die Mutter, Carl und Oskar waren im Examen! – Der Vater sagte, Carl hätte zu ihm gesagt (im Examen) »Einer kann dort sehr viel, das ist der Lehrer, die Andern können nichts!«

Jetzt kommt nun ein kleiner Kriegszug, welchen ich ausführlich beschreiben werde. Oskar und Müller trafen sich und gingen in die Nähe der Landfleischerhalle. Da erblickten sie eine Schneefestung; neugierig gingen sie hin, wurden aber sogleich von herbeikommenden Knaben mit Schnee geworfen. Oskar und Müller blieben aber stehen und so zankten sie sich eine Weile mit ihren Feinden. Endlich gingen sie unter Drohungen hinweg. Um dieselben auszuführen, gingen sie zu mir und Kuchs. Augenblicklich kam ich, Kuchs war nicht zu Hause. Als wir 3 in Aeckerlein's Hof[45] waren, kamen uns Kuchs, Becker und

* Ich hatte neue ganz hellgraue sehr feine Hosen, schwarze Weste, eine neue schwarze Jacke und natürlich auch ein Oberhemde und Mütze an.

** Das Lied fängt so an:

> »Was willst Du Fernando so trüb und bleich,
> Du bringst mir traurige Mähr!«

Gedichtet von Louise Brachmann.

▸ F6

Die Schneefestung vor und nach seiner Zerstörung.
Becker, Oskar, Wrankemoor, Ich, Kuchs.

Wrankemore entgegen. Sogleich kamen sie mit und somit waren wir 6 Mann. Wir schlichen uns hin und fanden Niemanden in der Festung. Sie war fast 5 Ellen hoch.

Es war ein schönes Schneewerk, und es dauerte uns ordentlich sie einzureißen. Aber zu spät – der Richterstab war schon gebrochen! Also frisch ging's ans Werk. Jedoch die Mauern waren sehr fest aufgerichtet und daher ging die Zerstörung langsam von Statten. Da griff ich zu einem wirksamern Mittel; ich warf mich mit den Schultern gegen die Wände – da fiel denn freilich alles zusammen, immer nahm ich wieder einen Anlauf und wieder stürzte

½ Wand herunter. In ein paar Minuten war nur noch das Postament zu sehen, was wir stehen ließen.

Da kam aus einem Dachfenster eine Knabenstimme heraus, welche sich erkundigte, was wir hier machten; als wir ihm den Zweck unsers werthen Daseins höhnend erklärten, drückte er sein unverhohlenes Erstaunen aus, und drohte uns mit Keile. Wir aber voll Muth brüllten hinauf: »Komm nur hinunter, da sollst Du aber Schla'e (für Schläge) kriegen.« »Jawol, ich komme gleich«, antwortete es von oben, und das Fenster schloß sich. Wir warteten eine ganze Weile, aber Niemand kam; endlich gingen wir fort.

Wir waren 20 Schritt gegangen, als wir ein paar der Schneefestungserbauer trafen (Müller und Oskar erkannten sie wieder). Wir höhnten sie natürlich. Wir gingen wieder eine kurze Strecke, als ein Mann unter uns sprang; alles stob auseinander, nur der blinde Hase von Oskar nicht. Den packte er, that ihm jedoch nichts sondern sagte nur immer: »Ich thue Dir nichts, da ich sehe, daß Du aus guter Familie bist. Ich will Dirs nur ins Gewissen reden, was Du gethan hast.« Da er sah, daß sein Gegner aus guter Familie war, so mußte er doch auch vornehm reden! Versteht sich. Endlich ließ er Oskarn gehen. Ich stand ihm zunächst, nehmlich 4–6 Schritt davon. Er sagt zu mir: »Nun schafft aber den Schnee wieder weg.« Wenn man nun einen hier recht ärgern will, so muß man nur auf einen gegebenen Befehl das, was ich sagte, antworten. *»Dreck«* antwortete ich. Aber jetzt wollte mich der Mann festhalten. Alle rissen aus, und so rannte er uns die ganze Straße nach. Ich lief beim Theater vorbei und wendete mich dem Menschenverkehre zu. Da ließ er ab von der Verfolgung. Nun gingen wir alle schleunigst nach Hause. Oskar kam auch bald – der hatte einen ganz andern Weg genommen wie wir. Zu Hause wurden unsere Thaten erzählt.

Faksimile 5 (▸ Seite 34)

56. Oskar und Müller trafen sich und
gingen in die Nähe der Landfleischerhalle.
Da erblickten sie eine Schneefestung.
neugierig gingen sie hin, wurden aber
sogleich von herbeikommenden Knaben
mit Schnee geworfen. Osk. u. M. blieben
aber stehen und so zankten sie sich eine
Weile mit ihren Feinden. Endlich gingen
sie unter Drohungen hinweg. Um
dieselben auszuführen gingen sie
zu mir und Kuss. Augenblicklich
kam ich; Kuss war nicht zu Hause.
Als wir 3 in [illegible] Hof waren
kamen uns Kuss, Becker und
[illegible] entgegen. Sogleich kamen
sie mit und somit waren wir 6 Mann.
Wir schlichen uns hin und fanden
Niemanden in der Festung.
Sie war fast Ellen hoch

Faksimile 6 (▸ Seite 46 f.)

60. hatte er: Am Nachmittag der Vater die Mutter Ottker u. ich nach der furchtbaren Ueberschwemmung gegangen. Wiesen, Wälder, Wege, Felder, alles ist unter Wasser gesetzt. Das Rosenthal ist nicht mehr gut gangbar ebenso das Leutzscher Holz, das Schleußiger Holz, die Nonne, das Universitätsholz u. s. w. An vielen Stellen braucht das Wasser nur noch 1/4 Elle zu steigen so strömt es in die Stadt, in die Gehöfte und in die Gärten. Vor allem sind einem Becker aus Großzschocher 84 Klaftern Holz weggeschwemmt worden, da dieselben im Walde standen als die Fluthen vom Gebirge kamen. — Wir gingen nach dem Lutschena, da aber der Garten bis an den Hof unter Wasser gesetzt war kehrten wir nicht um. Als wir an den Felsenkeller kamen gingen wir hinauf und besahen uns die Gegend von oben herab.

Der Felsenkeller

Oben ist das Dach flach und umgittert; und von da aus besahen wir uns alles. Dann gingen wir nach Plagwitz in die Restauration (Natalie) wo wir Eier und Semmel aßen. Dann gingen wir nach Hause.

Sonnabend d. 8 ct.

Vormittags ging ich ans Frankfurter Thor nach der großen Ueberschwemmung. Der

Faksimile 7 (▸ Seite 50f.)

65

Die Fr. Armeen hatten ein festes Lager. Der erste Sturm von Östreich ausgeführt wurde abgeschlagen. Ebenso der zweite von Preußen und Östreichern ausgeführt. Nun waren 14 Tage Pause was bei mir vielleicht eine viertel Stunde war, weil ich einen Blumenkranz zeichnete. Dann wurde ein wüthender Sturm von Franzosen und von mehreren andern Truppen ausgeführt. Man kämpfte verzweifelt.

Aus den hintern Schanzen H. Cb. wurden alle Truppen gezogen. Auch die Franzosen schickten Verstärkung, jedoch zu spät. Alles war schon aus den Verschanzungen wieder zurück auf das freie Feld getrieben worden. Immer weiter wurden die Franzosen dem Lager E zu getrieben und keine genügende Verstärkung langte an. Da erblickte der Major eines spanischen Battallions die Hauptfahne H. der Franzosen. Er eilt mit einigen hundert Mann dahin um sie zu nehmen jedoch eine Kl. Compagnie fr. Jäger stellte sich ihm entgegen. Beide Partheien erhielten mächtig Verstärkungen bis nach einer halben Stunde der ganze Kampf sich nur um die Fahne bewegt. Endlich kommen die Garde Reiter der Franzosen und das I. fr. Armeekorps ihnen

Faksimile 8 (▸ Seite 54 f.)

Mittwoch, den 5. April. Prope[46] in der Centralhalle[47] von unserer Schule abgehalten worden. Da ich aber nicht mitturne, so ging ich mit dem Vater und Carl bloß hin und sah zu. Oskar exerzierte aber mit. Dann sind wir alle viere nach Kintschy[48] gegangen. Ich aß Flaten, Oskar etwas Anderes. Da laß ich in den Leipziger Nachrichten den gestrigen Vorfall mit der Schneefestung. Unter Andern stand da. »Die Besatzung verteidigte sich todesmuthig gegen den grimmig anrückenden Feind, welchem es jedoch nicht gelang, die Fahne, mit welcher die Feste geschmückt war, zu nehmen!« u.s.w. Das Alles ist nicht wahr, denn als wir kamen, war ja kein Mensch darin, folglich konnten wir auch nicht stürmen. Später ging ich mit Oskar hin, um die Überreste zu sehen, wie doch in den Leipziger Nachrichten stand; es war aber nicht die Spur mehr zu erblicken.

Es thaut immer so langsam, es ist jedoch sehr wenig Schmutz. Obgleich es Mittwoch, den 5. des Monats etwas warm [war], hatten wir doch die Ueberzieher an.

Donnerstag, den 6. April. Heute von 2 Uhr an war Exerzier-, Turnen- und Fechtexamen in der Centralhalle. Es war ungeheuer voll. Ich ging mit August um 2 Uhr hin, die Eltern später und Friederike noch später. Zuerst waren Freiübungen mit Schützenmusik. Dann Exerzieren dito und zuletzt Fechten dito. [Eine Zeile in Gabelsberger Schrift unlesbar gemacht.] Dann ging die Mutter, Madame Böhme, Fräulein Böhme, Oskar, August und ich nach Gohlis, um uns ein Zimmer, welches Lindenstraße[49] No. 77 zu vermiethen war, anzusehen. Es ist aber zu theuer, denn es kostet die eine Stube mit Kammer 40 Reichstaler. Eine andere große Stube ohne Kammer 30 Reichstaler. Wir können aber den Garten mit benutzen. Dann gingen wir noch nach dem Schillerhäuschen,[50] wo es auch zu vermiethen geht. Das gefiel der Mutter aber nicht. Nun gingen wir nach dem Waldschlößchen,[51] wo wir Kuchen und Flaten aßen. Gerade als wir fortgehen wollten, kam der Vater. Mit uns nach Hause gegangen. Heute war es viel wärmer, und wir zogen keine Ueberzieher an.

Freitag, den 7. April. Oskar und ich [sind] um die Stadt gegangen. Es war sehr schön warm, 14 Grad Wärme, daher zog ich bloß meine graue Kutte an. Am Nachmittag [sind] der Vater, die Mutter, Oskar und ich nach der furchtbaren Ueberschwemmung gegangen. Wiesen, Wälder, Wege, Felder, Alles ist unter Wasser gesetzt. Das Rosenthal ist nicht mehr gut gangbar, ebenso das Leutscher Holz, das Schleußiger Holz, die Nonne,[52] das Universitätsholz u.s.w. An vielen Stellen braucht das Wasser nur noch ¼ Elle zu steigen, so strömt es in die Stadt, in die Geschäfte und in die Gärten. Vor allen sind einem Becker aus Großzschocher 84 Klaftern Holz weggeschwemmt worden, da dieselben im Walde standen als die Fluthen vom Gebirge kamen. – Wir gingen nach dem Kuhthurm, da aber der Garten bis an den Hof unter Wasser gesetzt war, kneipten wir nicht ein. – Als wir an den Felsenkeller[53] kamen, gingen wir hinauf und besahen uns die Gegend von oben herab.

Oben ist das Dach flach und umgittert; und von da aus besahen wir uns Alles. Dann gingen wir nach Plagwitz in die Restauration am Canal, wo wir Eier und Semmel aßen. Dann gingen wir nach Hause.

▸ F7

Der Felsenkeller

Sonnabend, den 8. April. Vormittags ging ich ans Frankfurter Thor nach der großen Ueberschwemmung. Der Stand des Wassers ist derselbe. Arme aber ungemein kühne Leute gingen bis an den Bauch ins Wasser, um das viele Holz zu holen, was angeschwommen kam. Plötzlich kam der Bekker mit zwei Polizeidienern und verlangte das Holz wieder. Die Leute aber waren nicht so dumm, sondern verlangten es bezahlt zu bekommen oder es wieder dahin zu werfen wo sie es hergenommen hätten. Der Becker mußte sich endlich dazu entschließen und blechte (bezahlte) gehörig. Ich traf Förster, Schulze und Glöckner.

Nachmittags: ging ich mit August, Curt Tittel und Oskar nach der Wiese bei der Schwimmanstalt und [haben wir] Jägers gespielt. Oskar wie gewöhnlich fing an zu trotzen. Wir andern ließen den großen elfjährigen Trotzkopf stehen und gingen fort.

Dann gingen wir wieder nach dem Frankfurter Thore. Dort trafen wir *Monsieur* Oskarn wieder. Ebenso wieder Schulze und Glöckner. Einer der Fischer, ein junges drolliges Kerlchen von vielleicht 15–17 Jahren, war vollständig betrunken, ging aber trotzdem ins Wasser. Dabei machte er lauter Unsinn, was aber zur Folge hatte, daß er 3 mal der Länge lang ins Wasser fiel. Am Abend gingen wir erst nach Hause.

Sonntag, den 9. April 1865. Nachmittag zu Kintschy gegangen, dort Böhmens getroffen. Dann nach Gohlis gegangen und sahen uns ein Zimmer in der Böttcherstraße[54] No. 88 an. Sie [die Wohnung] kostet 20 Reichstaler *mit Garten* das 4tel Jahr. Der Vater will sichs überlegen. Wir besahen uns von weitem die andere Wohnung Lindenstraße 77, wo wir früher waren; der Vater ist ganz erstaunt über diese Wohnung. Er würde sie gleich nehmen, wenn es nicht 30 Reichstaler kostete. Dann zu Hause gegangen.

Montag, den 10. April. Heute hatten wir noch einmal Schule wie gewöhnlich. Am Nachmittag um 3 Uhr aber bekam die ganze Schule frei, weil Herr Wienand und Herr Dr. Quell fehlten.

Dienstag, den 11. April. Heute war Zensur Vertheilung.
[Zwei Zeilen unlesbar gemacht.]

Sitten 1–2 Fleiß 1	Aufmerksamkeit 1–2
Religion 1–2	Naturgeschichte 1–2
Geographie 1–2	Französisch 1–2
Deutsch 1^x	Deklamieren 1
Rechnen 1–2	Schreiben 2
Geschichte 1–2	Zeichnen 1–2
Englisch 1–2	Singen 1–2
Stenografie 1–2	Gymnastyk –

Mittwoch, den 12. April. Als ich heute früh aus dem Bette aufstand, hatte ich Husten. Nachmittag: gingen wir: August, Oskar und ich auf den Roßplatz, wo wir erfahren hatten, daß die Leipziger Escardron der Communalgarde[55] sich hier versammeln würde. Und richtig, es war so. Aber erst um 4 Uhr setzte sich der Zug in Bewegung. Es waren 28–30 Reiter. Auch Köhler, der große Kaiser, C. und P. Tittel waren da. Ich verlor auf den Thonberg-Straßenhäusern[56] Alle, traf aber Schulze mit seinem Bruder. Wir gingen mit dem Eskardron über Holzhausen, machten einen Bogen zurück nach Probsthaida und kehrten da um. Die Andern kamen nach einer viertel Stunde auch nach. Dort habe ich 1 Töpfchen Braunbier und 2 geschmierte Semmeln vertilgt. Das Bier bezahlte ich aber nicht, da der Mann so sehr viel zu thun hatte, und als ich ihm das Geld geben wollte, schubte er mich weg. Nun bekam er Nichts. Nach ungefähr 1 Stunde brachen die Reiter auf, wir ebenso. Unterwegs kam ein Mann angerannt vor der Front der Pferde und rief: »Meine Herren, mir ist eine goldene Uhr gestohlen worden, halten Sie an!« Jedoch die Reiter lachten. Wer sollte auch von ihnen die Uhr gestohlen haben, da [sie] sämmtlich reiche Bürgerssöhne waren? Er kriegte nun einen Packträger beim Zippel. Jedoch der Packträger sagte: Er wäre es nicht gewesen; da vorne gingen aber noch mehrere Dienstmänner. Beide liefen nun von dem ganzen Chor[57] Jungens begleitet zu diesen Packträgern. Auch seine Frau rannte mit, welche den Dieb kannte. Bald wurden die Packträger erreicht, aber der Dieb war nicht darunter. Sie sagten aber: »Da vorn geht noch ein Mann, vielleicht ist es der.« Alles lief nun nach dem Mann. Als er den Lärm hinter sich hörte, fing er, im Bewußtsein seiner Schuld, auch zu laufen an. Damit hatte er sich verrathen. Der Bestohlene rannte allen weit vorauf und Alles schrie: »Halt auf, halt auf!!« Wie ein rasender Panther packte der Bestohlene den Dieb an und schrie: »Du verfluchter Dieb, Halunke, meine Uhr hast Du mir gestohlen« u.s.w., er wurde so wüthend, daß er ihn an der Kehle packte und würgte. Der

Dieb aber wehrte sich verzweifelt. Jetzt langten einige der Packträger an und halfen den Dieb mit [zu] bändigen. Es war ein fetter Kerl, jedoch er sah wie ein richtiger Dieb aus. Schnell wurde er nun nach der Stadt transportirt, mußte aber auf dem Wege die Mißhandlungen seiner Wächter ertragen. Auf dem Schlosse[58] wurde er abgegeben.

Dann gingen wir nach Hause und erzählten unsere Erlebniße. Ich war aber nun viel heiserer als vorher geworden und hustete stark.

Donnerstag, den 13. April. Da ich heute so starken Husten hatte, durfte ich nicht herunter, sondern mußte den ganzen Tag oben bleiben, wo ich mir die Zeit mit Lesen vertrieb. Viel heißes Wasser getrunken. *Heute war auch grüner Donnerstag.*

Freitag, den 14. April. Heute war Charfreitag zu Deutsch: Gnadenfreitag und Charwoche heißt Gnadenwoche. – Ich hatte immer noch Husten. Daher ging ich nicht herunter. Spielte aber den ganzen Tag mit meinen Soldaten. Ich habe eine mörderische Schlacht zwischen der 92 000 Mann starken Französischen Armee, bestehend aus Franzosen, Österreichern, Preußen und Türken; die letzten 3 waren unterjocht von den Ersteren. Diese gingen gegen die sogenannte »wilde Schar«, aus Spaniern, Baiern, Griechen und einen Theil übergegangener Türken bestehend (die Leibgarde). »Die wilde Schar« hatte sich in eine Felsenburg B und A geworfen und dicht um dieselbe mächtige Schanzen erbaut. Die französische Armee hatten ein festes Lager. Der erste Sturm, von Österreichern ausgeführt, wurde abgeschlagen. Ebenso der zweite, von Preußen und Österreichern ausgeführt. Nun waren 14 Tage Pause, was bei mir vielleicht eine viertel Stunde zehrte. Dann wurde ein wüthender Sturm von Franzosen und von mehreren andern Truppen ausgeführt. Man kämpfte verzweifelt.

▸F8

Aus den hinteren Schanzen No. Cb wurden alle Truppen gezogen. Auch die Franzosen schickten Verstärkung, jedoch zu spät. Alles war schon aus den Verschanzungen wieder zurück auf das freie Feld getrieben worden. Immer weiter wurden die Franzosen dem Lager E zu getrieben und keine genügende Verstärkung langte an. Da erblickte der Major eines spanischen Battallions die Hauptfahne H. der Franzosen. Er eilt mit einigen hundert Mann dahin, um sie zu nehmen, jedoch eine kleine Companie französischer Jäger stellte sich ihm entgegen. Beide Parteien erhielten mächtig Verstärkung, bis nach einer halben Stunde der ganze Kampf sich nur um die Fahne bewegt. Endlich kommen die Garde Reiter der Franzosen und das I. preußische Armeekorps ihren Freunden zu Hülfe, und nun werden die Feinde zurückgetrieben, viele tausend werden noch auf der Flucht erschlagen. Nach einigen Tagen beginnen die Franzosen eine Canonade ihrer 3 Kanonen F auf die Schanzen (ich nahm Stücken aus meinem Baukasten als Kanonenkugeln) und bald waren die Schanzen Ca in Trümmer geschossen. Jetzt stürmten die Franzosen gegen die nun ungeschützten Spanier und Baiern (oben in der Feste lagen die Griechen, auch Türken). Die Franzosen setzten sich in Boote und fuhren über den See D (Ein Boot mit blauen Papier beklebt) und greifen die noch festen Schanzen Cb an. Nach tapferen Kampfe wollen sich die Belagerten hinauf in die Feste B retten. Aber auf dem Wege hinauf wurden sie, soweit eben die Büchse der Feinde reichte, weggeschossen.

▸F9

A. Weg hinauf
B. Hinaufziehende Truppe
C. Hinaufschießende Franzosen

Die bunten Striche bedeuten die Nationen und den Weg A.

u.s.w. – u.s.w. bis endlich die Feste nach furchtbaren Kämpfen fiel. Die Franzosen hatten viel mehr Verluste als ihre Feinde, aber sie hatten den Sieg errungen.

Franzosen 35 Todte
Wilde Schaar 23 Todte

29 Mann waren die wilde Schar und die übrig bleibenden flohen.

Der Krieg war nun beendet, obgleich er nur 50 Tage gedauert hatte. Daher heißt er »der 50 Tage Krieg«.

Nun werde ich ein ziemlich genaues Verzeichnis meiner papiernen Soldaten folgen lassen.

Rußland 76 Mann
Tscherkessen, Cosaken, Jäger.
I. Armeekorps II. Armeekorps III. Armeekorps.

Frankreich 50 Mann
Garde Reiter, Kürasiere, Husaren, Reiter des I. Armeekorps, Reiter des II. Armeekorps, III. Armeekorps (Infanterie), Grenadiere oder Alte Garde, Zuaven, Jäger.

Österreich 38 Mann
Dragoner, Leibgarde, Schützen, Linie.
Preußen 34 Mann
Dragoner, Leibgarde oder I. Armeekorps, II. Armeekorps, III. Armeekorps.
Sachsen 30 Mann
Reiter des I. Armeekorps, Reiter des II. Armeekorps, Schützen, Linie.
Sardinien 25 Mann
Kürasiere, Leibgarde, Linie.
Türkei 24 Mann
Reiter, Leibgarde, I. Armeekorps.
Schweden 17 Mann.
Infanterie = Linie.
Baiern 8 Mann
Infanterie oder Linie.
Dänemark 13 Mann
Reiter, Infanterie oder Linie.
Ungarn 12 Mann
Garde Husaren, Husaren.
England 11 Mann
Kürasiere, Husaren.
Spanien 8 Mann
Infanterie oder Linie.
Griechenland hätte ich beinahe vergessen. 8 Mann
Infanterie oder Linie.
Zusammen 355 Mann.

Davon sind ungefähr 90–100 Mann Reiter.

Seit dem Jahr 1863 hat sich mein Reich [um] über 100 Mann vermehrt. Damals hatte ich aber auch nur 9 Reiche jetzt habe ich 14.

Spaßhalber will ich auch das Register von *1863* am 5. September folgen lassen: England 11, Frankreich 39 oder 40, Österreich 33, Preußen 31, Rußland 70, Sachsen 5, Türkei 23, Ungarn 12, Sardinien 25 Mann. Zusammen: 249 oder 250 Mann. Richard Bühle 1865

Wir haben schon – den 26 Mai, und ich bin erst im Tagebuch beim 16. April.

Sonnabend, den 15. April. Den ganzen Tag regnete es, darum sind wir zu Hause geblieben, übrigens hatte ich noch etwas Husten.

Sonntag, den 16. April 1865. I. Osterfeiertag. Heute bin ich zum ersten mal seit dem Mittwoch, mit den Vater, der Mutter und Oskarn hinaus ins Freie gegangen. Ich bin gewaltig erstaunt, denn es war alles schon schön grün; das Pflänzchen windet sich schon aus der Erde, die Wiesen werden grün, die Bäume fangen an zu blühn, der Wald belebt sich und die Luft ist warm. Es war heute ein prächtiger Tag. Wir gingen nach Gohlis in die Oberschenke.[59]

Montag, den 17. April. II. Osterfeiertag. Um 2 Uhr sollte die Gesellschaft *Rose* einen Spaziergang nach Thekla machen. Der Vater wollte erst gar nicht, da die Mutter nicht recht wohl war. Endlich gingen wir alle doch noch, da Böhmens gekommen waren; aber erst um 3 Uhr. Wir gingen nach der Thiemschen Brauerei,[60] wo die Rose sich versammeln sollte. Als wir aber hinkamen, war Niemand da. Wir gingen nun ganz langsam nach der Umschau in Neuschönefeld. Von dort aus nach Altschönefeld und blieben dort ein Weilchen. Dann gingen wir nach Thekla; dort angekommen wurden wir von der Rose feierlichst empfangen. Nachdem wir gegessen, wurden Spiele veranstaltet. Wie »Jacob wo bist Du?« u.s.w. Es war noch eine andere Gesellschaft da, die spielte »Meine Gnädige geht 'rum, seht Euch nicht um« und da gab es sehr viel Spaß. Ungefähr um 7 Uhr fortgegangen; in Altschönefeld wurde noch einmal eingekneipt, und ½ 10 waren wir in Leipzig.

Auf dem Rückwege machte ich die Bekanntschaft einer alten englischen Dame und ihrer Tochter und habe mich auf dem ganzen Weg englisch unterhalten.

Dienstag, den 18. April. Wir gingen heute Nachmittag zu Bonorand[61] im Rosenthale. Försters waren da; auch Adolph Förster. Später gingen wir zu Hause und dann bei Cajeri.[62]

Mittwoch, den 19. April. Heute früh ging ich mit Oskar in Gerhards Garten,[63] und es gab sehr viel Unsinn da. Nachmittags sind wir: Oskar, August, Curt und Paul Tittel und ich auf die Promenade[64] gegangen und haben Freischlagen gespielt. Ich sprang einmal ins Gebüsch, da packte mich ein Rathsdiener, fragte mich aus und führte mich zum Vater. Der sagte aber, der Rathsdiener solle mich mit auf die Polizei nehmen; und richtig, ich wurde auf den Naschmarkt gebracht. Nachdem der Esel von Rathsdiener die Meldung bei dem Corporal gemacht hatte, wurde ich zum Dr. Hempel geführt; jedoch nicht hinein, sondern ich mußte draußen warten. Bald kam der dußlige Rathsdiener wieder heraus und entließ mich. Aber Adieux habe ich zu den Kerl nicht gesagt. Dr. Hempel ist übrigens zehnmal gescheidter als der dumme Rathsdiener, denn er hat mich gleich wieder laufen lassen, denn um so einen Dreck arretirt man keinen. Der Vater hat aber Abends gar nicht gezankt sondern gelacht. Er hat sich nur alles für [...] Trotzdem ist es nicht richtig, daß er mich gleich zur Polizei geschickt hat. Warte verfluchter Uze!

Donnerstag, den 20. April. Nachmittag sind wir auf die Wiese in der Nähe von Plagewitz gewesen. Nehmlich: Köhler, Oskar, C. und P. Tittel und ich. Da waren noch von der furchtbaren Ueberschwemmung große Pfitzen. Da sind wir hinein gewatet. Auch im Wald war noch viel Wasser. Der kleine Paul mußte aber überall mit. Das Wasser war ganz schön lau.

Freitag, den 21. April. Afternoon is August, Oskar, and I by the island Buen Retiro boot driving; it was very very fine. The cost of the boot was three newgrosches. (Jeder gab 1 Neugroschen).

Sonnabend, den 22. April. Dasselbe gemacht wie gestern. Als wir aber heute fuhren, waren auch ein paar Engländer da, und die machten uns immer nach. Zuletzt kamen wir einmal auseinander, und nun ruderten wir aus Leibeskräften vor ihnen her, aber immer so, daß sie uns nicht sahen.

▸ F10

Wenn das hier die Insel sein soll und die Engländer waren da, so waren wir hier und umgekehrt; bis sie endlich nach Hause gingen. Nun fuhren wir ungestört – bis 7 Uhr.

Sonntag, den 23. April 1865. Nachmittags ist Herrmann, Ida und Karl gekommen. Um 5 Uhr sind dieselben mit uns Jungens zu Kintschy gegangen. ½7 Uhr zu Hause gegangen.

Montag, den XXIV. April. Heute ist die Schule wieder angegangen nach 3 Wochen Ferien. Natürlich um 7 Uhr. – Eigentlich haben wir keine *neuen* Schüler gekommen. Aber unsere Classe ist auf 25 angewachsen. Nehmlich unsere Classe ist mit der II. französischen Classe b vereinigt worden. Es sind also noch folgende dazugekommen:

Becker	Leipnitzstraße 25
Danziger	Weststraße
Glöckner	Reudnitz, Grenzgasse 10
Hirschel	Place de repos 3
Jagemann	Brühl
Krätschmar	Bosenstraße
Kuchs	Clostergasse 13
Schuhmann	Weststraße 11
Schuhmann	Tauchaerstraße
Prätorius	Brühl
Werner	Zeitzerstraße
Winkelmann	
Wrankmore	Theaterplatz
Ziegler	Zeitzerstraße

zusammen 25

Wir haben nun einen neuen Lehrer bekommen. Dénervaud, welcher Franzose ist und französisch lehrt. Er ist sehr gut. Geometrie ist die einzige neue Stunde.

Dienstag, den 25. April.

Mittwoch, den 26. April 1865. An allen Ecken stehen folgende Telegramme, ganz wörtlich:

> Neuyork, 15. April. Auf Präsident
> Lincoln ist ein meuchelmörderi-
> scher Angriff gemacht und ist der-
> selbe am 15. d. M. seiner dabei er-
> haltenen Wunde erlegen. Ein Atten-
> tat auf Seward wurde glücklich ab-
> gewendet. Gold 45 7/8.
> Zweite Depesche.
> Newyork, 15. April. Die Ermor-
> dung des Präsident Lincoln fand
> am 14. in der Theaterloge statt.
> Der Mörder entfloh zwar, doch
> soll seine Ergreifung in Baltimore
> bereits geglückt sein. Der Zu-
> stand Seward's ist hoffnungslos.
> Goldagio 51 ½.
> Dritte Depesche
> London, 26. April. Der amerika-
> nische Gesandte Adams bestätigt
> amtlich die Ermordung Lincoln's
> durch einen Bericht Stanton's.
> General Grant ist nur durch
> zufällige Nichtanwesenheit im Thea-
> ter dem ihm zugedachten glei-
> chen Schicksale entgangen. Be-
> weise liegen bereits vor, dass die
> Verschwörung noch weitere Ra-
> chepläne im Schilde führt. New-
> york ist in der furchtbarsten Auf-
> regung.

Diese Telegramme sind wörtlich, und die Stellung der abgetheilten Wörter habe ich ganz genau abgeschrieben. Das Portrait scheint nicht ganz getroffen, und ich glaube Lincoln hat noch einen Kinnbart. –

74. amtlich die Ermordung Lincolns
durch einen Bericht Stantons.
General Grant ist nur durch
zufällige Abwesenheit im Theater dem ihm zugedachten gleichen Schicksale entgangen. Be-
weise liegen bereits vor, dass die
Verschwörung noch weitere Ra-
chepläne im Schilde führt. New-
york ist in der furchtbarsten Auf-
regung.

Präsident Lincoln, ermordet am 14. April 1865.

Lincoln war ein großer Mann. Er war der Einzige, der das zerüttete Land nach 3jährigen furchtbaren Kriege wieder ordnen konnte, – da mußte ihn die Kugel des *fanatischen Mörders treffen!* Eine gedruckte Beschreibung seiner Lebensgeschichte befindet sich am Ende des Buches.[65]

Donnerstag, den 27. April. Heute ist Ida fortgereißt, weil der kleine Alfred krank ist.

Der Vice Präsident ist zum Präsident erwählt worden, dieser (unvermögende und hierzu gar nicht passende Mann) heißt: »Johnston«.[66]

Freitag, den 28. April.

Sonnabend, den 29. April. Als ich hinten war, fand ich ein närrisches Ding, welches wie eine Art Rakete aussah. Ich brenne sie heimlich auf dem Saal an (Friderieke und die Mutter waren in der Küche), aber sie will gar nicht anbrennen, geht aber auch nicht aus; ich spucke darauf, um sie zu löschen, aber wie erboßt darüber, geht's Zzschschsch und ein Feuerstrahl kommt aus diesem verwünchten Dinge heraus. Ich warf es gleich fort und rannte davon; es zischte noch eine Weile bei furchtbaren Feuerregen, dann hörte es auf. Es hatte aber einen schwarzen Fleck auf den Boden gebrannt.

Sonntag, den 30. April 1865. Die Schaubudenmesse[67] ist heute angegangen. – Früh um 8 Uhr hatten sich folgende aus meiner Classe an der Trinkhalle No 1[68] versammelt: Rüder, Kuchs, Syruschöck, mein Bruder, Schapira, Glöckner und ich, zusammen 7. Wir wollten nach dem Binitz gehen. Dort kamen wir ½11 Uhr an. Nun wurde gleich gegessen. Ich verzehrte mein Franzbrod und ließ mir noch ein Glas Milch für 1 Neugroschen geben (ich hatte 5 Neugroschen mit); sie war mordschlecht. Dann haben wir im Walde Räubers gespielt und sind in einen kleinen Bach hineingewated. An diesem Bache, auf einer einsamen Wiese stand ein Markstein. Wir machten mehrmals furchtbare, geradezu verzweifelnde Anstrengungen diesen Stein herauszukriegen. Zum ¾ Theile gelang es uns, dann ließen wir ihn sein. Dann lagerten wir uns in einer Vertiefung auf Stroh, daß wir genug im Walde fanden. Es war sehr bequem. Plötzlich kamen Rüder und Schapira zu uns gerannt (denn sie hatten Stroh gesucht), es hätte sie jemand von oben herab im Walde mit einem großen Steine geworfen, so daß sich die Zweige gebogen hätten. Gleich machte sich Syrutschöck, ich und die 2 obigen auf den Weg, um diesen Kerl zu suchen, fanden ihn aber nicht. Um 3 Uhr auf dem Sandberg wieder gegessen und getrunken. Oskar und ich ließen uns zusammen 1 Portion Caffee geben und zwei geschmierte Semmeln. Dann aß ich noch eine geschmierte Semmel und Oskar 2 Soleier. – ½ 4 Uhr sind wir aufgebrochen, und die Chaussee gegangen. Unterwegs war noch eine Keulerei. Das ging nehmlich so zu: Wir legten uns einmal ins Gras. Schapira und Syrutschöck warfen Kuchs mit Dreck, der warf wieder. Als sie uns aber einmal trafen, gingen Rüder und ich hin und wollten die Beiden hauen, ließen sie aber doch gehen. Wir gingen nun aber fort und ließen die beiden stehen. Kuchs, Oskar und Glöckner gingen auf unserer Seite. Nachher neckten uns Schapira und Syrutschöck. Nach einer Weile wurde ich so böse, daß ich Syrutschöck zu packen kriegte und zu Boden warf. Nun kamen wir alle ins Keulen. Ich wurde allein mit Syrutschöck fertig, aber die anderen 4 konnten Schapira nicht hinkriegen. Unter Streiten und Zanken gingen wir bis Lindenau. Dort trennten wir uns. Um 7 sind wir zu Hause gewesen. – –

Politisches. Seward ist nur schwer verwundet, sein Sohn ist aber tödlich verwundet. Noch andere 6 Personen sind von dem Schurken verwundet worden, ehe er zu seinen Opfer (Seward) kam.

Montag, den 1. Mai 1865. Auf der Messe sind folgende *Haupt* Buden: *Cirkus Renz.*[69] *Francois Schneider. Niederländisches Affentheater, die Menagerie,* und vielleicht gehört noch *Das bewegliche Theater* dazu. Ein Haufen anderer kleiner Buden ist auch da, Trinkbuden, Krebelchenbuden[70] und Schießbuden fehlen auch nicht. Schaubuden sind's ungefähr 20 Stück. Krebelchenbuden 5–7. Trinkbuden 25–30. Schießbuden wie gewöhnlich 2 furchtbar lange. Alle Buden ungefähr 50–60.

Dienstag, den 2. Mai.

Mittwoch, den 3. Mai. Heute ist unser Onkel (Moritz) fortgereist und hat jeden 15 Neugroschen gegeben, hat sie aber der Mutter zu Aufbewahrung gegeben. Und das ist mir gar nicht angenehm. – Nachmittag ist ein Theil unserer Classe (I. französische B) – auch Oskar und Benno Vogel auf den Exerzierplatz gegangen, und haben dort lustig gespielt. Wir beschlossen einstimmig, alle Mittwoch und Sonnabend auf den Exerzierplatz zu gehen.

Donnerstag, den 4. Mai. Unsere Schule hatte heute den ganzen Tag frei, da unser Meßtag war.

Freitag, den 5. Mai 1865. Heute war des lieben Vaters Geburtstag. Da wir aber kein Geld hatten (wenigstens sehr wenig), konnten wir ihm nichts kaufen. Er bekam nur von der Mutter einen schönen Blumenstock. – Nun ist Alles schön grün geworden.

Sonnabend, den 6. Mai. Wie vorigen Mittwoch wieder auf den Exerzierplatz gegangen. – Am Abend aber bin ich und Oskar und August bei Renz gegangen. Es war wunderschön. Vor allem machten die Komiker schöne Sachen. Renz bleibt doch unstreitig der hervorragenste Cirkus.

Sonntag, den 7. Mai 1865. Nachmittag um 2 Uhr ist der Vater mit uns in die alte Börse auf dem Naschmarkt gegangen. Dort war in der Größe von 200 Quadrat Fuß die Düppler Schanzen[71] mit Düppel, Parallellen, Nord See, Rolf Krake und andere Kriegsschiffe, Lager, Alsener Sund, Insel Alsen mit Sonderburg, überhaupt mit allem Denkwürdigen aus Thon (aber ausgemalt) zu sehen. Dann waren auch noch Bruchstücke von Kanonenkugeln, Bomben, Granaten, Kartätschen, Kugeln, Säbel, spanische Reiter u.s.w. zu sehen. Es war alles prachtvoll. Erklärt wurde Alles von 2 Invaliden. Es kostete zusammen 10 Neugroschen. – Abends ist der Vater, Herrmann, Karl, Oskar und ich unter die Buden gegangen. Ersterer hat uns jeden eine Düte Krebelchen gekauft jede zu 1 Neugroschen. Später sind wir alle in eine Bude gegangen, wo ein Mädchen zwischen einen Bären, einen Wolf, eine Hyäne, ein Renozeros und einem Eskimos Hund ging und Fleisch vertheilte.

Montag, den 8. Mai. Abends alle bei Cajeri gegangen. Müllers getroffen.

Dienstag, den 9. Mai. Wir hatten von Rüder jeder ein Billet zu Schneiders Theater bekommen. Nehmlich Kuchs, Oskar und ich. Es war prachtvoll. Wir saßen auf dem Sperrsitz.

Mittwoch, den 10. Mai. Nachmittags gingen wir wieder auf den Exerzierplatz. Es waren nur Roch (mit seinem 5jährigen Bruder), Schulze, Kretschmar, Oskar und ich da. Und doch hatte es noch nie solchen Unsinn gegeben als heute. Abends ging ein Gewitter los.

Donnerstag, den 11. Mai.

Freitag, den 12. Mai. Rüder und ich gingen heute in die Thierbude. Denn auch von dieser Bude hatte er Freibillets. (Rüders Vater ist besoldeter Stadtrath.) Diese Thierbude verschwindet fast gegen die von Kreuzberg.[72] Wie ich höre, soll letzterer auf dem Meere untergegangen sein.

Sonnabend, den 13. Mai. Heute ging unsere ganze Schule in die Thierbude.

Sonntag, den 14. Mai 1865. Ungefähr um ½ 9 Uhr ist der Vater, mit Oskarn und mir ins wilde Rosenthal gegangen, um Pflanzen zu suchen. Wir sind weit hinter bis an die Parthe gegangen, da konnten wir nicht weiter, daher mußten wir wieder umkehren. – Abends [sind] der Vater, die Mutter, Carl, Oskar und ich zu Esche[73] gegangen. Dort waren noch viele aus der Gesellschaft Rose. Um 9 Uhr sind wir zwei Jungens zu Hause gegangen.

Ich hätte beinahe etwas vergessen. Afternoon we are gefahren upon the Gondel of Rüder. Nehmlich Rüder, Werner, Weißschuh und ich haben [...] Die beiden Zieglers waren auch dabei. Die haben [...]; bis zu Rüders Landungsplatz. Auf dem Rückwege put we Werner out on the land.

Montag, den 15. Mai. Daßelbe wie gestern nur daß Zieglers fehlten und dafür Roch dabei war. Als wir bei der Brandbrücke waren (natürlich auf dem Wasser), kam ein furchtbares Gewitter und der Regen kam in Strömen herab. And a dreadful wind was coming and begann to drive back our boot bis zur Brandbrücke, here we could not farther, so our boot was lying across the Brücke. Lastly we brachten the Boot wieder los und jetzt gings im Sturmwind zurück. Quick we was going out of the boot. Wir gingen nun nach dem Brandte.[74] Wir waren aber vollständig durchnäßt, durch den furchtbaren Platzregen. Jeder aß dort ein Stück Flaten. Sehr bald klärte sich der Himmel auf, der Donner verstummte, und es regnete nicht mehr. Now, we was going back to the boot; we cleaned our Places and ruderten zurück [...] Bis zu Rüders landing-place.

Dienstag, den 16. Mai. Wir hatten heute zum 2ten Male Meßtag. Es war aber kein schöner Meßtag, denn es regnete den ganzen Tag. Abends hörte es auf. Da haben wir, nehmlich: Kuchs, August, Oskar und ich zwischen den Buden auf dem Markte Haschens gethan.

Mittwoch, den 17. Mai. Da Rüder nicht konnte sind wir nicht gegondelt. Kuchs, Müller und ich [haben] zwischen den Buden auf dem Markte Haschen gespielt.

Donnerstag, den 18. Mai. Um 4 Uhr bin ich, ebenso Oskar und August bei Händel in der Parthe, nicht bei Händel an der Wasserkunst baden gegangen.[75] Es waren 15 Grad im Wasser. – Ich werde nun die Badestelle abmalen.

► F11

A Häuschen worin das Geld eingenommen wird
B Hier ziehen sich die Badenden frei aus
C Apertements
D Zellen für Herren und Damen mit Nummern
E Fußboden (Breter)
f1 Hunde Schöppe oder 1. Schöppe
f2 2. Schöppe
f3 3. Schöppe
f4 4. Schöppe
f5 5. Schöppe
f6 6. Schöppe
f7 7. Schöppe
f8 Froschschöppe oder 8. Schöppe, (Schöppe heißt Treppe)
G Parthe (Fluß)
H Weg von der Stadt nach dem Bade, man geht fast ½ Stunde
I Eisenbahn (Magdeburger).
K Wiesen, Bäume, Häuser usw. überhaupt Verschiedenes.

Freitag, den 19. Mai. Henniger hatte von mir noch ein Buch: »Columbus«. (Es ist daßelbe, was mir Georg voriges Jahr zum Geburtstag geschenkt hat.) Er vergaß es immer und immer wieder mitzubringen. Da ging ich heute mit ihm hin, um es mir selbst zu holen. Er konnte es aber nicht bekommen, da es verschlossen war. Ich ging mit ihm, Vogel Gustav (Gustav Vogel) und mehr ins Dorf[76] und machten Unsinn. ½ 7 ging ich von dort fort. Als ich in der Colonadenstraße[77] (schon in Leipzig) war, traf ich die Eltern mit Oskar. Ich kam nun schnell mit; zuvor legte ich aber meinen Ranzen bei Vogel ab. Wir gingen nach dem Felsenkeller.

Sonnabend, den 20. Mai. Nachmittag sind Rüder, Kuchs, Roch, ich, Schulze und Vogel auf Rüders Gondel gefahren. Im cherry wear[78] (Übersetzung des Deutschen ins Englische) gebadet. Dann bis zu Rüders landing place. Dort kamen wir plötzlich auf die Idee, eine Gondelseilschaft zu bilden. Wir machten es so aus:

I. *Rüder,* First pilot	IV. *Tannert,* Sailor	VII. *Vogel,* Capin-boy	Bald hätte ich einen vergessen, der noch über den sailors steht.
II. *Kuchs,* Second pilot	V. *R. Bühle,* Sailor	VIII. O. *Bühle,* Capin-boy	III. *Roch,* Upper-boitswain. Er ist der 3. im Range.
	VI. *Schulze,* Sailor		

Passenger werden zugelassen aber nicht mehr als 4. Sie müssen aber: Passage-money bezahlen. Wieviel ist unbestimmt. Gleich fingen wir nun an zu üben und auf Commando zu hören. Wir gondelten etwas weiter am Fluß rauf, aber nur einige hundert Schritt. Trotzdem waren wir noch nicht sehr weit gekommen. 15 R.o.[79] waren heute im Wasser.

Sonntag, den 21. Mai 1865. Früh ½7 Uhr ging der Vater mit uns ins Rosenthal. Nachmittags: ist die Rose, folglich [sind] wir mit nach Gaschwitz gefahren. Von da wollten wir nach Euthra.[80] Wir verliefen uns aber in der Haart und kamen nach Zwenkau. Letzteres liegt aber über Euthra; und nachdem wir in Zwenkau uns gelabt, mußten wir den Bogen wieder zurück, um nach Euthra zu gelangen; also so:

▸ F12

A. Leipzig
B. Gaschwitz
C. Die Haart (ein Wald)
D. Weg nach Zwenkau
E. Weg nach Euthra
F. Zwenkau
G. Euthra
H. Eisenbahn.
I. Hier theilen sich der Weg nach Euthra und Zwankau, statt nun auf E. zu gehen, gingen wir auf D.
K. Rückweg von Zwenkau nach Euthra

Montag, den 22. Mai. 24 Grad waren heute im Schatten. August, Oskar und ich gingen zu Händel. 18 Grad. Dann kam Schulze. Da haben wir uns gespritzt. Abends [haben] Kuchs, Oskar, August und ich Haschens gespielt.

Dienstag, den 23. Mai. Die Hitze war ebenso groß wie gestern. Fast alle Schulen haben frei, nur unsere Schule nicht. – Dann bin ich und Oskar und Vogel baden gegangen. 18 Grad. Als wir vom baden zurückkamen, machte uns der Vater die Versprechung, daß er dem ersten von uns, der Schwimmen kann, 10 Neugroschen geben würde, dem andern 5 Neugroschen. *Und dies wollen wir nicht vergessen.*

Mittwoch, den 24. Mai. Heute trat die shipcompany zum ersten male in Kraft. Sämmtlich waren wir boot driving. We sledged to the cherrywear. There we was bathing. Als wir noch dort waren, fing es schrecklich an zu regnen; wir wollten es abwarten, aber umsonst, – es hörte nicht auf. Therefore sledged, Roch, Kuchs, Schulze, Tannert, Vogel und – Wrankmore (Wrankmore war als passenger mitgekommen und hatte 1 Neugroschen passage money bezahlt) home trotz des Regens. Aber Rüder, Oskar und ich wir gingen. Die übrigen kamen noch eher als wir. Da die Gondel sehr schwer ist, gebrauchten wir gewöhnlich ½ Stunde um von Rüders bis zum Kirschwehr zu gelangen, aber heute waren sie in X Minuten zurück gefahren. Flugs gingen wir nun zu Hause.

Donnerstag, den 25. Mai. Da heute *Himmelfahrtstag* war, hatten wir einen ganzen Tag frei. ½ 3 Uhr kam ein Brief aus Cöthen von den lieben Großeltern, welche schrieben, daß sie den 1. Juni kommen wollten. – Juchhei. – Am Abend sind die Eltern mit uns auf dem großen Dampfschiff gefahren.[81] (Es giebt hier drei. 2 Schleppdampfer, welche jeder ein mächtiges Boot ziehen, und 1 Dampfschiff, worauf der Kessel sich selber befindet; in diesem sind wir gefahren. Es kann 60 Personen fassen.) Es kostete zusammen 6 Neugroschen. Dann gingen wir auf den Felsenkeller und haben dort gegessen und getrunken. Um 8 sind wir home gegangen. Es war aber heute nicht so warm, wie die andern Tage sondern kühl. Das kommt von dem gestrigen Regen.

Freitag, den 26. Mai. Ich bin mit Oskar um 4 Uhr bei Händel baden gegangen. An der Tafel stand, es wären 15 Grade im Wasser, aber es waren höchstens 13–14. Nicht ein einziger Mensch war außer uns da. Aber wir haben uns vorgenommen, bei jeder Temperatur und jeden Tag baden zu gehen; und das wird durchgesetzt.

Sonnabend, den 27. Mai. Nachmittags sind wir beiden, ebenso August baden gegangen. Es waren 16 Grad (?). Schulze war auch da. Mit noch vielen andern. Da haben wir uns tüchtig gespritzt. – Abends mußte der Vater auf die Wache,[82] daher gingen wir nicht fort.

Sonntag, den 28. Mai 1865. Heute Nachmittag ist die Gesellschaft Rose per Omnibus nach Connewitz gefahren;[83] von da bis Döhlitz sind wir gegangen. Die Rose war heute ungefähr 50 Mann stark, draußen bekamen wir Kuchen (gut), Abends: Butterbrod mit Käse (wenig und mordschlecht). Dann aber holte ich mir ein Glas Milch *gleich von der Kuh weg*, welche sehr gut schmeckte. Auch wurde gespielt und getanzt. ½9 sind Försters Eltern, Adolf Förster, Frau Müller und ein Junge von ihr, ebenso wir Andern [gegangen]. ½ 10 Uhr waren wir in Leipzig.

Montag, den 29. Mai. Um 5 Uhr Nachmittag war Einweihung des Schreber-Spiel-Platzes. Es war Musik, und es wurden auch Reden an die Jugend gehalten.[84] Später wollten wir baden gehen, wir durften aber nicht.

Dienstag, den 30. Mai. Heute ist Carl gekommen und hat uns die frohe Nachricht gebracht, daß die Großeltern ganz bestimmt den 1. Juni kommen würden. Um 4 Uhr sind wir beiden bei Händel baden gegangen. Heute wollte auch der

Vater die Wohnung Lindenstraße 72 nehmen (siehe S. 59 in der Mitte [S. 52]). Die Leute verlangten aber noch so viel wie erst. Daher nahm es der Vater nicht.

Mittwoch, den 31. Mai. Heute war aber ein schöner Tag. Daher werde ich ihn ganz genau beschreiben. Nehmlich: »Rüders Geburtstag«.

Er hatte 19 Gäste eingeladen, nehmlich folgende: Kuchs, Roch, Tannert, Schulze, Syrutschöck, Werner, Wrankmore, Becker, Hoffmann, Friedländer, Fleming, Liebich, Ziegler, Vogel, Baumgarten, Weißschuh, Gerlach, meinen Bruder und mich. Die 5 letzteren außer mir waren theils aus andern Classen, theils aus ganz andern Schulen (ich kenne sie aber). Vogel kam nicht, sonst alle. So weit ichs weiß, will ich nun die Geschenke folgen lassen. Von Roch, Schulze und uns beiden hatte er eine mächtig große Apfelsienentorte für 1 Reichsthaler bekommen. Von Kuchs – 6 Apfelsienen. Von Tannert – eine prachtvolle Pappschachtel, nur schade, daß bloß Blätzchen darinn waren. Vom Syrutschöck – ein fein geschliffenes Bierglas, Baumgarten – eine Zuckerdüte, Wrankmore desgleichen. Aber am allerunnobelsten haben sich die geizigen Kerls von – Friedländer, Flemming und ich glaube auch Hoffmann, gemacht. Sie haben ihm zusammen ein lumpiges Schreibzeug und einen Halter gegeben, macht zusammen 15 Neugroschen. Alle 4 haben nur 15 Neugroschen zusammengebracht. Auch die andern haben ihm noch manches gegeben, aber vor allen seine vielen Schwestern und Eltern. – –

Als nun alle im Garten versammelt waren und sich in eifrigen Gesprächen befanden, schlich sich Rüder mit einigen Andern (ich war auch dabei) an seine neue Spritze und schickten einen Wasserstrahl unter die arglosen Gesellen. Das gab nun sehr viel Unsinn. Dann bekamen wir

Kaffee und Zwieback. Nachdem wir hiermit fertig waren, führten wir die Erzählung »Der bairische Hiesel«, welche in der Gartenlaube in diesem Jahrgange steht, auf.[85] Roch war der bairische Hiesel, Kuchs war der Rothe, Tannert, Rüder und ich waren außerdem noch Wildschützen. Die andern waren einmal Soldaten, das andere mal Bauern. Wir machten die Scene mit dem Förster; wie er dann die »Reichscontinentischen Soldaten« durch *blinde* Schüsse in die Flucht treibt, wie er den Bauern das Geld wieder verschafft u.s.w., u.s.w. –

Nun machten wir die Erstürmung der Düppler Schanzen nach. Rüder, Tannert, Werner, Becker, Weißschuh, Fleming, Friedländer, Gerlach, Hoffmann, Liebich und Baumgarten, zusammen 11 Mann, waren Preußen; die Dänen waren Roch, Schulze, Kuchs, Wrankmore, mein Bruder und ich, zusammen 6 Mann. Wir vertheidigten uns tapfer und schlugen 3 grimmige Angriffe zurück; mußten aber doch endlich der Übermacht unterliegen. –

Vorher aber entstand noch eine hübsche Scene. Da waren einige (5–7) oben auf der Anhöhe und hatten die Spritze in Besitz, übergossen uns in einen fort und ließen Niemanden herankommen, ohne daß er nicht durchnässt wurde. Da faßte ich mir mit Kuchs und Wrankmore ein Herz, und wir stürmten hinauf. Sowie das aber Becker bemerkte, welcher den Schlauch führte, drückte er mit dem Finger die Öffnung, wo das Wasser herauskam, zu, indem die andern aber fortpumpten, damit das Wasser mit desto größerer Gewalt hervorschösse. –

Im Nu waren Kuchs und ich oben (wir befanden uns aber noch 5–6 Schritt von der Spritze), aber Kuchs blieb stehen, da er die Absicht Beckers merkte. Da gab ich ihm aber einen Stoß, daß wir der Spritze näher kamen aber zzzschschsch kam der Wasserstrahl: Kuchsen gehörig streifend, aber mich mit solcher Gewalt ins Gesicht treffend, daß ich geradezu den Berg wieder hinab *purzelte*, ebenso Kuchs. Aber Wrankmore stürzte vor, packte den Schlauch und nun fand ein verzweifelter Kampf statt. Die Hälfte der Vertheidiger rannte davon, da packte Weißschuh einen *vollen Eimer mit Wasser und goß ihn über Wrankmore*, gleich darauf wurde von einem Andern noch ein *voller Eimer* auf ihn gestürzt; aber sowie das geschehen war, rissen sie aus und Wrankmore hatte den Platz, aber er war wie aus dem Wasser gezogen und das Wasser lief von ihm nur so herunter.

Nun wieder zurück. – Nachdem die Erstürmung der Düppler Schanzen vollbracht war, wurden wir zum Abendbrod eingeladen; wir bekamen Bier, Butterbrod mit Käse und Fleisch und so manches Hoch wurde ausgebracht. –

Danach spielten wir Haschens, und das gab von Allen den meisten Spaß. –

Später wurde noch Feuerwerk abgebrannt. Dann gingen wir aber. Als wir draußen schon auf dem Vorsaal waren, wurde noch ein dreifach donnerndes Hoch ausgebracht.

Donnerstag, den 1. Juni 1865. Heute Nachmittag um 2 Uhr sind unsere lieben, guten Großeltern gekommen, und sie beabsichtigen diesmal 2 *Monate* in Leipzig zu bleiben. Sie haben uns jeden ein kleines Geldtäschchen gegeben. Heute wollten wir im Johannisthal[86] einen Garten nehmen, deswegen gingen wir hin. Es war ein sehr großer, schöner Garten; er sollte 20 Reichsthaler kosten, der Vater wollte aber nur 18 geben. Man wurde nicht einig, und so wurde der Garten nicht genommen.

Früh ging ich mit Kuchs und Oskar baden. Es waren 15 Grad.

Heute ist das Gellertdenkmal eingeweiht.[87] Es ist eine weiße Mamor Statue in Lebensgröße von Knaur gemacht.

Darüber ist folgendes sechsfüßiges Gedicht erschienen. (Es ist ein Hexameter).

Gellert im Rosenthale.
Standbild von Knaur.

Frei und stattlich umher blickt Gellert im lebenden Marmor.
Was nur dem Dichter gebührt, hat auch der Bildner erkannt.
Frisch in der Fülle des Mannes erglänzt die erwägende Stirne.
Noch hat Siechthum nicht Nacken und Frohsinn gebeugt.
Just an dem Wege des Thales war oft der Geliebte geritten,
Hoch aus dem Frühling des Grüns schimmert das lebende Bild.
Ganz so ist es erfüllt, wie's Austrias's Stifterin wünschte.
Bis auf die Sprüche des Steins, die ihr noch sterbend getreu.
Wohl erklären sie uns den Sänger der geistlichen Lieder,
Aber der Fabelpoet wurzelt noch tiefer im Volk.
Eine Sentenz nur des Buchs – und Erinnerung strahlt aus der Kindheit,
Ja! Und der Dichter er – lebt, wie ihn der Künstler gedacht.

1. Juni 1865 *Adolf Böttcher*

Erschienen in der No 158 des Leipziger Tageblattes – Mittwoch, den 7. Juni 1865.

Es steht auf einem Postament welches noch 1½ mal größer als die Statue selbst ist. In diesem Postament sind nun folgende Sprüche in Goldschrift hineingemeißelt:

Vorn:	»Gott soll ich über Alles lieben Und meinen Nächsten gleich als mich.«
Hinten:	»Seid fröhlich Ihr Gerechten, der Herr hilft seinen Knechten.«
Links:	»Vertrau auf Gott. Er wohnt bei denen, die sich nach seiner Hilfe sehnen.«
Rechts:	»Der wahre Ruhm ist Ruhm bei Gott Und nicht bei Menschenkindern.«

Das sind alles seine bedeutendsten *Kernsprüche*.

Freitag, den 2. Juni. Als ich mit Kuchs heute früh um 11 Uhr auf dem Wege zum baden war, fing er mich an zu necken und nannte mich: *Pepo.* Ich sagte zu ihm: »Wenn Du mich noch einmal so nennst, so geb ich Dir eins, und dann ist mirs ganz egahl ob ich mit Dir *Gift* werde. (Unter der Jugend besteht folgende Sitte: Wenn man einem *»Gift«* zuruft so heißt das: Feindschaft, also man ist mit einem böse.) Da nannte er mich wieder so, da gab ich ihm einen Knuff in die Seite. Kaum war das geschehen, so rief er: *»Gift«*, drehte sich um und ging zurück. Bald kam er aber mit schnellen Schritten zurück und ging vor mir vorbei. – Wir badeten uns, ohne uns einmal nur anzusehen (das *Gift* habe ich nicht erwiedert aber das ist gleich).–

Um 4 Uhr wurde die Schule geschlossen und wir bekamen 9 Tage Pfingstferien. Den 12. des Monats soll sie wieder angehen. – Nachmittag: sind wir nach einem Garten in der Frankfurterstraße gegangen. Es war Niemand darin. – Er war noch viel größer als der im Johannisthal, aber es scheint nicht so viel Schatten darin zu sein. Er soll 16 Reichsthaler kosten. Der Vater ging zu dem Besitzer (Käßmodel)[88] und wollte ihn nehmen, er war aber schon genommen von einem andern. – Nun nehmen wir überhaupt Nichts mehr. Weder Sommerlogis noch Garten.

Abends sind wir mit den Großeltern bei Esche gegangen, aber es fing fürchterlich an zu regnen, und ließ erst spät nach.

Sonnabend, den 3. Juni. Um 4 Uhr ist Oskar und ich bei Händel baden gegangen; und Abends sind wir Alle bei Esche gegangen.

Sonntag, den 4. Juni 1865. Der I. Pfingstfeiertag ist heute. Um 7 Uhr sind die Eltern und Karl nach Gohlis gegangen. Später kamen auch wir nach. – Nachmittag: fuhr der Vater mit uns Beiden auf dem großen Dampfschiff nach Plagwitz. Um 7 sind wir aber schon wieder zurück gegangen.

Montag, den 5. Juni. Der II. Pfingstfeiertag ist heute. Early, 7 oclock are the both Vogels, Rüder, Roch, my brother and I, boot driving. The tall Vogel was to-day honorary member.

Nachmittags sind wir beide baden gegangen; und Abends gingen alle bei Esche.

Dienstag, den 6. Juni. Nachmittag: bei Händel baden gegangen. 15 Grad. Abends wieder bei Esche gegangen.

Mittwoch, den 7. Juni. Früh 8 Uhr bei Händel baden gegangen. Nur 14 Grad. Abends sind wir nach Gohlis gegangen aber die Großeltern bei Esche.

Donnerstag, den 8. Juni. Early, 7 oclock are only Rüder, Schulze, my brother and I, boot driving; and farther than usual and to-day we were only four, vom Rudern steif und lahm. Nachmittag: sind wir beiden bei Händel baden gegangen.

Freitag, den 9. Juni. Heute ist der Jahrestag (9. Juni) *wo ich die Gehirnentzündung bekam.* (Damals wars aber Donnerstag.) Oskar und ich sind bei Händel baden gegangen. 14 Grad, ich kann schon 5 mal ausstreichen, und ich werde daher bald ganz schön schwimmen können.

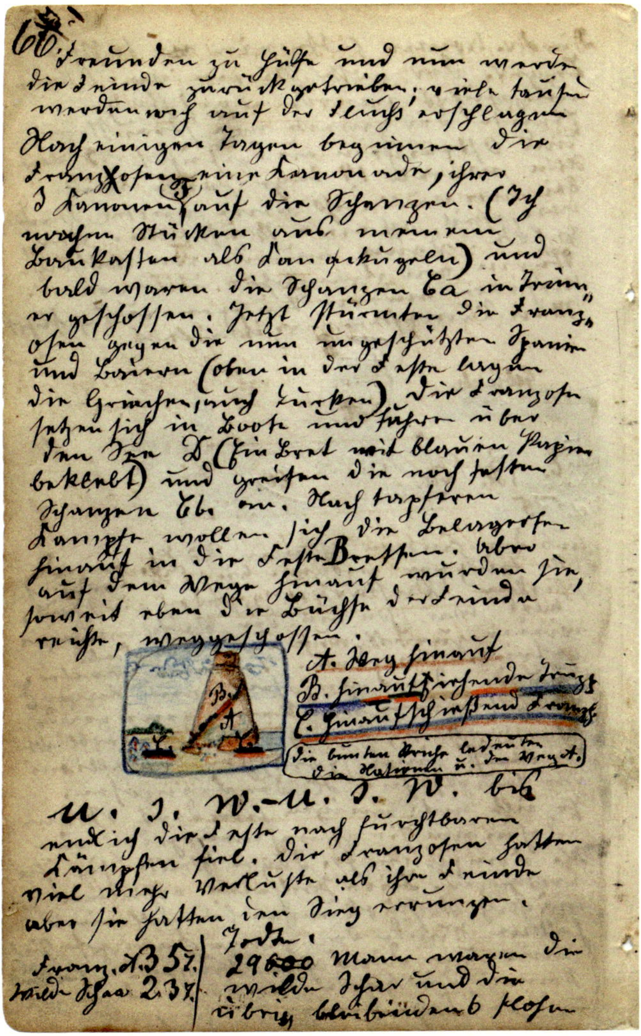
60. Freunden zu Hilfe und nun wurden
die Feinde zurückgetrieben; viele tausend
wurden noch auf der Flucht erschlagen.
Nach einigen Tagen begannen die
Franzosen eine Kanonade, ihre
3 Kanonen auf die Schanzen. (Ich
machte Stücken aus meinem
Baukasten als Kanonenkugeln) und
bald waren die Schanzen Ea in Trümmer geschossen. Jetzt stürmten die Franzosen gegen die nun ungeschützten Spanier
und Bauern (aber in der Feste liegen
die Griechen auch Türken). Die Franzosen
setzen sich in Boote und fahren über
den See D (ein Brett mit blauen Strichen
beklebt) und greifen die noch festen
Schanzen Eb an. Nach tapferem
Kampfe wollen sich die Belagerten
hinauf in die Feste B retten. Aber
auf dem Wege hinauf wurden sie,
soweit eben die Büchse der Feinde
reichte, weggeschossen.

A. Weg hinauf
B. hinaufziehende Franz.
C. hinaufschießende Franz.
Die bunten Striche bedeuten den Weg A. die Nationen u.

u. s. w. – u. s. w. bis
und ich die Feste nach fürchterlichem
Kampfe fiel. Die Franzosen hatten
viel mehr Verluste als ihre Feinde
aber sie hatten den Sieg errungen.

Tote:

Franz. A 357.	29000 Mann waren die
wilde Schar 237.	wilde Schar und die übrig bleibenden Hosen

Faksimile 9 (▸ Seite 55 f.)

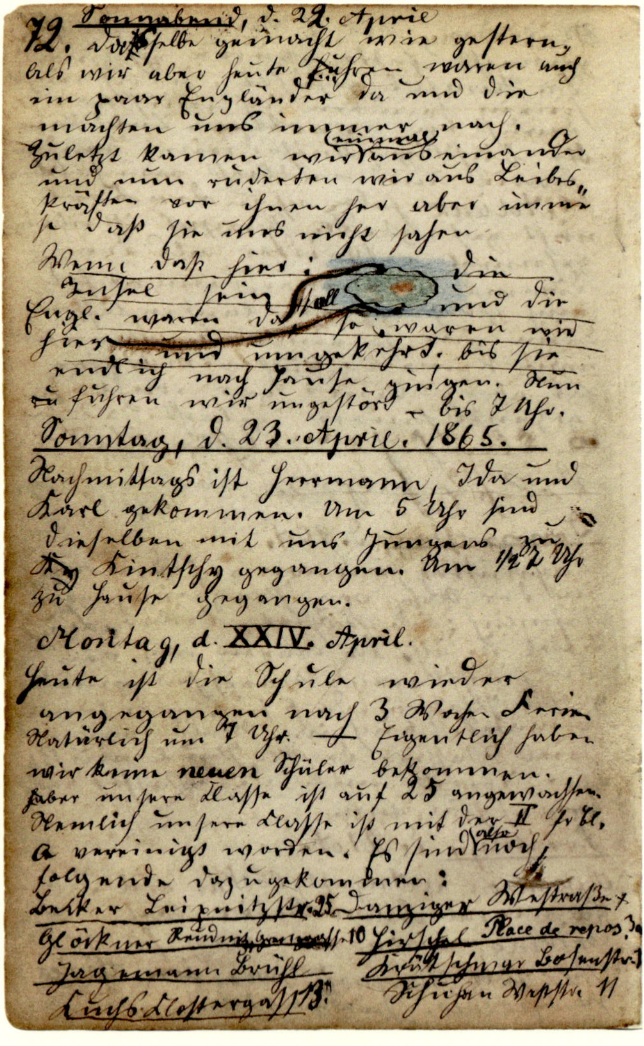

72. Sonnabend, d. 22. April

dasselbe gemacht wie gestern, als wir aber heute fuhren waren auch ein paar Engländer da und die machten uns immer nach. Zuletzt kamen wir aneinander und nun ruderten wir aus Leibeskräften vor ihnen her aber immer so dass sie uns nicht sahen. [illegible] die Insel [illegible] Engl. waren [illegible] so waren wir hier und umgekehrt. bis sie endlich nach Hause gingen. Dann fuhren wir ungestört bis 7 Uhr.

Sonntag, d. 23. April. 1865.

Nachmittags ist Hermann, Ida und Karl gekommen. Um 5 Uhr sind dieselben mit uns Jungens zu Kintschy gegangen. Um 1/2 7 Uhr zu Hause gegangen.

Montag, d. XXIV. April.

Heute ist die Schule wieder angegangen nach 3 Wochen Ferien Natürlich um 7 Uhr. — Eigentlich haben wir keine neuen Schüler bekommen. Aber unsere Klasse ist auf 25 angewachsen. Nämlich unsere Klasse ist mit der II. Abtl. A vereinigt worden. Es sind noch folgende dazugekommen:

[illegible] Leipzigerstr. 25. Danziger [illegible]
[illegible] Place de repos [illegible]
[illegible]
[illegible] 11
[illegible] Klostergasse 13.

Faksimile 10 (► Seite 60f.)

Faksimile 11 (▸ Seite 70)

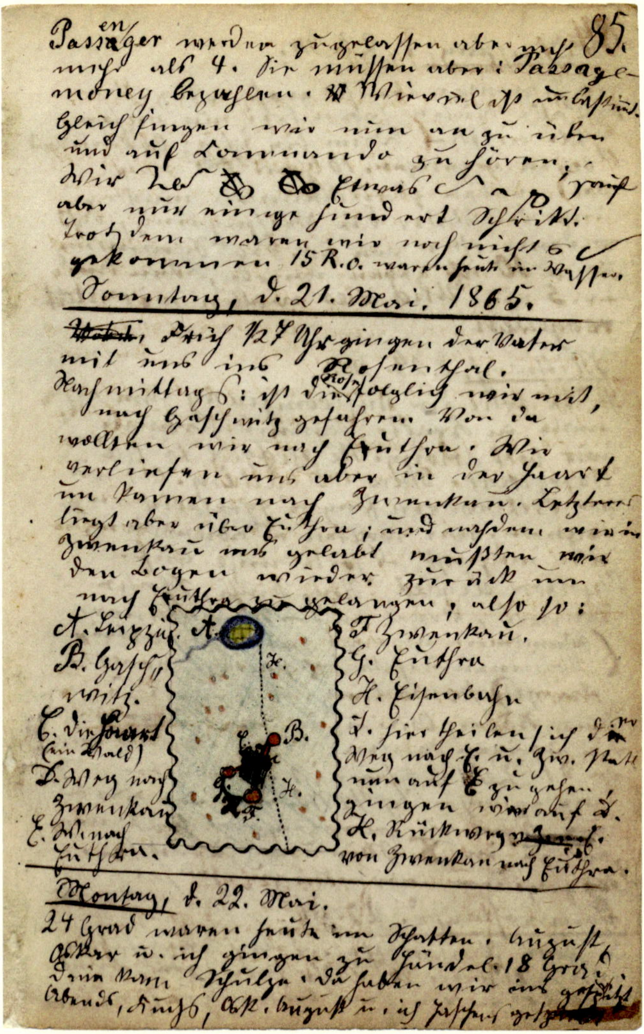
Passagieren werden zugelassen aber nicht 85.
mehr als 4. Die müssen aber : Passage-
money bezahlen. [illegible]
Gleich fingen wir nun an zu üben
und auf Commando zu hören.
Wir [illegible] Etwas [illegible]
aber nur einige hundert Schritt.
Trotzdem waren wir noch nicht
gekommen 15 R.o. waren heute im Wasser.

Sonntag, d. 21. Mai. 1865.

~~[illegible]~~ Früh 1/2 7 Uhr gingen der Vater
mit uns ins Rosenthal.
Nachmittags : ist Ross folglich wir mit,
nach Gaschwitz gefahren. Von da
wollten wir nach Eythra. Wir
verliefen uns aber in der Haart
im [illegible] nach Zwenkau. Letzteres
liegt aber über Eythra; und [illegible]
Zwenkau [illegible] mußten wir
den Bogen wieder zurück um
nach Eythra zu gelangen, also so:

A. Leipzig.
B. Gaschwitz.
C. die Haart (ein Wald)
D. Weg nach Zwenkau
E. Weg nach Eythra.
F. Zwenkau.
G. Eythra
H. Eisenbahn
J. Hier theilen sich die Wege nach E. u. Zw. Statt nun auf E zu gehen gingen wir auf d. K. Rückweg [illegible] von Zwenkau nach Eythra.

Montag, d. 22. Mai.
24 Grad waren heute im Schatten. August,
Otto u. ich gingen zu Händel. 18 Grad
dem Herrn Schulze. Da haben wir [illegible]
Abends, [illegible], Ott. August u. ich [illegible]

Faksimile 12 (▸ Seite 71 f.)

Sonnabend, den 10. Juni. Früh sind wir beide, ebenso Vogel, bei Händel baden gegangen. 14 Grad. Nachmittags wollten mehrere aus unserer Classe, auch ich, ins Leutscher Holz gehen; wir verloren uns aber gegenseitig. Daher ging ich, Kuchs* und mein Bruder bei Händel. 15 Grad.

Sonntag, den 11. Juni 1865. Vormittag: sind wir, außer den Großeltern, zu Bonorand im Rosenthal gegangen zum Frühconcert; aber da es so sehr kalt war, gingen wir bald zu Hause. Trotzdem gingen wir Beiden heute – Baden, und es war sehr schön warm.

Montag, den 12. Juni. Nachdem wir acht Tage Ferien gehabt, ging die Schule heute wieder an. – Mr. Mikelthwate, welcher mit den Ferien 3 Wochen gefehlt hatte, kam heute wieder. – Nachmittag: sind wir beide bei Händel baden gegangen. 14 Grad.

Dienstag, den 13. Juni. Es regnete den ganzen Tag. Daher nichts vorgefallen.

Mittwoch, den 14. Juni. Afternoon, three oclock we are boot driving: Rüder, Kuchs, the tall Tannert and the little Tannert, my brother Oskar and I. Oskar und ich, wir sollten schon ½ 6 zu Hause sein, aber wir badeten uns trotzdem im cherry wear. Schnell sind wir dann zu Hause gerannt, denn es war schon 6 Uhr. – ½ 7 waren wir erst zu Hause. Der Vater hat sehr gezankt und hat gesagt: er würde uns

* Ich bin nehmlich mit Kuchs wieder gut. Als ich heute gerade in Äckerleins Hof schiffte, kam unvermuthet Kuchs und sagte zu mir: »Richard, komm wir wollen wieder gute Freunde sein.« Natürlich nahm ich das gleich an. –

nicht mit ins Muldenthal nehmen (was er uns versprochen), auch verbot [er] uns 3 Tage nicht baden zu gehen. Außerdem durften wir heute nicht mit.

Donnerstag, den 15. Juni.
Freitag, den 16. Juni. } Nichts.

Sonnabend, den 17. Juni. Heute Nachmittag waren wir, nehmlich: »The shipcompany« eingeladen ½ 3 Uhr bei Tannert zu erscheinen; da Tannerts einen sehr großen Garten haben. Nachdem wir ein wenig die Kirschen *gestraft* (wenn man Obst *heimlich von den Bäumen* herunternimmt so gebrauchen wir: (die Knaben nehmlich) das Wort *strafen*: »Wir strafen die Äpfel«, sagt man. Freilich *heimlich* nahmen wir das Obst nicht, aber das ist Wurst), spielten wir Vorpostengefecht. Dann *Uzen*. (Uze ist der Ausdruck für Polizeidiener). – Bei alle dem wurden immer Kirschen gestraft. Später wurde »Versteckens« gespielt. Auch bekam jeder einmal einen geschmierten Dreiling,[89] welcher prachtvoll schmeckte. – Um 7 Uhr gingen wir zu Hause.

Sonntag, den 18. Juni 1865. Heute war es sehr trübe, regnerisch und kühl. Daher ging die Gesellschaft Rose auch nicht nach Ehrenberg, wie man ausgemacht hatte, da kein Mensch in dem Versammlungs[lokal] erschienen war. Nachmittag: um 5 Uhr gingen wir, außer dem Großvater nach Gohlis ins Waldschlößchen. Dort bekamen wir Kuchen. Um 7 Uhr gingen wir wieder fort. Die Eltern gingen noch zu Esche, wir aber gingen zu Hause und aßen unsere geliebte Milchkaltschaale. Dieselbe bekommen wir jeden Abend und nimmer werden wir es müde. Dasselbe besteht aus Milch, Weißbrod und Zucker darauf, und es schmeckt herrlich. Um 9 Uhr gings zu Bett.

Montag, den 19. Juni. Ich hatte schon seit mehrern Tagen in den Vater gedrungen, mir einmal beim Baden zuzusehen, da ich schwimmen könne. Heute kam nun der Vater mit und sah mir zu und erklärte: daß ich *schwimmen könne*. Es war 14 Grad. – Indem ich mich anzog, ging der Vater zu Händel und erzählte ihm alles, daß ich von selbst schwimmen gelernt habe. Der alte Händel sagte dann zu mir, wenn ich morgen wiederkäme, so solle ich einmal *unter seiner unmittelbaren Aufsicht* vom Sprungbret herunterspringen. Dann gab mir der Vater zur Belohnung die schon längst versprochenen *10 Neugroschen*. Der Vater gab noch jedem 3 Pfennige, damit er sich eine Semmel holen könne, aber Händel hatte keine mehr und so haben wir uns erst jeder eine am Magdeburger Bahnhofe bei einem Manne geholt. Ich habe aber vor Allem: *10 Neugroschen* – Juchhe! Abends spielten wir: August, Oskar und ich auf dem Markte Haschen. ½ 9 gingen wir zu Hause. –

Heute hatte auch die Leipziger Communalgarde zum ersten mal wieder auf dem Exerzierplatz exercirt. Ich bin nicht hingegangen.

Dienstag, den 20. Juni. Um 5 Uhr ging ich heute Baden. Es war prachtvoll, ungefähr 15–16 Grad; aber vom Sprungbret bin ich nicht heruntergesprungen, aber von der Treppe.

Mittwoch, den 21. Juni. Heute Vormittag war ich bei Kuchs wie fast alle Tage. Als ich zu Hause kam, erzählte mir der Großvater, daß die arme Mutter gestern Abend 10 Uhr ihren schönen Spitzenkragen verloren habe, und jetzt fort sei, um ihn zu suchen. Bald kam die Mutter, aber ohne Kragen. Die liebe gute Mutter ist sehr betrübt darüber. Um 3 Uhr Nachmitttags holte ich Georg Kuchs ab und ging mit ihm nach Plagwitz in sein Sommerlogis. Erst begossen wir die Blumen in den ganz ansehnlichen Garten und dann unterhielten wir uns mit den zwei Kaninchen. Dann machten wir Scheibenschießen und Ballschlagen. Oft brachte ich den Ball so hoch, daß man ihn kaum mehr sah! Zuletzt bauten wir noch einen großen Stall für die Kaninchen und bald darauf gingen [wir], nachdem wir zuvor ein bischen Scheibenschießen gemacht hatten. – – –

Vor allen haben wir nun beschlossen, Vogelschießen am Schulfest, welches am 4. Juli sein soll, zu machen. Jeder soll einen Neugroschen zum Vogel mitbringen, welches Amt Schapira hat. Außerdem muß jeder noch 5 Neugroschen für die Prämien oder Gewinne mitbringen. Dieses Amt ist *mir* übertragen. Auch kam der Herr Direktor und sagte uns, daß das Musikchor der Communalgarde uns am Rosenthal erwarten wird (was noch nie geschehen ist, da nur jedesmal ein Hornist der Schützen uns begleitete), um somit unter klingenden Spiel hinauszumarschieren.

Donnerstag, den 22. Juni. Heute Vormittag hat ein Mädchen der Mutter den Spitzenkragen wiedergebracht. – Nachmittag bin ich mit Kuchs bei Händel baden gegangen. 14 Grad. Es war ganz hübsch. Nachdem ich gegessen, blieb ich noch bis 9 bei Kuchs.

Freitag, den 23. Juni. Für die Präsente habe ich schon 1 Reichsthaler 10 Neugroschen eingenommen, und Schapira hat wohl 18–20 Neugroschen. Vor allem hat man auch beschlossen, am Schulfest die II. Realklasse zu keulen; ebenso die II. französische Classe. Ob wir mit der II. Realklasse fertig werden, weiß ich nicht aber die II. französische keulen wir tüchtig zusammen. Beide Classen wollen wir wegen Betzereien (Ausdruck für Klatschereien in der Schule) keulen. Ich hatte nehmlich kurz nach dem Beginn der

Schule einen Schüler aus der II. Realklasse Namens Seltner gekeult; derselbe hatte es gebetzt und deßhalb soll die II. Realklasse Keule kriegen. Mit der II. französischen ist es ähnlich. Teubert, ein Schüler aus der II. französischen Classe hatte Kuchsen geschimpft. Wir beiden keulten ihn nun mehremale, da er immer wieder schimpfte. So keulte ihn Kuchs auch einmal gehörig, da lief er zu Herrn Dörfer und betzte es. Kuchs bekam von Dörfern 7 Ohrfeigen. Deswegen bekommt die II. französische Classe Keule. – Dann sagte uns Herr Fuchs, wir würden in Eutritzsch, gerade wenn wir präsentirten, die Offiziere salutirten und die Musik spielte, ganz schnell abphotographirt werden (die ganze Schule), da dies doch der längste Augenblick wäre.

Heute Nachmittag: bin ich wieder bei Händel baden gegangen. Es war sehr schön. –

Sonnabend, den 24. Juni. Da heute Johannes der Täufer war, hatten wir den *ganzen Tag frei.*[90] – Vormittag war ich mit Oskar und August bei Händel baden gegangen, es war sehr schön warm. Am Nachmittag 4 Uhr bin ich wieder bei Händel baden gegangen, aber diesmal für mein eigen Geld und bloß mit Kuchs, da Oskar und August bei Mäde zum Geburtstag eingeladen waren. Es war noch fast schöner als heute Vormittag. Um 6 waren wir wieder hier. Händel ist fast von der Klostergasse ½ Stunde entfernt und liegt hinter dem Magdeburger Bahnhofe, der neue prachtvolle Dresdner Bahnhof ist nun fast fertig.[91] (Der Magdeburger ist schon längst fertig). Oben schmücken 3 Sinnbilder in Stein (?) das ganze Gebäude: In der Mitte befindet sich die Saxonia, zu den Seiten die Sinnbilder des Handels und des Gewerbefleißes.

Sonntag, den 25. Juni 1865. Um 11 Uhr bin ich mit Oskar bei Händel baden gegangen. Da gestern Abend ein fürchterliches, furchtbares Gewitter gewesen war, glaubten wir das Wasser wäre sehr kalt, und vor Allem da es in der Luft (heute) nur 14 Grad Wärme war. Zu unserm grenzenlosen Erstaunen war das Wasser sehr – sehr warm, wärmer als gestern, obgleich nur 15 Grad im Wasser war. Es war herrlich. Aber als wir herauskamen, diese niederträchtige Kälte. Wir rannten zu Hause. Wir zitterten und bebten vor Frost, denn es war ein kalter schrecklicher Sturmwind und froh waren wir, als wir zu Hause ankamen. Nachmittag arbeitete ich. Um 5 Uhr gingen wir, außer dem Großvater, ins Rosenthal. Um 8 gingen wir Beiden wieder zu Hause und aßen unsere liebe Milchkaltschaale.

Montag, den 26. Juni. Nachmittag: um 4 fing es plötzlich an zu regnen. Ein Platzregen stürzte vom Himmel, wie er selten war – aber nur sehr kurz. ½ 5 Uhr hörte es wieder auf. Trotzdem ging ich baden (Oskar nicht), es war eklig kalt. Am Mittag waren es 13 Grad gewesen – also mußte es nach dem Regen mindestens 12 Grad sein. Ich war der einzige. 10 Minuten blieb ich darin, zog mich dann um und ging schnell.

Dienstag, den 27. Juni. Einen so schönen Abend wie heute habe ich noch selten erlebt. Da nemlich der Vater verreist war, ging die Großmutter mit uns beiden in das Theater. Es wurde »Der Freischütz« gegeben. Es war prachtvoll, herrlich. Vor allem the second scene worin »Die Wolfsschlucht« darin vorkam.[92] Die Haare standen uns zu Berge, als wir das sahen. Es waren 3 scenes gewesen. Um 9 war es aus. Und Glück! Er war noch nicht zu Hause. Nein, war das schön!! Denn der Vater leidet es schon gar nicht, daß wir in das Theater gehen. The cost was for the dear grandmother 10 Neugroschen and for us altogether also 10 Neugroschen. Zu Hause aßen wir unsere liebe Milchkaltschaale.

Mittwoch, den 28. Juni. Ich habe erst 1 Reichsthaler 20 Neugroschen ein[gesammelt]. Zank und Streit herrscht in der Classe wegen des Schulfestes. Schapira hat das Geld (22½ Neugroschen) mir gegeben. Ich habe es Roch gegeben, da ich doch schon eine Casse habe. Monsieur Dénervaud will zwar mit uns spielen, aber er kümmert sich nicht darum. – Nachmittag: bin ich, Oskar, August, C. und P. Tittel bei Händel baden gegangen. Nur 12 Grad. Ein paar Jungens, welche August kannte, aber gerade fortgingen, sagten: es wäre *schneidendkalt*. – Es war aber ganz schön im Wasser und nur wenig kalt. Ganz hübsch, ganz hübsch war es.

Donnerstag, 29. Juni. ††† Herr Holler[93] sollte heute ½ 8 Uhr begraben werden. (Herr Holler wohnt in unserm Hause und starb Montag, den 26. Juni Abends 6 Uhr am Gallenfieber (?), er war 48½ Jahre alt.) [Er ist] zuvor aber noch *im Tode* abphotographirt worden. Demgemäß wurde er im Sarge in den Hof gebracht; der Sarg wurde aufgemacht und so sahen wir die Leiche liegen. Nachher kamen seine zahlreichen Verwandten und Frau (er war kinderlos) herunter; die Unglücklichen schluchzten und weinten sehr. Da schlugs 8 Uhr und ich mußte in die Schule. – Heute hat nun endlich Monsieur Dénervaud mit uns besprochen. Es ging ziemlich heftig zu, vor allem da *Werner* gesagt hatte, Schapira thäte mausen und dieser das angegeben hatte. (Schapira ist das Mausen zuzutraun, Werner aber noch viel mehr.) Monsieur Dénervaud bestimmte, daß das Geld bis spätestens Freitag (morgen) Nachmittag in meinen Händen sei. Zum Einkaufen der Gewinne wurden Roch,

Kuchs, Syrutschök und ich gewählt. Ziegler und noch Einer sollten die Beiden Armbrüste tragen. Der Adler soll 25 Neugroschen kosten, und Wrankmore soll denselben tragen. Desgleichen schafft Schapira einen Jungen herbei, welcher die Geschenke trägt – Juchhe! Das soll aber schön werden. Auf Monsieur Dénervauds Rath zogen wir in der Zwischenstunde Wernern zur Verantwortung, und da er das Ausgesagte nicht beweisen [konnte], so – keulten wir ihn gehörig zusammen. Er betzte es zwar dem Herrn Direktor, welcher aber, nachdem er das Geschehne mit angehört hatte, wieder fortging, ohne zu strafen.

Obgleich ich Nachmittag von 2–3 Singen hatte, ging ich doch in die Schule um Geld einzusammeln. Als ich in die Classe trat, stürzte mir Alles entgegen und schrie: Bühle, *Bübchen,* Bühle, *Bübchen* (Bübchen ist mein Spitzname). Nemlich alle wollten mir 5 Neugroschen geben. Im Nu hatte ich 1 Reichsthaler 10 Neugroschen ein[genommen], da klingelte es schon. Zu Hause hielt ich Buch und zählte das vorher schon bekommene dazu, so daß ich gerade 3 Reichsthaler hatte. 25 Neugroschen müssen mir aber noch abgeliefert werden. Um ½5 ging ich, August und Oskar baden. Bei Händel wurde auch ein Dieb abgefaßt, ein Knabe von 10–12 Jahren, er hat über 2 Reichsthaler gestohlen. Und wurde von dem Bestohlenen nach der Polizei abgeführt. Es war wieder ganz hübsch im Wasser. – Um 8 Uhr ging ich noch einmal zu Kuchs, welcher mir seine 5 Neugroschen bezahlte.

Freitag, den 30. Juni. Im Diktat hatte ich wieder 0 Fehler. Ich habe schon 3x hintereinander 0 Fehler (0 Fehler = keinen Fehler). Heute bezahlten noch die übrigen außer Winkelmann, welcher es am Nachmittag mitbrachte. Und nun habe ich alles Geld = 3 Reichsthaler 25 Neugroschen.

Sonnabend, den 1. Juli. Nachmittag: 2 Uhr versammelten wir vier uns (Roch, Kuchs, ich und Syrutschöck) an der Trinkhalle No 1 vor dem ehmaligen Petersthor. Zuerst gaben wir Syrutschöck 15 Neugroschen, damit er einen Adler kaufen möge. Er kannte nehmlich eine Frau, welche ihn den Adler viel billiger ließ. Wir hatten eigentlich 25 Neugroschen für den Adler, aber wir nehmen diese 8 Groschen zum Hauptpräsent. Wir kauften also folgende 23 Sachen:

Als Hauptgeschenk		Ngr. / Pf.
	1 Feldflasche (prachtvoll)	15 –
als 2. Präsent	1 Messer mit 5 Klingen	10 –
als 3. Präsent	1 Tintenfaß	7½
Noch	1 Messer mit 2 Klingen	6 –
	1ne Art Roulette	5 –
Noch	1 Messer mit 2 Klingen	5 –
	1 Flasche Gummi Arabicum	5 –
Noch	1 Messer mit 2 Klingen	5 –
	1 Flasche flüssigen Leim	5 –
	1 Drehbleistift	5 –
	1 Bürste mit Spiegel und Kamm dabei	5 –
Noch	1 Drehbleistift	5 –
	1 Lesebuch	5 –
	1 Federspiel	5 –
	1 Dutzend Trinkmarken	5 –
	1 Notizbuch	4 –
	2 Tafeln Chocolade	4 –
Noch	1 Notizbuch	4 –
	1 Notizbuch	4 –
	1 Notizbuch	4 –
	1 Portemonaie	5 –
	2 Walzen à 3 Neugroschen	6 –
		124 ½
		= 4 Rth 4 Ngr
	Der Adler dann noch	15 Ngr
	macht *Summa summarum*	4 Rth 19 Ngr

Der Adler wurde bei Kuchs niedergelegt und die Präsente (oder Gewinne) bei mir. – Später machten Kuchs und ich noch bösen Unsinn, indem wir mit ein paar Jungens Keulerei anfingen, aber es kam eigentlich zu keiner Keulerei.*

Sonntag, den 2. Juli 1865. Den ganzen Tag regnete es heute, aber furchtbar und fast ohne Unterbrechung. Vormittag: ging ich bei Kuchs und arbeitete mit ihm zusammen. Nachmittags: ging ich wieder, aber da schossen wir mit der Armbrust. Da machte {der Schlingel von Kuchs} ich den Vorschlag, nach den Scheiben eines uns zur Seite liegenden Hauses zu schießen; wir schossen nehmlich mit Steinen, und Einer um den Andern. Und richtig, als Kuchs gerade einmal schoß, gings – klirr! und nach unserer Meinung mußte ein Fenster entzwei sein. Um uns zu überzeugen, gingen wir hin und wirklich – ein großes Loch befand sich in der Scheibe; danach gingen wir wieder zurück; nun machten wir uns den Spaß und schossen nach den Fenstern hin [...] 100 Steine verschossen haben [...] gerade als Kucks wieder schoß [...] eine Scheibe entzwei [...] und bemerkten noch ein Loch in einer anderen Scheibe. O, die armen Leute.

Montag, den 3. Juli. Heute befand sich die ganze Schule in einer ängstlichen Spannung, da *morgen Schulfest sein soll.* Das Wetter ist aber sehr unbestimmt. Ich fragte in der Kaufhalle einen Obticker,[95] ob das Wetter morgen gut wäre und er sagte, es wäre ganz sicher. Nachmittags sagte auch der *Rexe*, daß morgen Schulfest sei. Um 5 Uhr ging ich noch auf den Exerzierplatz wo die Communalgarde war.

* Den 1. Juli hat auch jeder eine neue blaue Mütze [bekommen].[94]

Dienstag, den 4. Juli. Um 7 Uhr zogen wir aus. Diesmal war unser Zug länger als wie ich mir je erinnern kann. Aber es waren sehr wenig Fahnen dabei. Als wir im Rosenthal waren, machten wir beim Gellertdenkmal halt und stellten uns in einen Kreis darum. Dort erwartete uns auch die Musik. Dieselbe spielte einen Choral, und der Direktor hielt eine Rede. Dann zogen wir fort. – In Eutritzsch angelangt nahmen wir gleich das Vogelschießen vor, aber brachten es nicht zu Ende, da es so lange dauerte, sondern verloosten die Gewinne; ich gewann ein sehr schönes Messer mit 2 Klingen. Winkelmann gewann die Feldflasche, Jagemann das 2. Gewinn (Messer) und Roch das 3. (Tintenfaß). Dann wurde gegessen. Es bekam jeder Beefssteak und Rüben mit Schooten. Es schmeckte sehr gut. Später bekamen wir Caffee mit Kuchen. Einige von uns (auch ich) gingen in den Wald, auch war eine kleine Keulerei mit den Dorfjungen, welche natürlich ausrissen. Dann wurden andere Spiele vorgenommen. Nun exerzierten wir, (kurz vorher kamen die Mutter und Großmutter, auch der Großvater, aber der Vater kam erst um 7 Uhr), aber ziemlich schlecht. Wir behielten die Gewehre, es wurde im Nu und ganz von selbst eine Schlacht aufgeführt, unsere Classe hatte einen hohen Erdhaufen in Besitz und alles stürmte gegen uns; natürlich war es nicht möglich heranzukommen, da wir mit den Kolben auf den erst tapfer anstürmenden Feind schlugen. Dabei schoß Alles mit Zündhütchen, und es war ein sehr großer Lärm. So spielten wir bis zum Abend, wo wir Butterbrod mit Schweizerkäse bekamen. Zwischen 8 und 9 fuhren die Eltern mit der Droschke, wir Beiden aber, ebenso Kuchs und Roch und aus Oskars Classe Wohlleben mit dem Omnibus, aber oben. ½ 10 Uhr waren wir in Leipzig und stürzten uns gleich ins Bett.

Mittwoch, den 5. Juli. Da gestern Schulfest war, hatten wir den ganzen Tag frei. Wir waren noch sehr müde, trotzdem gingen wir, ebenso Kuchs bei Händel baden, da es eine fürchterliche Hitze war. (Gestern war es Nachmittags auch sehr heiß geworden.) Aber es war nicht sehr warm im Wasser. 14. Grad. Dann ging ich von 3–5 Uhr bei Kuchs wo wir verschiedenes vornahmen. Kuchs ging ins Theater; dito die Mutter und Großmutter. Es wurde aber auch »Ella, die Nymphe« gegeben.[96] Dann ging der Vater mit mir (Oskar war nicht zu Hause, als wir fortgingen) nach dem Kuhthurm. Um 9 Uhr waren wir wieder in der Stadt und ich legte mich ins Bett.

Donnerstag, den 6. Juli. Es war heute ebenfalls sehr warm, daher gingen wir am Nachmittag bei Händel baden. Roch, Kuchs, Schulze, August und andere mehr waren da. Es war 17 Grad und somit ganz warm.

Freitag, den 7. Juli. Wir wollten heute wieder baden gehen, da eine fürchterliche Hitze war (24 Grad *im Schatten*). Wir gingen aber nicht bei Händel sondern bei einen andern *Händel*, welcher sein Bad an der Wasserkunst hat. Aber dort sind nur Zellen, Wir, nehmlich Kuchs, Oskar, August, Hirschel und Schuhan, natürlich ich auch; also wir gingen in die größte Zelle. Es war prachtvoll, auch herrlich im Wasser. Es gab sehr viel Unsinn, da Kuchs und ich die übrigen schwächern tauchten. Wir beiden wollten uns auch einmal gegenseitig tauchen – erst tauchte ich Georg (Kuchs) unter dann tauchte er mich unter. Wir blieben über eine Stunde dort.

Am Abend wollten wir mit dem Dampfschiff fahren, aber wegen Wassermangel fuhren die Schiffe nicht. Daher fuhren wir (außer dem Großvater und Vater; letzterer wollte nachkommen), ebenso Georg (Kuchs), welcher oft in Plagwitz bei seinem Bruder schläft, mit dem Omnibus nach dem Felsenkeller, wo die Pauliner (eine sehr zahlreiche Studentenverbindung) sangen.[97] Die Mutter hatte Kirschen und Butterbrod mit, auch tranken wir Weißbier. Manchmal ging ich bei Kuchs hinüber; derselbe wohnt gerade gegenüber. Auch gingen wir einmal bei Henniger, welcher schon 8 Tage gefehlt hatte. Er *war* krank gewesen, und trieb mit mehrern *Bauerrettigen* (so nennen wir die Dorfjungen) mordmäßigen Unsinn. – Um 9 Uhr gingen wir Beiden nach Hause und legten uns bald ins Bett. (Ich arbeitete noch ein wenig bis morgen.)

Sonnabend, den 8. Juli. Heute waren es wieder 24 Grad *im Schatten.* Um 3 gingen wir wieder beim jungen Händel, an der Wasserkunst, baden; nehmlich: Roch, Kuchs, ich, Schuhan und Hirschel. Später kam auch Tannert. (Es waren aber noch mehr Jungen in der großen Zelle). Es war wieder prachtvoll. – Oskar und August sind in der Nonnenmühle baden gegangen.

Sonntag, den 9. Juli 1865. Heute waren es gar *26 Grad im Schatten.* Roch, Kuchs und ich und Oskar gingen diesmal auch in der Nonnenmühle baden, aber ins große Bassin. Dieses Bassin ist nun vielleicht 4 mal größer als das beim jungen *Händel.* Schuhan und Vogel waren auch da. Aber so schön ist es noch nie gewesen wie diesmal, so schön warm, im Wasser es 19 Grad. Wir sind 1 ganze Stunde bloß im Wasser geblieben. Nein, war das schön. – Zu Mittag aß wieder Herr Levy[98] bei uns. (Dieser Herr ißt alle Sonntag mit uns, in der Woche aber allein, natürlich gegen Bezahlung; ebenso wohnt er bei uns.) Nachmittag: gingen wir zu Bonorand, wo wir Beiden *Eis* bekamen. Georg (Kuchs) war auch da. Wir hatten auch eine kleine Keulerei. Aber der Gegner schrammte (Ausdruck für fliehen oder ausreißen) und da er Schiß hatte (Schiß bedeutet so viel wie Furcht vor einem anderen), konnten wir ihn nicht bewegen, sich noch einmal mit Kuchsen zu keulen. Um 8 Uhr gingen wir fort.

Montag, den 10. Juli. Als wir heute um 11 Uhr aus der Schule kamen, gingen Roch, Kuchs und ich gleich in das Schwimmbassin in der Nonnenmühle, obgleich es geregnet hatte. Es war kein Mensch im Schwimmbassin, und das Wasser war ziemlich warm. 19 Grad. Schon gestern und heute machte ich *Köpfrige*, d.h. mit dem Kopf zuerst ins Wasser springen. Wir amüsirten uns göttlich; zuletzt machten wir eine große Seeschlacht. Kuchs und ich gingen gegen Roch, das gab nun sehr viel *Knacksch* (= Spaß). Es hatte uns so gut gefallen, daß Roch und ich am Nachmittag ½ 5 Uhr noch einmal baden gingen. Oskar, August, Vogel und Nattrich (Nattrich ist der Spitzname Schuhan's) waren da. Ohne das sie es merkten, schlichen wir uns in eine Zelle und zogen uns aus; nachdem das geschehen, stieß plötzlich Roch ganz leise vom Ufer ab und Schuhan zwischen die Beine (er schwamm unter dem Wasser) – das Entsetzen – und die Freude. Ich machte natürlich gleich auch mitten unter sie. Sogleich spritzen wir Alles zusammen – es war famous. – Als wir fortgingen, trafen wir Kuchs und bummelten daher noch ein wenig in der Stadt herum. Zu Hause machte ich noch Schularbeiten.

Halt – da hätte ich beinahe noch etwas vergessen. – Als ich nehmlich heute Nachmittag, wie schon gesagt ist, baden ging, habe ich ununterbrochen, ohne nur einmal abzusetzen: »3 Minuten über ¼ Stunde« geschwommen. (Roch hat nach der Uhr gesehn). Wenn ich das in der *Schwimm-*

anstalt gemacht hätte, so könnte ich sagen: »Ich habe mich freigeschwommen.« Das heißt ich kann überall schwimmen, wo ich will, brauche *keine Aufsicht* mehr, mit einem Worte: man kann da *schwimmen.*

Dienstag, den 11. Juli. Es war heute lange nicht so warm als die vorigen Tage; aber wir gingen doch ½ 5 baden, aber bei Händel. Da bin ich nun zum ersten male vom Sprungbret heruntergesprungen, auch bin ich überall hingeschwommen, da wo ich mich noch nie hingetraut hatte. 17 Grad. Am Abend bekamen wir keine Milchkaltschaale, sondern Kirschkuchen, Heidelbeeren und noch etwas Eierkuchen von zu Mittag. Als ich um ½ 10 Uhr eben zu Bett gehen [wollte], kam es mir wie Brechen an und es wurde mir ganz schlecht, auch kam, wie ich zu brechen suchte, Wasser aus dem Magen.

Mittwoch, den 12. Juli. Da es mir noch schlecht war, ging ich nicht in die Schule. Georg besuchte mich. Ich blieb den ganzen Tag zu Hause.

Donnerstag, den 13. Juli. Ich war wieder, Gott sei Dank, wol auf; daher ging ich auch wieder mit Roch, Oskar, Vogel, August, Schuhan und Hirsch in die Nonnenmühle baden. Dr. Quell war auch da, und es gab furchtbaren Unsinn. Roch und ich gingen immer gegen Dr. Quell und spritzen ihn so zusammen, daß er einmal rief: »Ihr Jungens, wollt Ihr Euern Lehrer nicht so spritzen!« Um 7 Uhr gingen wir. Der Vater ist ab morgen auf Reise.

Freitag, den 14. Juli. O, Glück! Heute wurde die Schule geschlossen und zwar schon um 11 Uhr. – Dienstag, den 8. August soll die Schule wieder angehen, also haben wir *ohne heute* 24 Tage frei – 3 Wochen und 3 Tage. – Vorher von 9–10 Uhr, haben wir beim Herrn Direktor, da Monsieur Dénervaud fehlte, französisches Diktat gehabt: Ich habe 0 Fehler. 5 x habe ich nun schon hintereinander 0 Fehler gehabt, und alle die vor mir sitzen ebenfalls. So sitze ich nun schon 5 Wochen auf ein und demselben Platze. Noch eins muß ich erwähnen, voriges Jahr haben wir vom 15. Juli bis zum 8. August freibekommen. Also haben wir nur 1 Tag mehr als voriges mal. Am Nachmittag ging ich bei Händel baden. Oskar kam nach, ich traf Jagemann und Wrankmor. Wieder bin ich mehreremale zum Sprungbret hinunter gesprungen. 18 Grad. Aber es war nicht so warm als 18 Grad, es waren höchstens 16–17 Grad.

Sonnabend, den 15. Juli. Roch, August holten mich am Nachmittag zum Baden ab. Bernhard Vogel wartete unten (Oskar kam natürlich mit). Wir badeten in der Nonnenmühle. 17. Grad; ich hatte es mir viel wärmer gedacht. Oskar kann etwas schwimmen. August fast gar nicht, und beide haben doch mit mir zu gleicher Zeit angefangen. Abends bin ich, Oskar und August noch ein bischen herumgelaufen und zwar in den Heinischen Bauten in Gerhards Garten. Um 7 zu Hause gegangen. Auch haben wir uns besprochen, wie wir die Ferien verbringen wollen. - Sonnabend Abend um 10 Uhr kam der Vater wieder.

Sonntag, den 16. Juli 1865. Die Eltern gingen mit Herrn Levy früh um 6 Uhr ins Rosenthal bei Bonorand. Daselbst kamen wir mit Herrn Schäfer, welcher auch bei uns wohnt, aber nicht ißt, um 7 Uhr nach. Dann gingen wir nach Gohlis und aßen Speckkuchen. Als wir zurückkamen, ging ich und Oskar in der Nonnenmühle baden. 18 Grad. Nachmittags sind wir noch bei Kyntschy gegangen und jeder [hat]

½ Portion Eis gegessen und Abends sind Alle bei Esche gegangen.

Montag, den 17. Juli. Früh um 8 Uhr ging Oskar und ich ins Rosenthal nach den Weiden. Ich will den Plan noch einmal *in aller Kürze* beschreiben und blos das genauer angeben, was nicht bei 1864 passiert ist:
Wir gingen von 1 aus auf 2 ein Stückchen neben 4, dann über bI auf 9 zwischen 7 und 8, dann zwischen 13, bis wir bei 10 anlangten, wadeten durch 10 bei 11, setzten uns dann in ein Gebüsch 12, welches auf einer freien Wiese stand, und verzehrten unser geschmiertes Franzbrod[99] und tranken aus der schönen Flasche, welche ich wahrscheinlich Montag, den 5. Juni (?) bekommen habe. (Statt des Korks

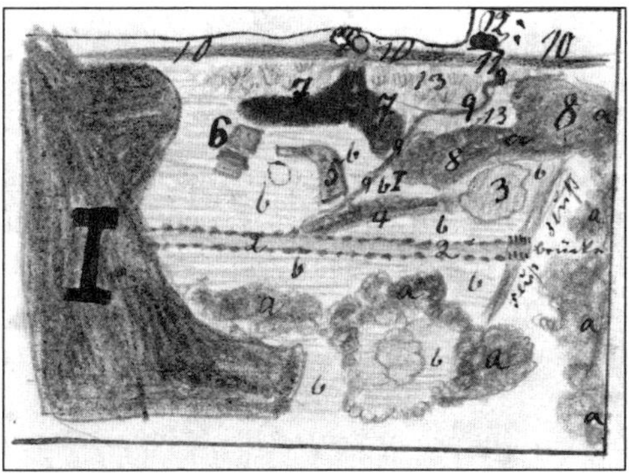

a Wald (Rosenthal)
bI Wiese
b Wiesen

▸ F13

1. Theile von Leipzig
2. Waldstraße
3. Teich
4. Schmutziger Graben mit steilen Abhängen
5. Erdwall
6. Brennerei
7. Nördlicher Wald
8. Östlicher Wald (Rosenthal)
9. Weg zwischen den Weiden zum Fluß
10. Fluß (Pleiße)
11. sind wir durchgewadet
12. haben wir gefrühstückt
13. dichte Weiden
14. hier badeten sich Bauernjungs

war gleich ein neusilberner Becher oben, welcher abzuschrauben ging). Als wir ungefähr ½ Stunde im Ganzen verweilt hatten, wollten wir noch ein wenig ins Rosenthal gehen. Als wir mitten auf 9 waren, hörten wir viele laute Stimmen, welche vom Fluß herkamen. Was hatten hier Menschen in diesen einsamen, leeren und unheimlichen Weiden zu thun?! Ich schlich mich allein vor, um zu sehen was los wäre. Da sah ich 8–10 Bauerjungens, sicherlich aus Lindenau, welche sich aber am anderen Ufer befanden; sie schienen mich gesehen zu haben, um mich zu fangen. Wenn sie mich aber gekriegt hätten, hätte ich furchtbare Keule bekommen, denn wer in die Hände dieser wahren Indianer fällt, wird furchtbar gekeult und maltretirt. Ich lief also zu Oskar und wir zogen uns bis zum Waldsaume von 7 zurück; dort erstiegen wir einen sehr hohen Baum und ich stieg 27–30 Fuß hoch, um alles zu überblicken. Dort konnte ich weit, sehr weit sehen bis an den nächsten Wald, welcher hinter Lindenau liegt; dennoch konnte ich die Bauerrettige (Ausdruck für Dorfjungen) nicht erblicken, da sie sämmtlich im Fluß sich badeten, und der Letztere durch sein Tiefliegen verborgen war. Plötzlich kam ein Nacktfrosch (Nacktfrösche nennt man diejenigen, welche, wo es auch sei, ganz nackt herumlaufen) aus dem Wasser und lief herum; ich hatte zwar immer Angst, er würde mich sehen, aber dem war nicht so. Nun stiegen wir herab, schlichen uns ganz nahe an sie heran bei 14 und belauschten sie. Es wurde uns aber zu langweilig und wir entfernten uns, indem wir zu Hause gingen. Noch muß ich sagen, daß ich mir einen zähen, festen Weidenstock abgeschnitten habe. Denselben werde ich so lange wie möglich zu erhalten suchen, um dann jedes Mal, wenn ich mit ihm eine Parthie gemacht habe, den Datum daraufzuschreiben. – Nachmittag: ist August, Oskar und ich in der Nonnenmühle baden gegangen, so viel Unsinn aber wie heute hat es noch nie, selbst mit Roch, Kuchs und den anderen gegeben. Wir hatten uns gegenseitig die Aufgabe gesetzt, uns zu tauchen. Erst gingen August und Oskar gegen mich. Dann ging ich und Oskar gegen August und zuletzt ging ich und August gegen Oskar; aber *das* war am schönsten, da Oskar mehr unter als über dem Wasser war und dann jedes Mal Fratzen zum todtlachen machte. Wir blieben über 2 Stunden dort. – Heute waren im Schatten 25 Grad.

Dienstag, den 18. Juli. 25 Grad warm wieder im Schatten. Endlich kam der Vater auch einmal mit baden und zwar bei Händel. Oskar zeigte sich dem Vater, wie er schwimmen könne und bekam daher 5 Neugroschen und da er sogar auf dem Rücken schwimmen konnte, bekam er noch 1 Neugroschen. 5 Neugroschen borgte er mir, da ich mir eine neue Flasche kaufen will. (Gestern nehmlich: als ich eben aus meiner Flasche trinken wollte, löste sich der Kitt (Gybs) und die Art eines Mundstückes mit Becher fiel ab; das Pech hatte angefangen, denn kurz darauf fiel die ganze schöne Flasche hin und zerbrach.) Ich bekam aber auch einen Neugroschen, da ich auch auf dem Rücken schwamm. – –

Da stand heute im Tageblatt von einem fürchterlichen Eisenbahnunglück wie folgt: Bei Buckau bei Magdeburg stieß der Cölner Courierzug auf einen auf demselben Gleise stehenden 8räderigen Güterwagen mit solcher Gewalt, daß die Maschiene und 6 darauf folgende vollbesetzte Personenwagen vollständig zertrümmert wurden. Der Anblick des Unglücksortes ist schrecklich, und der Verlust an Todten und Verwundeten unübersehbar. Bis morgens 6 Uhr fand man allein 11 Todte vor. (Das Unglück geschah Nachts gegen 2 Uhr.)

Mittwoch, den 19. Juli. Um 8 Uhr ging ich (Oskar nicht mit) wieder in die Weiden. Ich entdeckte einen kleinen Pfad, welchen ich verfolgte. Er war kaum zu sehen, und mit manchen Schwierigkeiten fand ich mich durch die Weiden. Dann suchte ich Blumen, – auch in den Weiden stehen ganz hübsche Blumen. – Heute waren es 26 Grad im Schatten. Herr Levi sagte, daß es an manchen Stellen 40 und an andern 42 Grad *in der Sonne* sei. – Über das Eisenbahnunglück bei Buckau erfährt man weiteres: getödtet sind 17 Personen, *schwer* verwundet 54 und ebensoviele *leicht* verwundet. 3 Personen werden noch vermißt. Der Grund zu allem Unglück soll darin liegen, daß man einen zuvor angekommenen Gütertrain zum Theil auf dem Gleis, welches der Zug passiren mußte, hatte stehen lassen. Die Gewalt des Anpralls und die Zerschmetterung der Wagen wird von Augenzeugen als über alle Beschreibung fürchterlich, das daraus folgende Jammergeschrei der Verunglückten aber als herzzerreißend geschildert. –

Um ¼4 ging der Vater wieder mit uns und August (August kam auch gestern später nach) bei Händel baden. Er hat sich fürchterlich mit Herrn Händel gezankt, weil ein Knecht von ihm einen Jungen geschlagen hatte und er mir verwehrte, vom Sprungbret aus ins Wasser zu springen. Es waren gestern wie heut 21 Grad im Wasser.

Donnerstag, den 20. Juli. Heute kam Carl; seine Frau und Carl sind in Cöthen. Früh ½9 Uhr holte uns Benno ab, und wir gingen ins Fischerbad[100] baden. Es kostete einen Neugroschen, aber das ist es nicht werth; da ist es bei Händel schöner. Wir blieben 2 Stunden dort. – Nachmittags holte uns August und dann Benno ab. Wir gingen wieder in die Weiden, aber nicht mit der Absicht, uns im Fluß zu baden. Als wir an einer hübschen Stelle ankamen, wo sich auch noch mehrere badeten (Fleischergässer!!!), zogen wir uns aus und badeten uns auch. Erstens war das Wasser scheußlich dreckig – zweitens viel kälter als an den wirklichen Badeorten; überhaupt, es war nicht hübsch. – Nachdem wir uns gebadet hatten, zeigte ich den andern den Pfad, welchen ich gestern gefunden hatte und wir drangen ein. Kaum waren wir 100 Schritt gegangen, als hinter uns jemand das Gebüsch durchbrach und rief: »Euch soll das Donnerwetter holen,« und im nächsten Moment stürzte ein Mann mit einem fürchterlichen Knüppel in der Hand auf uns zu. So wie das aber August sah, stürzte er fort und war natürlicher Weise gleich zwischen den dichten Weiden verschwunden. »Ist das ein Weg?« brüllte er. »Wir dachten, das wäre ein Weg«, stammelten wir erschrocken. »Nur immer raus,« rief er. Uns auf dem Rückweg machend, fragte ich: »Darf man denn hier nicht gehen?« »Das werdet Ihr wol selber wissen,« war die Antwort. Da plötzlich brach August sich neben uns durch das Gebüsch, schnell wendete sich der Mann einen Augenblick dahin, fand aber Niemanden vor, da August schnell fortgelaufen war. Bald kamen wir aus den Weiden heraus und der Mann that uns Nichts, indem er rechts und wir links nach der Stadt zu gingen.

Am Abend fing es an zu regnen und in der Ferne zu blitzen und zu donnern. Das Gewitter ging aber vorbei, kam aber bei Gehra in Thüringen schrecklich nieder. Es hat furchtbar gehagelt und Alles ist verwüstet. – Immer noch laufen Nachrichten ein über das Eisenbahnunglück bei Buckau. Eine Zusammenkunft einer großen Anzahl von Locomotivführern der Halberstädter, Leipziger, Berliner und Wittenberger Bahn hat stattgefunden, in welcher vorzugsweise die mangelhafte Besoldung der Weichensteller Angriff und Tadel erfuhr. – Die *amtliche Liste* der bei dem

Unfall Verletzten und Todten zählte 23 Schwerverwundete und 5 Todte auf. – Auch habe ich gehört, daß in Bremen die Schützenhalle niedergebrannt ist.

Freitag, den 21. Juli. Um 8 Uhr früh morgens gingen wir (Oskar und ich) zu Benno und holten ihn ab. Wir gingen ins Leutscher Holz und zogen uns die Stiefeln und Strümpfe aus, indem wir in einem sehr flachen Fluß wadeten. Manchmal wurde es aber zu tief und so mußten wir am Ufer hingehen. Später, wenn es flach wurde, gingen wir wieder hinein. Endlich aber blieb es so tief, und wir gingen daher zurück. – Nachmittags holte uns Benno und Vogel ab, um baden zu gehen; aber wir konnten unsere Badehosen nicht finden, wir konnten suchen wie wir wollten, sie waren und blieben verschwunden. Nachdem wir eine Stunde gesucht, sagten es wir dem Vater, welcher sagte, daß er uns ganz gewiß keine Badehosen kaufen würde. Schnell entschlossen nahm ich das Geld zur Flasche und so kauften wir uns im Salzgäßchen eine (fleischfarbene) Badehose, zusammen kosteten sie 8 Neugroschen. Dann gingen wir baden, nachdem wir zuvor Emil (unser Lehrbursche) nach großer Mühe bewegt hatten, mit in die Nonnenmühle zu kommen. Es waren 21 Grad. Es gab sehr viel Unsinn. Erst machten wir dasselbe wie am Montag, den 17. dieses Monats, und dann noch viel andern Unsinn. Als wir zu Hause kamen und der Vater kam herauf, sagte er zu uns, daß es nun nicht so abgemacht wäre mit dem Kaufen neuer Badehosen, sondern nicht eher sollten wir wieder baden gehen als bis wir die alten Badehosen wieder fänden – – – und das wird wol nicht der Fall sein, da wir ja schon Alles genau durchsucht haben. Heute waren 28 Grad *im Schatten.*

Sonnabend, den 22. Juli. Um 8 Uhr gingen wir (Oskar, ich und August) wieder in die Weiden, hauptsächlich um unsere möglicher Weise dagebliebenen Badehosen zu suchen, fanden sie aber nicht. Dann sahen wir den Schützen beim Scheibenschießen zu, und als diese ungefähr um 10 Uhr fortgingen, machten wir uns auf den Rückweg. Als wir auf dem Weg zwischen den Weiden waren, hörten wir laute Stimmen am Fluß; wir schlichen uns hin und sahen wieder wie damals, daß die Bauerrettige sich badeten. Nachdem wir sie eine Weile beobachtet, gingen wir wieder zurück. Wir gingen durchs Rosenthal, da entdeckte August plötzlich einen großen Brombeer Strauch, woran lauter reife Früchte hingen. Wir machten uns darüber her und schmaußten. So fanden wir noch eine große Masse Brombeeren, welche wir uns gut schmecken ließen – sogar 2 Himbeersträucher fanden wir. Vor allem aber war heute nicht so eine große Hitze, sondern ganz hübsch kühl, und in weiter Ferne sahen es wir sogar um 10 Uhr regnen, als wir daher noch um 12 Uhr im Rosenthale waren, fing es auch an ein wenig zu regnen. –

Heute stand folgender Artikel wörtlich im *Tageblatt*: Leipzig, den 21. Juli. Man schreibt der übergroßen Hitze die jüngst hier vorgekommenen plötzlichen Todesfälle an Schlagflüssen zu. Ein neuer derartiger Fall ereignete sich heute Vormittag auf dem Augustusplatze, wo eine Frau in Folge eines Schlagflusses plötzlich zusammenstürzte. Auch gestern Abend fiel ein Arbeiter Namens Schmidt aus Neuschönefeld, der bei den Steinsetzern auf der Elsterstraße beschäftigt war, plötzlich vom Schlage getroffen bei seiner Arbeit nieder und starb nach Verlauf von kaum einer Viertelstunde. Außerdem mußten zwei hiesige Einwohner wegen plötzlicher Geistesstörung, man sagt auch in Folge der Hitze, ins Georgenhaus[101] gebracht werden. –

Nachmittags wollten wir trotz des Verbots des Vaters baden gehen. August und Oskar wollten aber auf der Insel Kahn fahren, aber sie konnten mich nicht bewegen mitzufahren, da ich heute eine große Abneigung gegen das Kahnfahren hatte. So gingen wir alle 3 beim jungen Händel baden. Es war sehr faul und wir hätten besser daran gethan, wenn wir uns für den Neugroschen Kirschen gekauft hätten. (Der Neugroschen war sogar von meinem Geld.)

Sonntag, den 23. Juli 1865. Heute aßen wir nicht zu Hause (außer den Großeltern), sondern nachdem wir von 7 Uhr dem Frühconcert bei Bonorand beigewohnt hatten, speisten wir bei Esche. Herr Lewy und Karl aß mit. Zuerst bekamen wir einen Teller mit Boulonsoupe, welche sehr gut war, nur ein wenig zu fett. Dann Rindfleisch mit Kartoffeln und Schootengemüse (Rüben und Schooten). Dann *Gänsebraten* mit 3erlei Kompott: 1) Kurken. 2) Kirschen. 3) Rothkraut (?). Kurz und gut, nach dem Ausspruch der ganzen Gesellschaft war das Essen ausgezeichnet. – Nachmittag: gingen wir (ohne Herrn Lewy) zu Kyntschy, wo wir Böhmens und Stangels trafen. Wir blieben bis ¼ 9 Uhr dort. – Gestern und heute war es nicht warm.

Politisches.

Die Stadt Cöln hat den Abgeordneten des preußischen Volkes, um ihnen ihre Achtung zu beweisen, ein Fest geben wollen, welches aber von Bismark und somit auch von der Polizei in Cöln verboten worden. – Darüber steht nun im Tageblatt folgendes:

Die »Magdeburger Presse« theilt in Privatdepeschen folgende Nachrichten mit: Cöln, Sonnabend, 22. Juli. Mittags 1 Uhr. 50 Abgeordnete sind anwesend, keiner der Präsidenten ist erschienen. Der Gürzenich-Saal ist von der Polizei besetzt und gesperrt. Kappelmann hat sich der angedrohten Verhaftung entzogen. Die Stadt ist sehr ruhig; bis jetzt keine Demonstrationen.

Cöln, Sonnabend, 22. Juli. Nachmittag. Die Rathskammer des Königlichen Landgerichts hat den Beschluß des Polizeipräsidenten, durch welchen das Festcomité als politischer Verein aufgelöst worden ist, aufgehoben, der Oberprocurator indeß hiergegen protestirt. Die Entscheidung steht jetzt dem Anklagesenate zu.

Cöln, Sonnabend 22. Juli. Heute Mittag 12 Uhr unterzeichneten ungefähr 60 Abgeordnete ein Dankschreiben an das Festcomité, welches gegen die Maßregeln zur Schließung des Gürzenichsaales Protest erlassen. Um 3 Uhr fand ein Dinee im Zoologischen Garten statt. Dasselbe begann mit einem Toaste auf Classen – Kappelmann. Um 4½ Uhr erschien der Bürgermeister der Gemeinde Lengrich, zu deren Territorium der Zoologische Garten gehört, und löste die Versammlung wegen der Reden und Toaste auf. Zugleich requirirte derselbe Militair, Infantrie und Kürassiere rücken in den Garten und postiren sich in größerer Anzahl vor dem Eingange. Es entwickeln sich heftige Scenen, doch geht die Räumung schließlich ruhig vor sich und die Festgenossen verlassen das Local.

Cöln, Sonnabend, 22. Juli, Abend 6½ Uhr. Das Appel[lations]gericht hat ebenso wie das Landgericht entschieden und erklärt, daß das Festcomité *kein politischer Verein* sei.

Noch hat der Vater erfahren, daß sich die Abgeordneten nach Nassau begeben haben. Dann sind noch die vier bekränzten Schiffe, auf welchen die Abgeordneten eine Rheinfahrt machen wolten, mit Infanterie besetzt worden. –

Montag, den 24. Juli. ½ 9 Uhr bin ich allein (Oskar hatte Leibschneiden und August ist nach Dresden verreißt. Das Sängerfest in Dresden hat gestern begonnen. Es soll herrlich sein. – Übrigens ist das Gerücht der Verbrennung der Schützenhalle in Bremen (s. S. 120 [102] ganz unten) unbegründet) ins Rosenthal gegangen. Ich habe eine große Masse von Brombeeren gefunden, auch Himbeeren. Einmal aber fand ich an einem Strauch nur allein 12 Himbeeren. Dann habe ich mir noch einen Weidenstock abgeschnitten, da mein alter längst zerbrochen ist. (Ich bin aber nicht nach den Weiden gegangen, sondern im Rosenthal stand auch ein Weidengebüsch). Erst nach 12 Uhr war ich zu Hause. – Nachmittags: nichts passiert.

Politisches

Amerika. 1. In Washington sind kürzlich 4 der Hauptmörder der Lincoln's aufgehenkt worden. Der eigentliche Mörder Booth ist schon auf der Flucht erschossen worden. Mit Jefferson Davis[102] (dem Präsidenten der Südstaaten) steht es sehr schlecht, da er wahrscheinlich zu Lebenslänglichen Gefängniß verurtheilt wird. – 2. Nach der Aussage der Zeitung und Telegramme hatte ich geschrieben (S. 77 ganz unten [S. 65]), daß Sewards Sohn tödtlich verwundet sei. Dem ist nicht so, da er, wie sein Vater, wieder wohlauf ist. – 3. Und dann ist die Meinung Aller und auch von mir, daß Johnston nicht der Mann dazu sei, ein Präsident der vereinigten Staaten zu sein – völlig unbegründet; sondern er ist der würdige Nachfolger Lincolns und ist mit demselben großen Geiste beseelt wie sein Vorgänger (schlage nach Seite 75 in der Mitte [S. 64], eben da steht das ungerechte Urtheil, daß er ein hierzu unpassender und unvermögender Mann sei!!!)

Dienstag, den 25. Juli. Früh sind wir zu Hause geblieben. Nachmittags sind wir aber, nun wieder mit der Erlaubnis des Vaters, bei Händel baden gegangen. August kann jetzt auch eine Schöppe schwimmen: nehmlich von der 4. bis zur 5. Schöppe.

Mittwoch, den 26. Juli. Als wir um 8 Uhr August abholen wollten, war er mit seinem Schwager spazieren gegangen. Daher ging jeder von uns Beiden seinen Weg. Ich ging auf den Exerzierplatz (unterwegs traf ich Schützen, und bin mit ihnen bis zum Schloß zurückgekehrt, bin dann aber auf meinen ersten Weg zurückgekehrt). Es war kein Mensch dort. Ich legte mich nahe am Hospital[103] in den Schatten eines Baumes und fing bald an einzuschlafen. Mehreremale wachte ich wieder auf, schlief aber bald wieder ein, so lag ich bis ungefähr ½11 Uhr. Da machte ich mich aber auf den Weg nach Hause. ¼12 Uhr langte ich zu Hause an. – Nachmittags um 4 Uhr bin ich mit Oskar und August bei Händel baden gegangen. August ist über die Parthe geschwommen und Oskar ist von der sechsten bis zur Froschschöppe geschwommen, wo er doch keinen Grund finden kann. 20 Grad im Wasser. – Heute Abend regnete es wieder wie gestern, nur daß die furchtbaren Staubsäulen fehlten. (Das habe ich vergessen zu bemerken.)

Donnerstag, den 27. Juli. Früh um 8 Uhr kam August herüber, ich konnte aber nicht mitgehen, da meine Stiefeln zerrissen und die Schuhe beim Schuhmacher waren. August und Oskar gingen aber fort. Um 9 Uhr kam Henniger zu mir und wollte mich abholen, [ich] konnte natürlich aber auch nicht mit. Er blieb ungefähr bis 11 Uhr da. Am Sonntag, sagte er, würde sein Onkel Schönemann mit ihm eine Reise machen, er daher die paar Tage bis zum Sonntag noch, in der Stadt schlafen. – Später fand die Mutter noch ein paar Stiefeln, welche mir aber etwas zu groß waren. – Nachmittag um 3 Uhr bin ich mit Henniger und Oskar bei Händel baden gegangen. August kam nach. Es war ganz hübsch. Von ungefähr 4 Uhr bis 7 Uhr waren wir da.

Freitag, den 28. Juli. Früh um 9 Uhr ging ich mit Oskar bei Händel baden. Wir badeten uns gar nicht lange. Als wir auf dem Heimwege waren, bemerkte ich, daß ich mein Handtuch bei Händel gewiß liegen gelassen hatte. Ich rannte wie ein Besessener zurück und fand es glücklich. – Nachmittags ging Oskar mit Benno noch einmal bei Händel baden. Um 5 Uhr kaufte mir der Vater in der Petersstraße 6½ Ellen Zeug (Baumwolle halb, und halb Wolle), die Elle zu 13 Neugroschen, zusammen 2 Reichsthaler 24½ Neugroschen. Dann ging er zum Schneider Kahl[104] mit mir und ich ließ mir Maß nehmen. In 8 Tagen soll der Anzug fertig sein. Dann ging ich, im Auftrage des Vaters, nach der Zeitzerstraße zu Herrn Helfer[105] und holte nur für den Vater ein Theaterbillet. – Um 9 Uhr gingen wir, nachdem wir zuvor noch eine Viertelstunde bei Esche beim Großvater geblieben, nach dem Stadttheater, und holten die Eltern ab. Nachdem wir bis nach ½10 Uhr noch bei Esche geblieben, gingen wir nach Hause.

Sonnabend, 29. Juli. Nachmittags: gingen wir: Henniger, August, Oskar und ich bei Händel baden; da es aber nicht hübsch war, gingen wir bald. – Abends bin ich, Oskar und August in Gerhard's Garten gegangen, wo Heine sehr viel baut, und da haben wir sehr viel Unsinn gemacht.

Sonntag, den 30. Juli 1865. Endlich machte die »Rose« wieder einmal eine Landparthie. Etwa 25 Menschen derselben versammelten sich am Brandt. Dann gingen wir über Schleußig nach Zschocher auf die Terrasse, welche Dünkler gehört. Wir aßen Kuchen und bekamen zwar sehr viel. Aber der Kellner, der denselben brachte, machte uns nehmlich ebenso viel Vergnügen fast als der Kuchen – diese Fratzen, diese Pantomienen, es war zum Todtlachen. Dann wurde bis 8 Uhr getanzt. Darnach aßen wir Abendbrod, welches aus Wurst mit Butter und Brod bestand. Um ¾9 Uhr ging die ganze Gesellschaft. Es war heute ungemein finster. Auf diesem finsteren Rückweg gab es nun den meisten Ulk. Ein großer Theil der Gesellschaft ging etwas voraus; ein Harmonikaspieler begleitete sie (ich war auch dabei), und bald fing man an zu singen, wo nun Herr Mühlhorn und Herr Schröder mordmäßigen Ulk dazu machten; zuweilen erhob auch der dicke Müller seine Stimme, was jedes Mal ein Gelächter zur Folge hatte. In Plagwitz kehrten wir auf »Helgoland« ein. Wir blieben bis ½10 Uhr dort, gingen dann, wo wir endlich um 11 Uhr in Leipzig anlangten. Die Eltern mit einigen aus der »Rose« gingen noch nach dem Burgkeller, wir aber gingen zu Hause, wo die Großeltern unserer warteten. (Herr Lewy war auch bei der Parthie.) Gleich gingen wir ins Bett und schliefen bald ein.

Montag, den 31. Juli. Heute früh bin ich, Oskar und August bis 12 Uhr spatzieren gegangen. In der Klostergasse, auf dem Rückwege, kam noch eine Keilerei zwischen den beiden letzteren vor. Es war voller Ernst. Sie keilten sich wie die närrischen 10 Minuten herum und sind nun vorläufig böse. – Nachmittags sind wir Beiden bei Händel baden gegangen (18 Grad) und Abends sind wir bei Esche gegangen, wo der Großvater schon war.

Dienstag, den 1. August 1865. Früh gingen wir nicht fort. Nachmittags holten wir aber August ab und gingen in die Nonnenmühle baden. Es war zwar sehr flach, aber es gefiel uns doch gut.

Mittwoch, den 2. August. Früh gingen wir mit August auf den Exerzierplatz, wo die Schützen waren, und maschirten mit ihnen um ½10 wieder zurück. – Nachmittag: wir gingen hinter Esches Restauration, wo Heine baute. Da kamen wir auf den Gedanken, einige Kähne los zu lassen, und machten welche aus Papier; freilich sehr schlecht.

Donnerstag, den 3. August. Früh gingen wir mit August, in der Tasche gut mit Papier versehen und schon einige Kähne in der Hand, wieder nach Gerhards Garten. Dort amüsirten wir uns bis 12 Uhr. – Nachmittags: war Fischerstechen.[106] Ich hörte sie eben blasen, als ich den Fischern noch schnell nachrannte. Es waren nur 28–30 Mann. An der Insel angelangt, mußte ich 5 Pfennige bezahlen. Es war furchtbar voll. Endlich kamen die Fischer, und nun ging die Sache los. (Die Sache ist so: Je zwei Fischer sind auf einen Kahn; einer rudert und einer hat die Lanze. Nun kommen zwei Kähne auf einander los, und da besteht die Kunst darin, indem die Fischer die Lanzen sich gegenseitig auf der Brust legen, einen nun vom Kahn in das Wasser zu stoßen.) Es war sehr schön und sehr, sehr spaßhaft. Aber dann erst, wie der Aal daran kam. (Quer über den Teich ist ein Seil gezogen, woran an einem Bindfaden ein Aal hängt. Jeder Fischer klettert einzeln hinauf und hängt sich mit beiden Händen an den Aal, indem er ihn herunterzureißen trachtete. Da aber der Aal sehr glatt ist, so können sie sich nicht lange an ihm halten und fallen somit bald ins Wasser.) Nachdem schon etwa 5 Mann vergebens den Aal herunterzureißen versucht hatten, gelang es einem Moor. (Manche Fischer hatten sich als Moore angestrichen.) Um 7 Uhr war das Vergnügen zu Ende, und daher ging Alles zu Hause. Ich traf auch August. Der dumme Kerl hatte gedacht es kostet mehr und hatte einen Neugroschen bezahlt. Oskar hatte aber gar 13 Pfennige gegeben.

Freitag, den 4. August. Vormittag haben wir dasselbe gemacht, wie gestern früh. Nachmittags ist der Vater mit mir, Oskar und August auch auf der Insel Kahn gefahren. Es sind lauter neue Kähne da. Es war herrlich. Als wir am entgegengesetzten Ufer einmal landeten, kamen zwei Herren und baten uns, sie herüber zu fahren. Ich (ganz allein) fuhr sie herüber und nachdem sie mir für den Vater ein Töpfchen Bier mitgegeben hatten, fuhr ich allein wieder zurück. –

Vorher war ich noch beim Schneider, welcher mir Weste und Jacke meines neuen Anzugs anprobirte. Morgen soll er fertig sein. Der Vater sagte auch, daß wir vielleicht Sonntag und Montag nach Grimma reisen würden.

Sonnabend, den 5. August. Nichts.

Sonntag, den 6. August 1865. Nachmittags um 6 Uhr gingen wir nach den Felsenkeller in Plagwitz. Dort trafen wir August und Tittels.

Montag, den 7. August. Früh ging ich, Oskar und August auf die Lindenauerwiesen. In einem Gebüsche spielten wir bis um 12 Uhr Verstecken. Um 4 Uhr ging ich trotz des Verbotes des Vaters bei Händel mit Oskar, Henniger und August baden. Es war 14 Grad. Es war eine fürchterliche Kälte. Als ich hineinkam, wars mir fast als müßte ich ersticken vor Kälte, wir konnten kaum schwimmen. Uebrigens waren es höchstens 12 Grad. – Wenn ich bedenke – früher gingen wir bei 14 Grad mit dem größten Vergnügen baden, und jetzt werden wir bald verrückt vor Kälte!

Dienstag, den 8. August. Heute ging die Schule wieder an, nachdem wir über 3 Wochen frei gehabt hatten. Henniger und ich sind nach 3 Uhr in den Wald gegangen bei den Schießständen, um einen Platz zu suchen, wo wir unsere Sprenkel[107] (eine einfache Falle die Vögel zu fangen) stellen könnten, und fanden einen ganz hübschen.

Mittwoch, den 9. August. Nachmittags bin ich, Roch, Henniger, Syrutschöck, Vogel und Oskar auf den Exerzierplatz gegangen und haben prachtvoll gespielt. – Vergebens haben wir uns gestern und heute umgesehen, um von einem Pferd etwas Schwanzhaar abzuschneiden, denn die sind unumgänglich nothwendig zu den Sprengeln.

Donnerstag, den 10. August. Nachmittag bin ich mit Henniger, Roch, Oskar, Rüder und Weißschuh in das Kirschwehr baden gegangen. – Auch heute haben wir kein Pferdehaar bekommen können.

Freitag, den 11. August. Wie alle Freitags so war auch heute Diktat. Es war furchtbar schwer, ein wahres Glück, daß es nicht deutsch, sondern französisch diktiert wurde. Trotz-

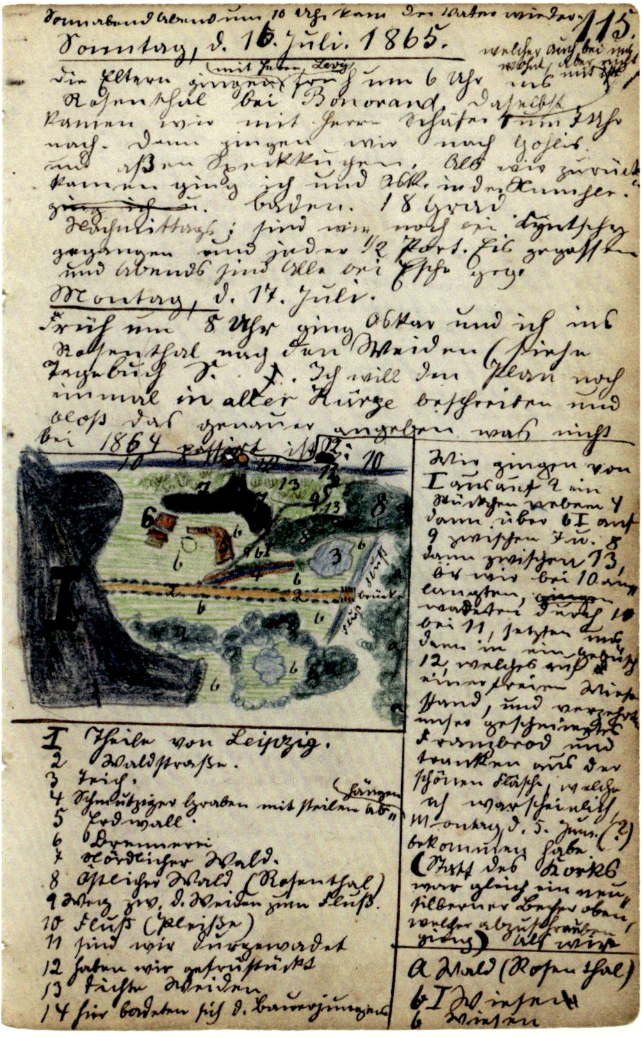

Faksimile 13 (► Seite 97)

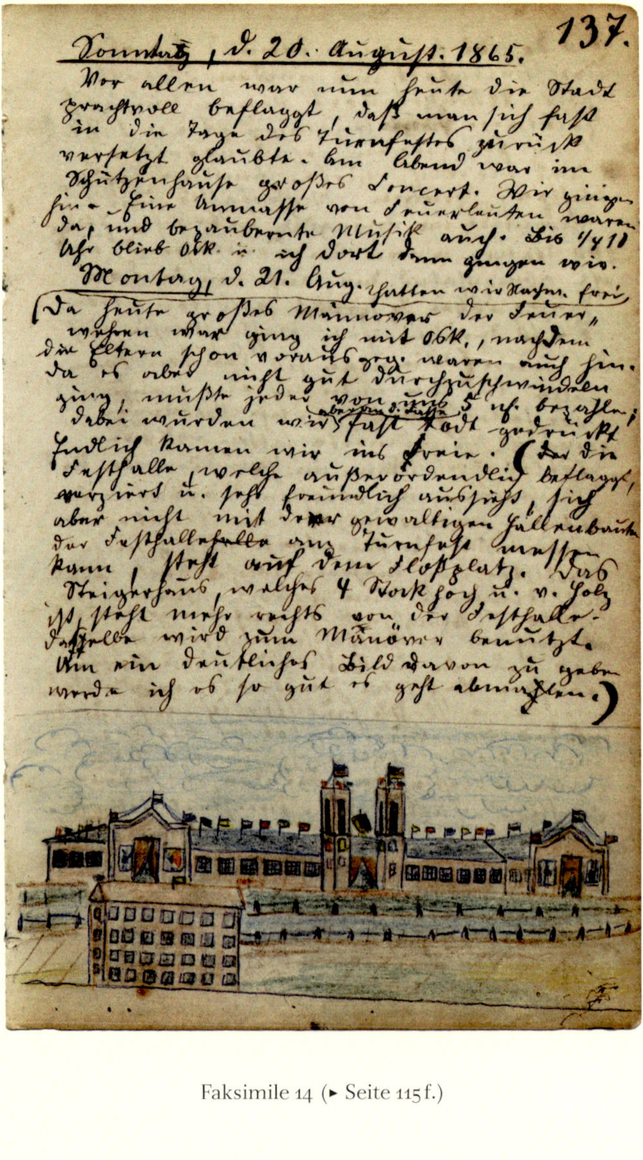
137.

Sonntag, d. 20. August. 1865.
Vor allem war nun heute die Stadt prachtvoll beflaggt, daß man sich fast in die Tage des Turnfestes zurück versetzt glaubte. Am Abend war im Schützenhause großes Concert. Wir gingen hin. Eine Unmasse von Zuhörern waren da, und bezaubernde Musik auch. Bis 1/4 11 Uhr blieb Otk. u. ich dort dann gingen wir.
Montag, d. 21. Aug. hatten wir Nachm. frei
(Da heute großes Manöver der Feuerwehren war" ging ich mit Otk., nachdem die Eltern schon vorausgeg. waren auch hin. Da es aber nicht gut durchzu[illegible] ging, mußte jeder von uns [illegible] 5 sg. bezahlen; dabei wurden wir fast todt gedrückt. Endlich kamen wir ins Freie. (Der die Festhalle, welche außerordentlich beflaggt, verziert u. sehr freundlich aussieht, sich aber nicht mit dem gewaltigen Hallenbaute der Festhalle am Turnfest messen kann, steht auf dem Schloßplatz. Das Steigerhaus, welches 4 Stock hoch u. v. Holz ist, steht mehr rechts von der Festhalle. Dasselbe wird zum Manöver benutzt. Um ein deutliches Bild davon zu geben werde ich es so gut es geht abmahlen.)

Faksimile 14 (► Seite 115 f.)

138. Jetzt begannen dann 5 Spritzen
ihre Thätigkeit, und nachdem dieselbe
etwa 1/4 Std. gedauert kamen andere 5
Spritzen. begannen etwa 1 Std.
lang Exerzieren der Feuerwehren,
und darnach wurden sämtliche Gerätschaften, Spritzen, Wasserfässer und
Zubringer, in Bewegung gebracht. Etwa
60 Steiger waren immerwährend und
oft abwechselnd ein, auf und in dem
Hause. dabei sandten etwa
7 – 10 Spritzen ihre Wasserstrahle auf
das Haus. (Wie man sich denken kann
sollte das Haus natürlich ein brennendes
vorstellen) Nachdem diese Uebungen
etwa 1/2 Std. gedauert hatten wurde
plötzlich ein Mann in Hemdärmeln u.
Nachtmütze im obersten Stockwerk
sichtbar, welcher unter dem Ergötzen des
Publikums in einemfort nach „Hülfe"
brüllte; noch mehrere solche Kerls zeigten
sich [illegible]. Nun wurde schnell der
große Rettungssack heraufgezogen und
nachdem der Hülfeschreiende hineingesteckt
war und wie ein Blitz nun hinunterfuhr,
folgten 4–6 solche Nachtmützler. Nachdem
noch eine 1/2 Std. fürchterlich gespritzt
worden war, wurden plötzlich alle Leitern
und Stricke abgemacht, indem alle
herunterkletterten. Bei diesem Herunter
klettern wurden nun Meisterstücke gemacht indem ihrer viele ohne sich mit den
Händen anzuhalten an Stricken herunter
ließen. aber vor allem war das ein Meisterstück wie es das Bild zeigt
denn er ließ sich
ganz in der freien
Luft ohne sich anzuhalten herunter.

Faksimile 15 (► Seite 116 f.)

Als nun alle heruntergesprungen waren zeigt sich plötzlich noch oben ein Feuermann (v. d. Leipz. Turner Feuerwehr) welcher nicht heruntergekommen. Er giebt das Zeichen, das Rettungstuch herbeizuschaffen, welches dann auch unten von vielen Männern gehalten, ausgebreitet wird. Er ruft „Achtung!" und — — — ein Sprung — und er war wohlbehalten unten. Man bedenke 4 volle Geschoß hoch. Darauf erscholl natürlich ein ungeheures Bravo. Nun wurden die Leitern überall angelegt, und mehrere Kletterer hinauf und sprangen auch vom 4. Geschoß herunter. Zuletzt brachte dann die „Arbeitercompagnie" ihre große Leiter, welche ineinander und auseinander zu schieben geht, und von deren höchster Spitze man bequem auf das Dach des „Zeigerhauses" spritzen konnte — also so.:

Plötzlich erscholl ein „Kanonen"schlag und das Fest war zu Ende. Wir alle 4 eilten nun zu Herrn Leroy, welcher in der Reichsstraße 1. Etage sein Geschäftslokal hat, um den Zug mit anzusehen. Endlich nach 1/2 Std. kam der Zug. Den ganzen Zug durch regnete es immer Blumen und Sträuße auf die besten Kämpen, die ganze Reichsstraße entlang, hernieder. Zuletzt konnten es die [illegible] die Unmasse von Blumen, Kränzen u. Sträuße gar nicht mehr aufheben so überladen waren sie. Es waren etwa 3500–4000 Menschen in deren Mitte sich

Faksimile 16 (▸ Seite 117 f.)

dem hatte ich o Fehler. Ich bin einen [Platz] heraufgekommen, und sitze somit zu 4t. – Heute war es wieder sehr warm (21 Grad im Schatten), nachdem es fast 14 Tage lang sehr kühl gewesen war. Daher gingen wir, nehmlich Rüder, Henniger, Kuchs, Werner, mein Bruder Oskar und ich in das Kirschwehr baden. Auch Roch kam nach. Mit dem großen (Richard) Fritzsche hatten wir eine kleine Keilerei. Uebrigens war es ganz hübsch im Wasser.

Sonnabend, den 12. August. Heute Nachmittag sind wir: Rüder, Schulze, Kuchs, Henniger, Weißschuh, Werner, Oskar und ich nach langer Zeit einmal wieder Gondel gefahren. Wir badeten uns im Kirschwehr. Als wir bei Rüders Landungsplatz kamen, zogen sich: Henniger, Rüder, Kuchs, Schulze, Oskar und ich aus und badeten uns noch einmal im freien Fluße. Es war famous.

Sonntag, den 13. August 1865. Früh bei Bonorand und in Gohlis gewesen. Nachmittags regnete es so fürchterlich, wie ich mir niemals erinnern kann. Etwa um 5 Uhr gingen wir beiden im Fischerbad baden.

Montag, den 14. August. Fuhren wir um 4 Uhr Gondel, badeten uns aber nicht im Kirschwehr, sondern in der Nähe von Rüders Landungsplatz. Es war sehr schön.

Dienstag, den 15. August. Bin ich und Roch ins Fischerbad baden [gegangen]. Auch sind heute meine Großeltern fortgereißt, nachdem sie 10 Wochen bei uns geblieben.

Mittwoch, den 16. August. Heute habe ich dem Vater von 2 Uhr Nachmittags bis ½11 Uhr Nachts *ununterbrochen* im Geschäft geholfen, Wappen [zu] machen, da Sonntag bis Dienstag das 6. Deutsche Feuerwehrfest hier abgehalten wird.

Donnerstag, den 17. August. Nachmittags hatten wir frei, weil Schulfest der Töchterschule[108] ist. – Ich habe wieder von 2 Uhr an bis 10 Uhr dem Vater im Geschäft Wappen machen helfen. Ich habe für meine Arbeit 2 Neugroschen bekommen.

Freitag, den 18. August. Da ich mir gestern das Diktat nicht habe durchgehen können, weil ich dem Vater geholfen habe, ging ich es mir noch in der Schule durch, habe aber daher 5 Fehler, bin aber nicht so sehr heruntergekommen, da die Andern merkwürdigerweise auch sehr viel Fehler haben. Ich sitze auf der ersten Bank zu letzt, also zu zehnt. Nachmittag bin ich, Roch und Kuchs baden gegangen und zwar in das Fischerbad. Trotzdem, daß die Luft mehrere Tage lang schon sehr kühl war, war das doch ganz erträglich warm. – In der Stadt sieht es traurig aus zum Feuerwehrfest,[109] welches vom 19. oder 20. bis 22. gefeiert werden soll, denn es sind noch sehr wenig Fahnen in der Stadt.

Sonnabend, den 19. August. Heute sieht die Stadt wie auferstanden aus, so eine Menge von Fahnen waren plötzlich aufgesteckt; und vor allen im Laufe des Nachmittags wurde noch großartig dekorirt. Es war freilich noch lange nicht wie beim Turnfest. Schwarz-roth-gold waren die meisten Fahnen, dann gelb-blau, die Leipziger Farben, und grünweiß, die sächsischen Farben. Dann gab es noch Schweizer und vor allem Turner-Fahnen (roth-weiß). Andere waren fast gar nicht da. Am Nachmittag kamen die Feuerleute mit der Eisenbahn in kleinen Trupps. Es sind alles kräftige Männergestalten und sehr schön und meistens praktisch uniformirt. Vor allen sehen die Feuerwehrmänner aus Eybau, Coburg, Altenburg, Glauchau, Sonneberg u.s.w. prachtvoll aus, da sie alle glänzende Messing- oder Kürasürhelme[110] aufhaben. Am Abend ging ich auf den Thüringer Bahnhof,[111] wo ich Kuchs und Friedländer traf.

Sonntag, den 20. August 1865. Vor allem war nun heute die Stadt prachtvoll beflaggt, daß man sich fast in die Tage des Turnfestes zurück versetzt glaubte. Am Abend war im Schützenhause[112] großes Concert. Wir gingen hin. – Eine Unmasse von Feuerleuten waren da, und bezaubernte Musik auch. Bis ¼ 10 Uhr blieb Oskar und ich dort, dann gingen wir.

Montag, den 21. August. Hatten wir Nachmittags frei. Da heute großes Mannöver der Feuerwehren war, ging ich mit Oskar, nachdem die Eltern schon vorausgegangen waren, auch hin. Da es aber nicht gut durchzuschwindeln ging, mußte jeder von uns 5 Neugroschen bezahlen; dabei wurden wir aber an der Casse fast todt gedrückt. Endlich kamen wir ins Freie.

Die Festhalle, welche außerordentlich beflaggt, verziert und sehr freundlich aussieht, sich aber nicht mit den gewaltigen Hallenbauten der Festhalle am Turnfest messen kann, steht auf dem Floßplatz. Das Steigerhaus, welches 4 Stock hoch und von Holz ist, steht mehr rechts von der Festhalle. Dasselbe wird zum Manöver benutzt. Um ein deutliches Bild davon zu geben, werde ich es so gut es geht abmalen.

▸ F14 

Jetzt begannen denn 5 Sprützen ihre Thätigkeit, und nachdem dieselbe etwa ¼ Stunde gedauert hatte, kamen andere 5 Sprützen, und dann begannen etwa 1 Stunde lang Exerziecien der Feuerwehren, und darnach wurden sämtliche Geräthschaften, Sprützen, Wasserfässer und Zubringer, in Bewegung gebracht. Etwa 60 Steiger waren immerwährend und oft abwechselnd um, auf und in dem Hause. Dabei sendeten etwa 7–10 Sprützen ihre Wasserstrahle auf das Haus. (Wie man sich denken kann, sollte das Haus natürlich ein brennendes vorstellen.)

Nachdem diese Uebungen etwa ½ Stunde gedauert hatten, wurde plötzlich ein Mann in Hemdärmeln und Nachtmütze im obersten Stockwerk sichtbar, welcher unter dem Ergötzen des Publikums in einem fort nach »Hülfe« brüllte; noch mehrere solche Kerls zeigten sich übrigens. Nun wurde schnell der große Rettungssack hinaufgezogen und nachdem der Hülfeschreiende hineingesteckt war und wie der Blitz nun hin unterfuhr, folgten 4–6 solche Nachtmützler. Nachdem noch ½ Stunde fürchterlich gesprützt worden war, wurden plötzlich alle Leitern und Stricke abgemacht, indem Alle herunterkletterten. Bei diesem Herunterklettern wurden nun Meisterstücke gemacht, indem [sich] sehr viele, ohne sich mit den Händen anzuhalten, an Stricken herunter ließen. Aber vor allem war das ein Meisterstück, wie es das Bild zeigt. Denn er ließ sich ganz in der freien Luft, ohne sich anzuhalten, herunter.

▸ F15

Als nun Alle herunter waren, zeigt sich plötzlich noch oben ein Feuermann (von der Leipziger Turner Feuerwehr), welcher nicht herunterkam. Er giebt das Zeichen, das Rettungstuch herbeizuschaffen, welches denn auch unten, von vielen Männern gehalten, ausgebreitet wird. Er ruft »Achtung« und – – – ein Sprung – und er war wohlbehalten unten. Man bedenke: 4 volle Gestock hoch. Darnach erscholl natürlich ein ungeheures Bravo. Nun wurden die Leitern abermals angelegt und mehrere kletterten hinauf und sprangen auch vom 4. Gestock herunter. Zuletzt brachte dann die Arbeitercompagnie ihre große Leiter, welche ineinander und auseinander zu schieben geht, und von deren höchster Spitze man bequem auf das Dach des Steigerhauses sprützen konnte, also so:

▸ F16

Plötzlich erscholl ein Kanonenschlag, und das Fest war zu Ende. Wir Alle 4 eilten nun zu Herrn Lewy, welcher in der Reichsstraße, 1. Etage sein Geschäftslokal hat, um den Zug mit anzusehen. Endlich nach ½ Stunde kam der Zug. Den ganzen Zug durch regnete es immer Blumen und Sträuße auf die tapfern Kämpen, die ganze Reichsstraße entlang, hernieder. Zuletzt konnten die Feuerleute die Unmasse von Blumen, Kränzen und Sträußen gar nicht mehr aufheben, so überladen waren sie. Es waren etwa 3500–4000 Menschen, in deren Mitte sich 27 Sprützen, 13 Wassserfässer und 11 Zubringer befanden; zusammen also 51 Geräthschaften. Der Zug dauerte gute ¾ Stunden, da er durch die vielen Geräthschaften eine ungeheure Ausdehnung erhielt. –

Uns gegenüber war die Restauration von Schneemann,[113] dieser war so freundlich und ließ den Feuermännern Bier und immer wieder Bier einschenken. Neue Schaaren kamen, und Alle bekamen Bier. Am meisten tönten die Hurrah's und die Hoch's die ganze Linie entlang und durch alle Straßen. Als der Zug zu Ende war, wollte ich noch auf den Augustusplatz gehen, wo sie Alle auseinander gehen wollten. Ich drängelte mich also durch die noch zuschauende Menge; aber immer dichter und dichter wurde die Menschenmasse, bis ich denn plötzlich in ein furchtbares Gedränge gerieth; da welche sich stemmten und welche nach vorn drängelten, standen wir endlich wie festgekeilt. Niemand konnte sich rühren, und mehreremale wurde »Hülfe« gerufen, und dabei ein mordmäßiges Gezanke. Ich glaubte wahrhaftig ersticken zu müssen. Wegen des furchtbaren Gedränges mußte der Zug halten, und trotzdem, daß die Turnerpolizei und Feuerleute mit den Fäusten daraufloschlugen, konnte sich doch kein Mensch vom Flecke bewegen. Endlich drängte die Masse nach der

Seite und durchbrach den Zug vollständig, gerade da, wo eins der 5 Musikchore stand. Dann ging ich nach Hause.

Dienstag, den 22. August. Gestern war das Mannöver der Städtischen, heute war aber auf dem Kuhthurm das Mannöver der Feuerwehren aus der Umgegend. Wir gingen um 4 Uhr gleich hin, hatten aber kein Geld, sondern versuchten uns durchzuhuschen, was uns denn nach ½ Stunde gelang. Wir suchten die Eltern aber vergebens, welche schon vorher hinausgegangen waren. Erst um ½ 7 Uhr begann das Mannöver. Die Sprützen gingen ausgezeichnet, aber viele Sachen gingen zu langsam. Es dauerte nun eine halbe Stunde. Es war Alles so gewesen wie auf dem Festplatz, nur daß keiner heruntergesprungen war; das Steigerhaus war übrigens nur 3stöckig, und die hintere Seite war ganz offen. –

Gerade als es vorbei war, fanden wir die Eltern mit Fräulein Böhme. Wir blieben bis 8 Uhr da, da gingen wir beiden; bis 10 Uhr arbeiteten wir noch.

Mittwoch, den 23. August. Als wir Sonntag, den 20. des Monats am Abend im Schützenhaus waren, hatte uns Herr Breese[114] eingeladen, *heute* in seinen Garten zu kommen. Als wir aber um 11 Uhr dort ankamen (der Garten ist am Hallschen Thore vor der Gerberstraße), war kein Mensch da, und der Garten war zu. Um 4 Uhr gingen wir mit Benno Vogel wieder hin und trafen ihn an. Er beschenkte uns reichlich mit Äpfeln und Pflaumen. Dann gingen wir auf den ganz in der Nähe liegenden Exerzierplatz und blieben spielend bis ½ 8 Uhr dort.

Donnerstag, den 24. August. Ist Nichts passiert.

Freitag, den 25. August. Im französischen Dictée hatte ich heute 0 Fehler und bin aber nur 2 [Plätze] heraufgekommen, bin also auf der 1. Bank der 7te. Als wir heute aus der Schule kamen, bekamen wir 3: ich, Kuchs und Henniger Lust zu strafen (s. die Bedeutung S. 98 [82] oben). Kuchs wußte einen Fleck [...] dem Frankfurter Tore, und nachdem wir im Zaun [...] eine [...] Hecke [...] durchbrochen haben, ging Henniger hinein und brachte einiges Obst heraus. Noch mehr Obst ernteten wir dann am Abend [...]

Sonnabend, den 26. August. Nach 2 Uhr gingen ich, Oskar, Kuchs und Henniger im Kirschwehr baden. Es war ein wenig kühl, nehmlich 15 Grad.

Sonntag, de 27. August 1865. Um ½2 Uhr ist der Vater, Herr Lewy, wir Beiden und auch Benno zu Fuß, die Mutter mit Herrn Schaefer aber (Herr Schaefer wohnt mit Herrn Lewy zusammen) per Droschke nach Knauthayn gemacht. Wir gingen 2½ Stunden und dazu furchtbar schnell in der größten Sonnenhitze. Wir hatten aber auch einen großen Umweg gemacht. Seit ziemlich 14 Tagen war es immer trübes, regnerisches und kühles Wetter gewesen; heute und gestern aber war es sehr heiß geworden. –

In Knauthayn war ein kleiner Theil der Gesellschaft Rose. Wir beiden und Benno machten sehr viel Unsinn in dem großen Garten. Als es Abend geworden war, zerbrachen wir aus Unsinn ganz heimlich einen Teller. Um 8 gings fort, und um 11 kamen wir in Leipzig an.

Montag, den 28. August. Nichts passirt.

Dienstag, den 29. August. Nachmittags hatten wir wegen der großen Hitze (23 Grad im Schatten) frei. Daher ging: Rüder, Henniger, Kuchs, Oskar, August und ich, später auch Werner und die beiden Wrankmores, im Kirschwehr baden. Es war sehr hübsch. Abends sind ich und Oskar mit den Eltern nach dem Felsenkeller gegangen. Dort beobachteten wir das Feuerwerk auf dem Kuhthurm, welches zur Feier des heutigen Viehmarktes abgebrannt wurde. Es war prachtvoll.

Mittwoch, den 30. August. Um 3 Uhr ist: Rüder, Henniger, Kuchs, Schulze, ich, Werner, Glöckner, Oskar und August Gondel gefahren. Im Kirschwehr badeten wir uns. Dann gings weiter, viel weiter, als die Andern, außer mir, Rüder, mein Bruder und Schulze, jemals gefahren waren, siehe Seite 94 ganz unten in der Ecke das Stenographische [S. 80, Eintrag 8. Juni] – – – in dieselbe Lache oder eigentlich Nebenfluß fuhren wir. Im Anfang zeigte sich das Wasser sehr seicht, später wurde es aber viel besser. Nachdem wir etwa 100 Schritte gefahren waren, blieben wir plötzlich sitzen und konnten nicht weiter. Nun streifelte ich mir mit Rüder, Henniger und Werner die Hosen in die Höhe so weit es ging und wadeten ins Wasser. Wir fingen an, das Boot weiterzuschieben und es gelang ziemlich leicht, da alles Schlammboden war. Wir standen aber auch gerade so tief im Wasser, wo die aufgestriefelten Hosen angingen. Nun fuhren wir weiter. Nach etwa 50 Schritten saßen wir wieder fest. Nun gingen wir wieder ins Wasser, ebenso Kuchs und Schulze. Endlich nach vielen Anstrengungen brachten wir das Boot von der Stelle; kaum waren wir aber wieder 10–15 Schritte gefahren, als wir plötzlich wieder festsaßen. Als wir aber wieder ins Wasser wollten, ging es uns weiter als über die Hosen. Wir zogen nun die Hosen ganz aus und versuchten nun zu schieben, aber umsonst. Jetzt beschlossen wir, zu Hause zu fahren, und wir wendeten das Boot herum. Es drehte sich gleichsam auf seiner Achse, oder besser gesagt auf seinem Kiele. Ja! herum hatten wir's, aber es ging nicht vom Flecke. Alle mußten aber nun heraus und mitschieben helfen. – Umsonst. – Nun machten wir es so: wir zählten 1, 2, 3, und bei 3 sollten wir Alle schieben. Und richtig bei 3 bewegte sich das Boot nach vorn. Wir zählten noch einmal und noch 1x und noch 1x und wir brachten das Boot wieder flott. Auf dem Rückwege blieben wir, wie vorauszusehen war, noch einmal sitzen, aber nur auf kurze Zeit. Darnach legten wir einmal an und zogen uns unsere Hosen, Strümpfe und Schuhe wieder an. Nun gings aber flott hinaus in den freien Fluß und im Flug zurück, so daß wir bis zum Kirschwehr nur ½ Stunde fuhren. Da Rüder und Henniger sich noch einmal baden wollten, es aber schon in 10 Minuten 7 Uhr war, ging: ich, Oskar, Kuchs und Werner fort – nach Hause.

Donnerstag, den 31. August. Oskar hatte heute Nachmittag frei, da seine ganze Classe – er natürlich auch – mit Herrn Helfer fortgegangen waren. Sie ging über Lindenau und, Leutzsch durchs Leutzscher Holz nach Waaren. Dort spielten sie, aber als Herr Helfer um 5 Uhr schon wieder fortgehen wollte, blieb Oskar, Vogel und Einänkel noch dort und versteckten sich, bis dann Herr Helfer selbst zurückkam und sie ausfindig machte. In Gohlis aber schrammte ihn die ganze Classe, so daß er nur mit 2 Schülern wieder nach Leipzig kam.

Freitag, den 1. September 1865. Im Dictée hatte ich heute 4 Fehler; es war aber auch sehr schwer. Ich bin auf der 2. Bank der 3te, neben aber unter mir sitzt Rüder. Dann ist der große Glücksfall eingetreten, daß der von Allen gehaßte Schapira nach Wien gereißt ist und wol schwerlich wieder nach Leipzig kommen wird.

Sonnabend, den 2. September. Den ganzen Tag war es unfreundliches und regnerisches Wetter gewesen; trotzdem beschlossen wir Gondel zu fahren. Trotz des Regens holte mich Henniger ab und so gingen wir (Oskar mit) nach der Braustraßen Brücke, wo aber kein Mensch zu erblicken war. Dann gingen wir zu Rüder, welcher aber nicht konnte. Er nahm uns mit in seinen großen Garten, wo wir sehr viel Unsinn gemacht haben. Wir haben gesprützt und sehr viel Aepfel und Birnen gegessen. Bis 7 blieben wir da. – – – Morgen als Sonntag haben wir, wie sich von selbst versteht frei, aber auch den ganzen Montag. (Ich weiß aber nicht warum.) Constititions Fest.[115]

Sonntag, den 3. September 1865. Etwa ½ 9 Uhr kam mir die Lust an, eine Landparthie zu machen. Ich sah mir die Dörfer an und beschloß, nach Breitenfeld zu maschiren (wegen des Denkmals). Ich nahm mir eine Bemme und mein Franzbrod mit, außerdem 17 Pfennige (7 Pfennige von meinem Geld und 1 Neugroschen vom Vater). Dann nahm ich mir noch die Landkarte von der Umgegend von Leipzig mit. Ich ging durchs Rosenthal, Exerzierplatz, durch Gohlis auf die Chaussee; aber nicht auf die nach Schkeuditz sondern rechts ab. Es war noch nicht halb 11 Uhr, als ich in Lindenthal anlangte. Dicht hinter dem Dorfe bog ich rechts ab und gelangte nach 10 Minuten nach Breitenfeld. Dann ging ich noch 5 Minuten, und ich war am Denkmale. (Ich erfuhr 1. vieles durch Fragen, aber 2. das Meiste durch die Karte.) Es ist ein einfacher Würfel auf einer Anhöhe stehend und von 10 Bäumen umgeben. Etwa so:

▸ F17

Denkmal bei Breitenfeld.
Nach der Natur gezeichnet von Richard Bühle

Ich verblieb nur 5 Minuten da, indem ich es in aller Schnelle abmalte. Nun machte ich mich auf den Rückweg, aber ich ging auf eine andere Chaussee, nehmlich über Klein und Groß Widderitzsch und Eutritzsch. Da ich aber schon um

12 Uhr in der Stadt wieder da sein sollte, rannte ich sehr oft und kam dann nach 1 Stunde in Leipzig an, nehmlich 10 Minuten nach 12 Uhr. – Ich war also hin in 1 ¾ Stunde gegangen, zurück aber nur über 1 Stunde. – Nachmittags gingen wir noch mit mehreren Damen nach Gohlis.

Montag, den 4. September. Schon gestern hatte ich beschlossen, heute nach Wachau eine Parthie zu machen. Ich steckte mir 18 Pfennige ein, eine Bemme und machte mich ½ 8 Uhr auf den Weg. Ich ging etwa so:

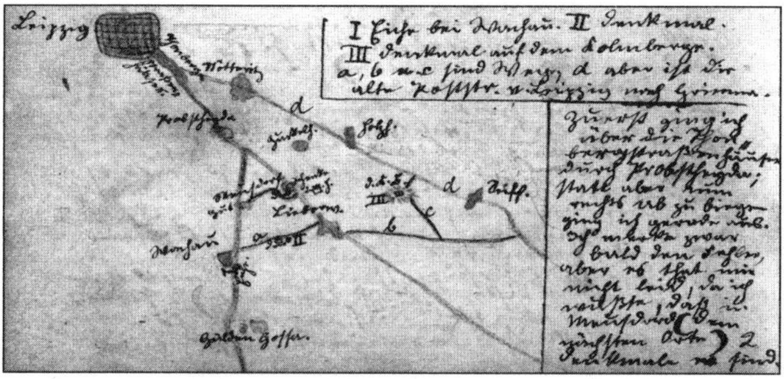

▸ F17

I. Eiche bei Wachau. II. Denkmal. III. Denkmal auf dem Kolmberge. a, b und c sind Wege. d aber ist die alte Poststraße von Leipzig nach Grimma.

Zuerst ging ich über die Thonbergstraßenhäuser durch Probstheyda; statt aber nun rechts ab zu biegen, ging ich gerade aus. Ich merkte zwar bald den Fehler, aber es that mir nicht leid, da ich wußte, daß in Meusdorf (dem nächsten Orte) 2 Denkmale sind. In der *Restauration* zu Meußdorf angelangt, besah ich mir das Schwarzenberg Denkmal[116] und ging dann hinüber nach dem *Gute* Meußdorf, und dann weiter nach Wachau. Nach manichfachen Suchen fand ich endlich die berühmte Eiche (I) bei Wachau.

Auf diese Eiche führte eine Treppe, auf welche am 16. Oct. 1813 Mürat hinaufstieg und die Gegend übersah. Die Eiche steht dicht an einer Gartenmauer, die Treppe ist aber schon im Garten. Ich kletterte aber über die Mauer und stieg sehr behutsam die gebrechliche Treppe hinauf. Oben steht nur ein Tisch und ein Briefkasten auf dem Tisch sowie am Briefkasten steht Alles voller Namen. An Beiden schrieb ich meinen Namen. Außerdem hat man eine ganz hübsche Aussicht. Bald ging ich aber wieder herunter, ergriff Papier und Bleistift und zeichnete die Eiche schnell ab.

▸ F18

Eiche bei Wachau.
Nach der Natur gezeichnet von R. Bühle.

Darnach fragte ich einen Mann nach der Zeit, welcher sagte, es wäre schon ¼11 Uhr. Eilend machte ich mich nun auf dem Weg nach Liebertwolkwitz (a). Nach 10 Minuten gelangte ich an das Denkmal, welches zur Erinnerung der Schlacht bei Wachau 16. October 1813 [dort steht].[117] Es ist dem Denkmale bei Breitenfeld ganz ähnlich. Um keine Zeit zu verlieren, nahm ich schon 50 Schritte davor Papier und Bleistift zur Hand und zeichnete so langsam gehend das Denkmal ab, was etwa so aussieht:

▸ F19

Denkmal bei Wachau.
Nach der Natur gezeichnet von R. Bühle.

Nun ging ich weiter nach Liebertwolkwitz, wo ich nach einer viertel Stunde anlangte. Ich ging durch das Dorf und auf b und dann auf c, machte aber einen großen Umweg, da ich eigentlich wo ganz anders hätte gehen sollen. Endlich langte ich an. Es ist eine mäßige Anhöhe und der eigentliche Kolmberg befindet sich auf der Anhöhe in Gestalt eines großen Dreckhaufens. Auch hier steht ein Denkmal,[118] was ich auch abmalte und so aussieht:

▸ F19

Denkmal auf dem Kolmberg.
Nach der Natur gezeichnet von R. Bühle

Ich machte mich nun auf den Rückweg, da ich erfuhr, daß es schon ½12 Uhr sei; statt aber nun nach Leipzig zu gehen, ging [ich] gerade nach der entgegengesetzten Richtung, nehmlich nach Seiffertsheyn, wo ich durch vieles Fragen wieder auf die richtige Straße kam. Damit habe ich eine halbe Stunde hingebracht, indem es um 12 war. Nun rannte ich aber sehr oft. Nach einer Weile sah ich 2 Jungens vor mir gehen, und in dem einen glaubte ich Benno Vogel zu erkennen. Ich hatte mich nicht geirrt, denn es war mein Bruder und Vogel. Natürlich waren wir sehr erfreut, uns hier zu treffen. Erst waren sie auch nach Wachau gegangen, hatten die Eiche gefunden und waren hinaufgegangen. Dort oben hatten sie zu ihrem höchsten Erstaunen meinen Namen auf dem Tische gefunden und waren nun spornstreichs auch nach dem (eine Stunde von Wachau entfernten) Kolmberge gelaufen, wo sie mich vermutheten und [sich] auch nicht getäuscht hatten, aber nur ein wenig zu spät gekommen waren. In Holzhausen kehrten wir zusammen ein und tranken Weißbier. Dann gingen wir weiter über Stötteritz nach Leipzig, wo wir aber erst ¾3 Uhr anlangten. Wäre ich allein gegangen, gewiß wäre ich schon nach 2 Uhr in Leipzig angekommen, aber wenn man freilich mit solchen Bummlern geht, verzögert sich Alles. Die Eltern zankten gar nicht, obgleich sie schon längst gegessen hatten – – –

Nachschrift der beiden Tage Sonntag und Montag.

Absichtlich habe ich sämtliche Sprüche, Verse u.s.w. auf den Denkmalen weggelassen um alles in allem zusammen zu fassen:

Am Denkmal bei Breitenfeld[119] steht vorn (von Breitenfeld aus) Glaubensfreiheit für die Welt – (rechts) Rettete bei Breitenfeld – (hinten) Gustav Adolph, Christ und Held. Unten (links) dann noch: Am 17. September 1631. 1831.

Am Denkmal bei Wachau steht an einer der Seiten: 16. October 1813, an einer anderen aber: Hiob 38, II.

Am Denkmal auf dem Kolmberge steht vorn: (von Liebertwolkwitz aus) Stätte des Kampfes zwischen Klenau und Macdonald – (Rechts) 5. Mos. 5,4. Der Herr hat von Angesicht zu Angesicht mit uns aus dem Feuer des Berges geredet. (Links) 5. Mos. 32, 7. Gedenke der vorigen Zeit bis daher, und betrachte, was Er gethan an den alten Vätern. (Hinten) den 16. October 1813.

Dienstag, den 5. September.

Mittwoch, den 6. September. Um 3 Uhr wollten wir Gondel fahren, aber Rüder durfte nicht. Daher gingen wir wieder, aber nicht nach Hause, sondern nach dem Kirschwehr, nehmlich Henniger, August, Oskar und ich. Es war ein wenig kühl.

Donnerstag, den 7. September. Roch hatte heute eine Keilerei mit Oppenheimer, wozu wir mitkommen sollten. Als wir dort (am Hufeisen, ein dem Schlosse mehr rechts gegenüberliegendes hufähnliches großes Gebäude) hinkamen, hatte Oppenheimer 4 andere mitgebracht, dieselben waren aber schißige Real- oder Thomasschüler (?), welche gegen uns im Fall einer allgemeinen Keilerei nicht das geringste unternehmen konnten. – Oppenheimer wurde von Roch geworfen, nur war es von dem letztern dumm, daß er es überhaupt zum Ringen kommen ließ, er hätte gleich darauflosschlagen sollen. – Als wir wieder fort gingen und gerade an Lurgensteins Garten standen, kamen 3 Größere und 2–3 kleine Jungens, und die Kleinen schubten uns. Wir ließen uns das nicht gefallen und ich gab den Kleinen einen tüchtigen Stoß. Gleich blieben die Andern stehen, und es schien zu einer Keilerei kommen zu wollen. Sogleich wurden die Kleinen nach der ganz nahen Burgstraße geschickt (dort wohnten die Jungens), um Hülfe zu holen, welche denn auch nach und nach erschien, bis unsere Feinde etwa 8–10 Mann waren. Aber immer wagten sie uns noch nicht anzugreifen, bis denn endlich ein ganz großer Junge erschien. So wie der sich aber von weiten blicken ließ, fingen unsere Gegner mit uns an und schubten uns. Als der Große erschien, dauerte es nicht lange, so stürzte er auf Henniger los und versuchte ihn hinzuwerfen, was ich aber gar nicht sah, da die Andern auf mich eindrangen. Nun stürzte sich der Große auf mich und gab mir unversehens einen so fürchterlichen Stoß, daß ich hinfiel. Nun drangen Alle auf uns ein, und indem wir Beiden (Henniger und ich) uns furchtbar wehrten – – lief Roch, dieser feige, schißige Kerl, davon. Also Alle drangen auf uns ein, aber nicht bloß mit den Fäusten, sondern mit ganz dicken Strikken, Boxern,[120] Messern (natürlich nicht aufgezogen). Nun zogen auch wir unsere Messer und sowie sie sahen, daß wir nur etwas in der *Hand* hatten, ließen sie von uns ab und gingen. Nun kam auch der feige Roch wieder, und wir machten ihm heftige Vorwürfe. – – Obgleich wol Roch der stärkste in unserer Classe ist, so wagt er doch nicht mit Fremden anzufangen, sondern nur mit denjenigen, die er kennt. Ueberhaupt machen es in unserer Classe alle so, außer Schulze. – Rüder ist fast wie Roch, nur manchmal geht er ordentlich drauf. Und die Andern sind alle so – – – unermeßlich feige, daß man's gar nicht beschreiben kann. Früher war ich auch nicht muthig, und getraute mich an keinen Fremden; aber jetzt soll mir keiner heran kommen. Erst neulich, als wir Schapira den Abschiedsschmaus, welcher natürlich in Keilen besteht, geben wollten (Schapira ist aus unserer Schule gekommen, denn er ist nach Wien gereißt und kommt gar nicht wieder), kamen zwei ganz große Jungen, der eine mindestens 18 Jahr, der andere 15 bis 16 Jahre zählend. Also die kamen und schubten mich; da drehte ich mich aber herum, und gab den kleineren einen derben Schlag vor die Brust. Nun ging er aber auf mich zu, und indem ich immer zurückwich, gab ich ihn einen fürchterlichen Schlag ins Gesicht, so, daß Alle schrieen: »*Der* Schlag war gut, *der* war fein, *der* saß« und als er nun abermals auf mich los stürzte, kriegte ich ihn zu packen und schleuderte ihn wol 4–5 Schritte weit. Darauf drückte er sich aber. Uebrigens haben wir den uns verhaßten Schapira noch so durchgehauen (als Abschiedsschmaus), daß er weinte. So haben wir (Rüder, Henniger und ich, auch Tannert war dabei) unseren Haß ein wenig abgekühlt, gegen diesen brutalen, falschen Schapira. – Uebrigens sind Alle äußerst froh in unserer Classe, daß Schapira fort ist.

Freitag, den 8. September. Im Dictée hatte ich heute 0 Fehler und bin gewaltig heraufgekommen; nehmlich wo ich schon einmal saß – auf der ersten Bank der *fünfte*.

Sonnabend, den 9. September. Heute wollten wir wieder Gondel fahren, aber wir (Oskar, ich und auch Vogel) kamen zu spät. Nun gingen wir zu Fuß nach dem Kirschwehr, wo auch Rüdiger, Henniger und Werner bei der Gondel ankamen. Später kam auch August. Es war sehr schön, und wir haben sehr viel Unsinn gemacht.

Sonntag, den 10. September. Die Gesellschaft »Rose« machte heute Nachmittag wieder eine Landparthie und zwar nach »Oetzsch« hinter Connewitz, gegenüber Gautzsch. Wir fuhren mit dem Omnibus aber nach, nehmlich bis nach Connewitz und *gingen* bis Oetzsch. Nachdem [wir] gespielt, gegessen und getrunken [hatten], wurde am Abend getanzt. Da forderte der Vater auch uns auf zu tanzen; ich lief gleich hinaus und versteckte mich, Oskar mußte aber mit einem Mädchen tanzen, was ihm am Ende nicht so ganz unlieb war. Ich sehe dem Tanze gern zu aber, lasse mich aber eher todt machen, als daß ich tanze, ich habe auch noch nie getanzt – Oskar aber schon öfters. Um 10 Uhr ging die Gesellschaft.

Montag, den 11. September. Abends war Tauchaer Jahrmarkt, obgleich in Leipzig mehr los ist als in Taucha.[121] Dieses Fest wird nur abends gefeiert, und viele putzen sich dazu an, nehmlich verkleiden sich und maskiren sich; die ganze Kunst besteht aber hauptsächlich darin, so viel Lärm als möglich zu machen, nehmlich mit Töpfertrompeten, Pfeifen, Schnurren, Klappern, Mund-, Kehl- und Lungenwerkzeugen u.s.w. Ich maskirte mich, wie viele Andere gar nicht, sondern ging also blos so hin; kaufte mir nicht einmal eine Laterne. Von diesen Laternen (aus Papier) wimmelte nun alles in den verschiedensten Formen. Obgleich mir der Vater einen Neugroschen mitgegeben hatte, verthat ich denselben nicht, sondern sparte ihn mir.

Dienstag, den 12. September. Nach der Schule gingen Henniger und ich baden ins Kirschwehr, holten aber zuerst Rüder ab. Es war ein kühler Tag und darum glaubten wir, es sei das Wasser sehr kalt. Aber zu unserer Freude war es famous warm, und sehr angenehm; blos in der Luft war es so kalt.

Mittwoch, den 13. September.

Donnerstag, den 14. September.

Freitag, den 15. September. Ich hatte heute im Diktat 0 Fehler und bin einen [Platz] heraufgekommen, bin also der 4. in der Classe. Um 10 Uhr gingen wir in die Platow'sche Ausstellung,[122] welche auf dem Neukirchhofe in Neidhold's Restauration 2 Treppen ist. Es ist herrlich. Es ist eine großartige Sammlung der verschiedensten Seemuscheln und Schnecken da. Eine dieser Muscheln ist ein kollosales Ding von fast 200 Pfund Schwere, welche ich und Tannert kaum einige Zoll von Boden erheben konnten. Dann eine herrliche Schmetterlingssammlung, ausländische und inländische; ebenso eine schöne Käfersammlung; auch eine Vögelsammlung, welche aber gar nicht schön ist. Eine schöne Sammlung von Steinen befindet sich ebenso dort; vor allem ist aber die ungeheuere Münzsammlung, wo von allen Ländern alter und neuer Zeit Münzen zu sehen sind, Aufsehen [erregend]. Dann sind viele Waffen wie: Schwerter, Partisanen,[123] Kriegsbeile, Armbrüste, alte Gewehre, Donnerbüchsen, türkische, persische und chinesische Säbel, Dolche, Keulen u.s.w. zu sehen, sowie die verschiedensten Kleidungsstücke vieler Völker. Außerdem verschiedene Mumienartige Gegenstände wie eine Hand, eine Katze, ein Hund u.s.w., eine Masse von kleinen Götzen der Aegypter, viele ausgestopfte Thiere, vor allen Vögel, auch eine ausgestopfte Frau vom Potokutenstamme in Brasilien und viele andere Sachen. Zuletzt noch eine Sammlung der verschiedensten Geweihe, auch noch ein Reh mit einem sehr seltenen Perrückenauswuchs. Alle diese Gegenstände sind verkäuflich, und aller 14 Tage kommen neue Gegenstände an. Da ich nun mir von Cavael für 2 Neugroschen sein eigenes für 5 Neugroschen gekauftes Partout-Billet gekauft habe, kann ich so oft ich will hineingehen. – – – Nachdem wir ¾ 12 wieder herausgingen, thaten ich und noch viele andere ein wenig Haschen. Nachmittag: ging ich, Rüder und August ins Kirschwehr baden. Es war doch ein wenig kühl. Henniger ist noch krank.

Sonnabend, den 16. September.

Sonntag, den 17. September. Nachdem der Vater mit Oskar (August ging auch mit) schon um 3 Uhr nach Stötteritz gegangen war, folgte ich, die Mutter und Herrmann, welcher zur Messe heute um 6 Uhr gekommen war, um 6 Uhr nach. Jedoch gingen wir schon wieder ¾ 8 Uhr mit der Gesellschaft Rose (wovon ein kleiner Theil da war) nach Hause.

Montag, den 18. September. Obgleich wir erst um 8 Uhr in die Schule kommen sollten, stand ich doch schon, wie gewöhnlich um 6 Uhr auf und ging von 7–8 Uhr ins Rosenthal spazieren. Dann von 8–10 Uhr machten wir unsere französische Examenarbeit. Diese Examenarbeiten sind nun folgender Maaßen eingerichtet: Wir kommen um 8 Uhr in die Schule, wo uns der Lehrer eine Arbeit aufgiebt, welche wir ins Unreine, in das Arbeitsbuch machen. Danach holt sich jeder beim Schuldiener Hannig einen schönen, reinen, weißen Briefbogen, für 3 Pfennige, worauf wir nun die Arbeit mit der größten Sorgfalt schreiben. So machten wir nun auch heute so eine Arbeit und zwar die französische. Noch muß ich sagen, daß diese Arbeiten eingebunden und den Eltern in einem großen, dicken Hefte vorgelegt werden, damit sie die Arbeiten ihres eigenen Sohnes mit den[en von] Kindern anderer Eltern vergleichen können. Um 10 Uhr gingen wir.

*Dienstag, den 19. September.** Heute ging ich wieder von 7–8 Uhr ins Rosenthal und habe viele Brombeeren gefunden, welche ich gegessen und mir sehr gut geschmeckt haben. Von 8–10 machten wir die Examenarbeiten im Schönschreiben. Nachmittag: machten wir die Deutsche Examenarbeit. Als ich aus der Schule kam, habe ich dem Vater bis 9 Uhr im Geschäft geholfen.

*Mittwoch, den 20. September.*** Da wir schon ½ 8 Uhr in die Schule kommen sollten, ging ich natürlich nicht erst ins Rosenthal. Heute machten wir die Englische Arbeit. Nachmittag: hatten wir wie gewöhnlich frei, und daher half ich dem Vater wieder im Geschäft, da doch seit dem Montag die Messe und zwar die Angro-Woche[124] angegangen ist.

Donnerstag, den 21. September. Heute machten wir die stenographische Examenarbeit. Nachmittag hatten wir wie gewöhnlich Schule, und um 4 Uhr wurde sie bis zum 3. October geschlossen.

Freitag, den 22. September. Dieser Tag wird wol der interessanteste in meinen ganzen Tagebuch sein, denn die Parole und Losung des Tages war:

»Lützen«.

Da nehmlich in Lützen und Umgegend großes preußisches Mannöver war, wobei 30 000 Mann thätig waren, und man so etwas nicht alle Tage zu sehen bekommt, und am allerwenigsten so nahe, machte ich mich, ebenso Oskar, auf

* Heute, also Dienstag, ist unser lieber Onkel aus Cöthen gekommen.

** Heute, also Mittwoch, ist der Onkel aber schon wieder fortgereißt, kommt aber bald wieder.

den Weg, um das Mannöver heute mitanzusehen. Nachdem wir uns mit Allem, was nöthig war, hinlänglich verproviantirt hatten, gingen wir nun fröhlich früh um 7 Uhr zum ehemaligen Frankfurterthore hinaus nach Lindenau. Dann über Schönau, Groß und Klein Miltitz nach Markranstädt. Letzteres liegt wunderhübsch und ist der Marktflecken selber sehr freundlich und reinlich. Außerdem ist dort eine große, schöne Kirche, und wird *sehr viel* gebaut. Nach ½ Std. langten wir in Quesitz an, wo wir 5 Minuten dahinter die preußisch-sächsische Grenze erblickten. In Preußen hörten folglich die schlanken Pappeln auf, welche zu beiden Seiten der sächsischen Chausseen gepflanzt waren, und begann nun eine kleine Art von Bäumen uns zu begleiten, welche natürlich gar keinen Schutz gegen die schon heißer werdenden Sonnenstrahlen gewährten. Nach ¾ Stunden gelangten wir an das so berühmte »Gustav Adolph Denkmal«,[125] was etwa so aussieht

Gustav Adolph's Denkmal bei Lützen.

Da hörten wir plötzlich einen ganz dumpfen Schuß, hinter Lützen her. Wir merkten gleich, daß es ein Kanonenschuß war. In einen fort hörten wir diese dumpfen Schläge, aber statt näher zu kommen, entfernten sie sich eher. Desto mehr beschleunigten wir unsere Schritte, aber umsonst – sie schwiegen endlich ganz. Fast hätte ich vergessen zu schreiben, daß vom Denkmal aus Ehrenpforte auf Ehrenpforte folgten. Nach ¼ Stunde erreichten wir Lützen; die Stadt war fast mit Fahnen überladen, und die Transparente, Inschriften, Ehrenpforten, Guirlanden u.s.w. wollten kein Ende nehmen. Die Menschen liefen, rannten, gingen, standen, warteten in den Straßen. Als wir auf dem Markt anlangten, erblickten wir zuerst eine große mächtige Säule in der Mitte desselben, wo sich oben der preußische Adler u.a.m. befanden. Dort hielten eine Masse Dragoner, Kürassüre, Husaren, Uhlanen, Artilleristen zu Fuß und zu Pferde, Offiziere u.s.w. Nun gingen wir durch die Stadt dem Freien zu, wobei wir noch bemerkten, daß uns Lützen recht an Cöthen erinnere. Vor der Stadt standen eine Masse Menschen, jedoch wußte keiner, wo das Mannöver war. Rasch entschlossen gingen wir ½ Stunde weiter und hörten nun auch jetzt wieder, aber lange nicht so stark wie das erste mal, die fernen Kanonenschüsse. Von einer kleinen Erhöhung bemerkten wir nach einen jedesmaligen Schusse weißen Rauch in der Richtung nach Weißenfels aufsteigen. Wir liefen nun spornstreichs auf das nächste Dorf zu, und da uns Bäume die Aussicht verbargen, waren wir nicht wenig erstaunt, als die ganze Gegend voll Soldaten wimmelte. Plötzlich ging die ganze ausgedehnte Masse zusammen und in langen Zügen auf die Chaussee, und so war Alles frei, und wir konnten das ganze Feld übersehen. Es war ein herrlicher Anblick, als wir in der Entfernung von ¼ Stunde mindestens 5 Regimenter erblickten, wobei aber jedes Batallion für sich ging. Außerdem sahen wir noch mehrere Reiterregimenter. Schon seit geraumer

Zeit hatten die immer näher dröhnenden Kanonenschüsse den anrückenden Feind verkündet, und man zog sich nun in aller Eile zurück. Ebenso wir Beiden, und zwar begleiteten wir ein Jägerbatallion. Dieses Jägerbatallion wurde nun als Nachhut zurückgelasssen, indem es sich hinter Gebüschen, Häusern, Bäumen und in den Chausseegraben versteckte. Aber wir mußten lange warten, ehe der Feind kam, denn immer noch folgten zurückziehende Batallione und Regimenter. Endlich – – – zeigte sich die Vorpostenkette des Feindes; als sie aber in die Nähe der versteckten Nachhut kamen, wurden sie mit einem heftigen Kleingewehrfeuer empfangen, was natürlich sehr lebhaft erwiedert wurde. Das Feuer hatte sich nun auf die ganze Linie verbreitet, als der Feind plötzlich zum »Sammeln« blies und ehe es man sich versah durch mehrere Batallione einen Bajonettangriff ausführte. Aber halt! – – – er führte ihn nicht *ganz* aus, denn da mehrere Jägercompagnies der Nachhut zu Hülfe gekommen waren, wurde das Feuer so arg, daß die im Sturm begriffene Colonne 100 Schritt vor uns Halt! machte und eilends wieder umkehrte. Währenddem war das Feuern und der Kampf auf andern Seiten ununterbrochen fortgesetzt worden, aber der Feind mußte an andern Orten glücklicher gewesen sein, als gerade hier, denn plötzlich kamen mehrere Batallione sehr eilig vor uns vorbei, welche sich vor den andrängenden Gegnern zurückzogen. (Denn auch wo anders hatten sich Soldaten versteckt.) Da jetzt der Feind Miene machte, von allen Seiten zu stürmen, und wenigstens dieser Punkt, gerade wo wir standen, wie es schien, gehalten werden sollte, so wurde den Jägern wiederum Hülfe zugeführt, und jetzt wurde denn das Schießen geradezu fürchterlich. Es war ein so schrecklicher Lärm, daß viele *Männer* mit zugehaltenen Ohren davonrannten, und – – – – – wir – – – – standen mitten drin. Nun noch das Schreien, Hurrahrufen und Schießen des Feindes, vor Allen aber das furchtbare Donnern der kaum 500 Schritte entfernten feindlichen Kanonen, das Alles war ein Heidenscandal, so daß ich fürchtete, rein taub zu werden. Schon lange waren die Gensdarmes auf der Chaussee hin und her gesprengt und hatten Mühe, die Straßen rein zu halten, denn plötzlich kam mit einem betäubenden Markerschütterndem Rasseln eine Batterie herangedonnert, kehrte aber, ich weiß nicht warum, ohne abzuprotzen, bald wieder um. Die Nachhut konnte sich aber nun nicht länger halten, und unter einem kurzen, letzten, fürchterlichen Feuer zog sie ab. Von der Hauptarmee war aber nichts mehr zu erblicken, wir sahen nur noch, und das war uns das liebste, die Letzten, nehmlich: den größten Theil der Cavallerie. In einer langen, langen Reihe standen 1–2 Dragonerregimenter. Dann 3 Husarenregimenter; rothe, blaue und grüne. Und dann sahen wir noch – – – ein Kürassürregiment in aller Nähe. Sie entfernten sich immer mehr und mehr, und je weiter sie sich entfernten, desto schöner sah es; man sah nur noch ein flimmerndes und wie Silber glänzendes Meer, kurz und gut, es war ein herrlicher Anblick. Nach einer Weile hieß es: »Der König[126] kommt!«; und richtig, der König kam mit seiner über 100 Personen starken Suite. Fünf Schritte von mir und Oskar stieg er ab, und ich konnte ihn daher ganz genau sehen. Es ist ein ziemlich großer, starker, breitschultriger Mann, mit gesunder Gesichtsfarbe und weißem Bakkenbarte. Außerdem sahen wir den *Premier-Minister von Bismark.*[127] Derselbe ist etwas größer als der König, auch gesunder Gesichtsfarbe, kleinen Bärtchen unter der Nase, jedoch nicht so finster wie er immer abgemalt wird. Beide gingen in Uniform und stiegen zusammen in einen Wagen. Beide sind nicht finster (der König höchstens ein wenig), nur ernst. Seine ganze Suite stieg nun ebenfalls in Wagen und fuhren nach Lützen. – Wie es schien, war nun Nichts mehr los, daher gingen wir ebenfalls nach Lützen: in den Rathskeller, kauften uns jeder ein Glas Braunbier, welches mordschlecht respective sauer war, und obgleich alles vollgestopft war, eroberten wir uns dennoch ein Plätzchen, auf den *Stufen einer Treppe*.

Nachmittags ½ 3 Uhr machten wir uns auf den Rückweg, gerade als Alles vom Gustav Adolf Denkmal geströmt kam, wo der König und, wie wir hörten, an 80 Pastoren versammelt waren. Am Denkmal angelangt, schrieb ich mir noch Alles auf, was daran steht. Auf dem Stein steht: G. A. 1632. (Vorn steht:) Hier fiel Gustav Adolph am 6. October 1632. (Links) Unser Glaube ist der Sieg, der die Welt überwunden hat. 1 J. 5, V.7. (hinten) Gott hat uns nicht gegeben den Geist der Furcht, sondern der Kraft und der Zucht. 2 Thim. 1, V. 7. (Rechts) Er führte des Herrn Kriege. 1 Sami. 25, V. 28.[128]

Darauf gingen wir weiter. Hinter Markranstädt trafen wir einen großen Jungen, welcher auch vom Mannöver kam und nach Leipzig zurückging. Der hatte nun freilich mehr als wir gesehen, denn er war 3 Stunden über Lützen gegangen. Um 8 Uhr kamen wir in Leipzig an, waren also 5 Stunden zurück, aber nur 3 Stunden hingegangen. Die Mutter war natürlich sehr froh, daß wir da waren und gab uns gleich Suppe und alles mögliche zu essen. Herrmann, die Mutter, Friderieke u.s.w. hatten aber auch dem Vater arg zugesetzt, daß er uns nach Lützen hatte gehen lassen, und Herr Hirschfeld [hatte] ihn sogar für einen *Rabenvater* erklärt.

Sonnabend, den 23. September. Heute war Censurvertheilung, da ich aber nicht wußte, um welche Zeit dieselbe war, so ging ich ½ 11 Uhr hin. Der Rexe war ziemlich böse auf mich. Sie ist nicht gut.

Sitten 1 Fleiß 1–2	Aufmerksamkeit 1
Religion 1–2	Französisch 1–2
Rechnen 1–2	Deklamieren 1–2
Geometrie 1–2	Schönschreiben 2
Geschichte 1–2	Stenografie 1–2
Geographie 1–2	Zeichnen 1–2
Naturkunde 1–2	Singen –
Deutsch 1–2	Gymnastik 1
Englisch 1–2	

1) habe ich im Französischen die 1 verdient. 2) im Deutschen bin ich außer Flemming der beste, und hätte die 1 mit vollem Recht verdient. 3) Schönschreiben – die 2 ist köstlich, denn wie die Eltern und alle Verwandte sagen, schreibe ich *sehr gut*.

Nun nehme ich mir aber vor, ein *guter* Schüler werden zu wollen; auf jeden Wege, es sei welcher es wolle gute Arbeiten zu bringen, so daß ich nächstes Jahr eine *viel* bessere Censur bringen *muß*. Donnerwetter!!! *Ich will*, und wenn sich tausend Teufel in den Weg stellen, ich werde sie alle zu Boden schmettern. Das wäre noch schöner: wenn's die Andern können, kann ichs auch; das heißt – Unsinn und tolle Streiche werden doch gemacht, denn ein *Duckmäuser* will ich nicht werden.

Sonntag, den 24. September 1865. Heute ist die Messe angegangen, nehmlich die Schaubudenmesse, denn die Angrowoche ging schon Montag, den 18. September an. Daher gingen wir heute Nachmittag (Oskar und ich) unter die Buden und haben vor allen einem, nein, einem halben Dutzend Künstler und Künstlerinnen, welche unter freien

Himmel ihre staunenerregenden Produktionen machten, lange zugesehen.

Montag, den 26. September. Nachmittag nach 3 Uhr holte mich Vogel ab. (August und Oskar waren schon viel früher fortgegangen.) Wir wollten nach dem Exerzierplatz gehen und gingen aber nicht auf dem *gewöhnlichen* Weg durchs Rosenthal, sondern einen kleinen Seitenpfad am Fluße entlang. Da stachen wir uns oft an diese verwünschten Brennnesseln, und da ich ein erklärter Feind derselben bin, so brachen wir uns Beide ein paar gehörige Knüppel ab, und metzelten die Brennnesseln unbarmherzig nieder. Plötzlich raschelte es in den Zweigen und zu unserm größten Erstaunen blautst ein Stein in unserer Nähe nieder. Kurz darauf noch einer und wieder einer. Wir bemerkten bald, woher die Steine kamen, nehmlich von den entgegengesetzten Ufer Flusses, wo sich Gärten befanden. Dort standen 2 große Jungen, welche mit Steinen nach uns warfen. Etwa so:

▸ F20

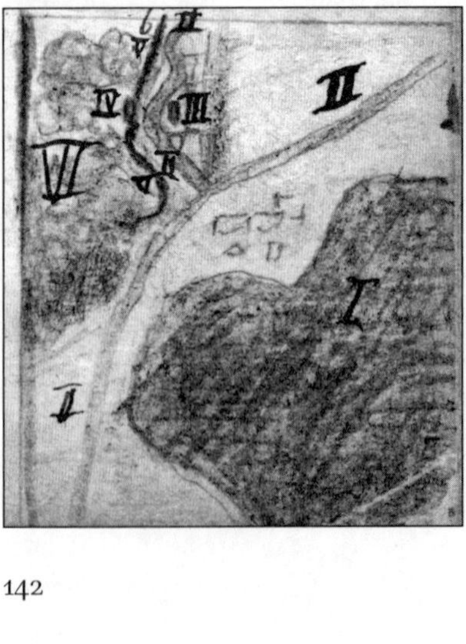

I Stadt.
II Fluß.
III standen die 2 großen Jungen.
IV standen wir.
V der kleine Seitenpfad.
VI Rosenthal.

Wir konnten ihnen nur schwach erwiedern, da wir keine Munition hatten; nur einige Dreck- und Erdbälle konnten wir hinübersenden und höchstens die Steine, welche unsere Gegner herüberwarfen. – – Wir gingen nun auf den Exerzierplatz, wo wir ausmachten morgen wieder hinzugehen.

Dienstag, den 26. September. Oskar, August und ich machten uns heute früh 7 Uhr auf den Weg nach *Schkeuditz*. Es ist vielleicht die einzige am wenigsten langweilige Chaussee, denn sie geht einmal tief bergab und einmal hoch bergauf. Die Chaussee selbst liegt, wenigstens an den meisten Stellen, sehr hoch, und wir konnten daher sehr weit die Gegend übersehen. Als wir nach 2½ (?) Stunden in Schkeuditz anlangten (nachdem wir aber erst durch die Dörfer: Gohlis, Möckern, Wahren, Stameln, Lützschena, und dann durch die fast ein Dorf bildenden 6 Dörfer: Quassnitz, Hähnichen, Klein und Groß Modelwitz, Papitz und Alt-Scherbitz, zusammen 11 Dörfer gekommen waren – hinter Klein-Modelwitz erblickten wir die sächsisch-preußische Grenze –), gingen wir in den Brauhof zu Friderieken's Mutter, wo wir mit großer Freude und Verwunderung aufgenommen wurden. Wir richteten Grüße und Bestellungen aus und aßen unsere mitgebrachten Bemmen. Wir blieben ziemlich ½ Stunde dort und besahen uns dann ein wenig die Stadt. Oskar kaufte sich eine geschmierte Semmel, ich und August aber nicht, wie ich überhaupt heute nichts ausgab. Vor der Stadt ruhten wir noch eine Weile aus und gingen dann. ½2 Uhr langten wir in Leipzig an, und aßen noch mit den Eltern zusammen das Mittagsbrod.

Nachmittags: gingen wir: Vogel, August, Oskar und ich wieder auf den Flußweg durchs Rosenthal, und da wir die Taschen, Taschentücher, Mützen u.s.w. voll Steine gepackt hatten, konnten wir das Werfen unserer Gegner mit der größten Energie erwiedern. Nachdem wir uns ½ Stunde herumgeworfen, gingen wir auf den Exerzierplatz.

Mittwoch, den 27. September. Vogel, August, Oskar und ich gingen heute wieder ins Rosenthal und warfen uns wieder mordmäßig. Wir versteckten uns hinter Bäumen, wo wir hervor warfen. Natürlich waren wir sehr geschützt, jedoch hatten unsere Gegner den Vortheil , daß sie viel größer waren und vor allem 1000mal besser werfen konnten. Nur Vogel wurde am Kopf gestreift. Nach ¾ Stunde gingen wir auf den Exerzierplatz, wo wir noch viel Kacksch machten. (Kaksch: toller Unsinn).

Donnerstag, den 28. September. Heute Nachmittag gingen wir unter die Buden, wovon die hauptsächlichsten etwa folgende sind: Salon Agoston (Geisterbude),[129] Rappo,[130] Affentheater, Lebendes Carousell.

Freitag, den 29. September. Wir: Vogel, Oskar und ich beschlossen, heute zum letzten mal in den Ferien eine Landparthie auf einen ganzen Tag zu machen und beschlossen, nachdem wir die Erlaubniß vom Vater nach einigen Widerstreben dazu erlangt hatten, morgen früh um 7 Uhr nach *Pegau* zu marschiren.

Sonnabend, den 30. September. ½ 7 Uhr ging Oskar und ich von zu Hause fort zu Vogel, jedoch wurde es 7 Uhr, ehe wir fortkamen. Wir gingen zum Zeitzer Thor hinaus, kauften uns erst in der Südstraße[131] jeder eine Zigarre à 6 Pfennige. Wir gingen die Chaussee nach Connewitz, und da es sehr kalt war und hinter Connewitz wir durch den Wald kamen, so brannten wir uns jeder eine Zigarre an. Nun kamen

Faksimile 17 (► Seite 124f.)

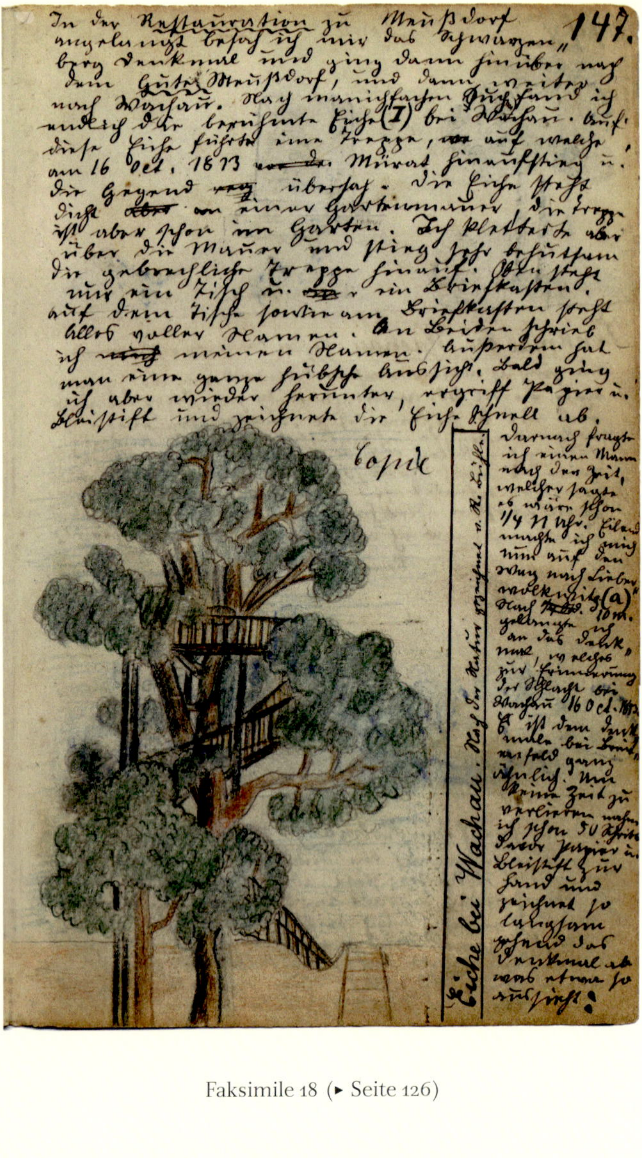

Faksimile 18 (▸ Seite 126)

148.

Copie.

Denkmal bei Wachau. Nach der Natur gez. v. R. [illegible]

Nun ging ich weiter nach Liebertwolkwitz wo ich nach einer viertel Std. anlangte. Ich ging durch das Dorf und auf b u. dann auf c, machte aber einen grossen Umweg, da ich eigentlich wo ganz anders hätte gehen sollen. Endlich langte ich an. Es ist eine mäßige Anhöhe und der eigentliche Kolmberg befindet sich auf der Anhöhe in Gestalt eines grossen [illegible]. Auch hier steht ein Denkmal, was ich auch abmalte u. so aussieht:

Copie.

Denkmal auf dem Kolmberg. Nach d. Natur gez. v. R. [illegible]

Ich machte mich nun auf den Rückweg da ich [illegible], daß es schon 1/2 12 Uhr sei; statt aber nun nach Leipzig zu zugehen, ging gerade nach der entgegengesetzten Richtung, nehmlich nach [illegible], wo ich durch vieles Fragen [illegible] wieder auf die richtige Straße kam. Damit hatte ich eine halbe Std. hingebracht indem es nun 12 war. Nun rannte ich aber sehr oft. Nach einer Weile sah ich 2 Jungen

Faksimile 19 (▸ Seite 127 f.)

163.

Sonntag, d. 24. Sept. 1865.

Heute ist die Messe angegangen, nämlich die Schaubudenmesse, denn die Engrosmesse ging schon Montag, d. 18. Sept. an. Daher gingen wir heute Nachmittag (Osk. u. ich) unter die Buden und haben vor allem einem, o nein, einem halben Dutzend Künstler und Künstlerinnen, welche unter freiem Himmel ihre staunenerregenden Produktionen machten, lange zugesehen.

Montag, d. 25. Sept.

Nachmittag nach 3 Uhr holte mich Vogel ab. (August u. Oskar waren schon viel früher fortgegangen) Wir wollten nach dem Exerzierplatz gehen und gingen daher nicht auf den gewöhnlichen Weg durchs Rosenthal sondern einen kleinen Seitenpfad am Pleiße entlang. Da stießen wir uns oft [illegible] an diese verwünschten Brennesseln, und da ich mir erklärte [illegible] und dieselben bin, so brachen wir uns beide ein paar gehörige Knüppel ab, und metzelten die Brennesseln unbarmherzig nieder. Plötzlich raschelt's in den Zweigen und zu unserem größten Erstaunen plautscht ein Stein in unsrer Nähe nieder. Kurz darauf noch einer und wieder einer. Wir bemerkten bald woher die Steine kamen, nämlich von dem entgegengesetzten Ufer der Pleiße, wo sich Gärten befanden. Dort standen 2 gr. Jungen, welche mit Steinen nach uns warfen. Etwa so:

I Stadt. II Pleiße. III standen die 2 gr. Jungen. IV standen wir. V. der kl. Seitenpfad. VI Rosenthal.

Wir konnten ihnen nur schlecht erwidern, da wir keine Munition hatten; nur einige Dreck- u. Erdbälle konnten wir hinüberschmeißen u. [illegible] schossen die Steine, welche unsere Gegner herüberwarfen. — —.

Wir gingen nun auf den Exerzierplatz, wo wir ausmachten, morgen wieder hinzugehen.

Faksimile 20 (► Seite 142)

wir auf Gautsch und dann nach Zöbicker, wo wir bei Hoffmann, welcher (siehe Seite 4 [S. 9] § 11) einen Onkel in Zöbicker hat und richtig wie alle Ferien da war, gingen. Aber Hoffmann ist ein großer Bauer und Ochse, denn er wußte gar nicht, was er sagen sollte und lud uns nicht einmal ein in die Stube zu kommen. »Guten Tag« und »Adieu« war das Ganze, was er babeln konnte. Nach 10 Minuten waren wir in Prödel, nach ¾ Stunde in der kleinen Stadt Zwenkau und [sahen] die Dörfer Kötschbar und Imnitz und dann, wenn ich nicht irre, gingen wir über Döhlen, Wiederau, Maschwitz und noch über 1 oder 2 Dörfer, deren Namen mir nicht bekannt sind. Da fragten wir nun eine Frau, wie weit es noch bis Pegau sei, worauf sie » ¾ Stunde« antwortete, uns aber sagte, daß wenn wir über die Wiesen gingen, wir viel eher kämen. Wir ließen uns nun diese Wiesen beschreiben und fanden sie auch. Wir gingen wohlgemuth weiter, als plötzlich ein Kreuzweg kam. Wir gingen nun auf einen, bemerkten aber nach 5 Minuten, daß er eine ganz entgegengesetzte Richtung einschlug. Wir konnten den vorigen Weg nun aber nicht wieder finden, und hätten uns sicherlich verirrt, wenn wir nicht in weiter Ferne die Bäume der Chaussee erblickten, und nun auf dieselben losgingen. Da kam uns aber plötzlich ein Fluß in den Weg, und wir mußten an dessen Ufern eine Zeit lang gehen, bis wir endlich eine ziemlich trockene Stelle zum Uebergehen fanden, was wir glücklich bewerkstelligten. Nun kamen aber Felder, Wiesen u.s.w., bis wir nach ziemlich ½ Stunde ein Dorf erreichten, wo man uns nach dem 7–10 Minuten entfernten Pegau wies. Als wir aus dem Dorfe und ins Freie traten, erblickten wir die Stadt mit 4–5 Thürmen. So waren wir endlich ½ 1 Uhr angelangt. Die Hauptkirche steht auf einem freien Platze und ist ein großes gewaltiges Ding mit drei Thürmen. Auf demselben Platze befand sich der Rathskeller, wo auch die Rathswache war. Dort sahen wir gerade der Ablösung der sächsischen Dragoner zu, wie wir überhaupt vielen Dragonern in der Stadt begegneten. Pegau selbst ist sehr freundlich und hat [Lükke im Text] Einwohner. Wir beschlossen Mittagsbrod in Groitzsch zu essen. Dort langten wir in ¼ Stunde an. Den Berg sahen wir schon von weitem, und ist derselbe ziemlich 4 Gestock, also wie Müllers, des Sporermeisters Haus hoch (August's Vater), die [Form] ist etwa so: und gleicht einem glatten Maulwurf Haufen.

▸F21

Groitzscher Berg. gezeichnet von Richard Bühle

Ringsherum läuft ein breiter Graben; wir überschritten denselben auf einem Stege und stiegen nun hinauf. Oben angelangt suchten wir uns zuerst ein schattiges Plätzchen, da die Sonne sehr heiß brannte. Als wir nun nach mehrern fragten, hatten die Leute auch gar nichts zu essen. Sie mußten es erst aus Groitzsch holen. Benno aß 3 Dreierbrode, ich ebenfalls und Oskar 2 Dreierbrode. Unter den Dreierbroden war aber allerhand Weißbrod wie auch Schichtsemmel verstanden. Dazu trank jeder ein Glas Weisbier. Nachdem wir gegessen, spazierten wir auf den ganzen

Berg herum, wo alles mit Blumen, Gemüse, Bäumen u.s.w. bepflanzt war. Wir hatten eine herrliche Aussicht nach allen Seiten. Links von Pegau befand sich eine ganze Kette von Hügeln sowie der Groitzscher Berg und wir konnten das Land dahinter erblicken.

Groitzsch selbst lag äußerst hoch, vor allem die Kirche mit den Gottesacker. Von Groitzsch an stieg das Land immer höher und höher, was wir von der höchsten Spitze des Berges alles sehen konnten. Ringsum war die Gegend voller Dörfer. Nachdem wir nun alles genugsam beschaut hatten, rannten wir zur andern Seite (nicht die, welche das Bild zeigt) hinunter, und den Berg zum Gottesacker hinauf.

▸ F22

a. Groitzscher Berg. b. Abhang. c. Kirche zu Groitzsch. d. Gottesacker. f. Chaussee.

Dieser Abhang b war so sehr glatt getreten, daß wir, wenn wir fast oben waren, immer wieder herabpurzelten. Das gab nun einen mordmäßigen Kacksch. Dann legten wir uns auf eine Wiese und ruhten ¾ Stunde aus. So war es ½ 4 Uhr bis wir aufbrachen. Wir gingen nun aber nicht über Wiederau, sondern über Audigast und mehrere andere Dörfer und die schon bekannten zurück und langten in der Dunkelheit ½ 9 Uhr in Leipzig an, waren also 5 ½ hin (weil wir uns verirrt hatten), in 5 Stunden aber zurück gegangen. Wir bekamen nun warme Suppe u.a.m. und alles war froh. 5 Neugroschen hatte ich mitgenommen, jedoch noch nicht 3 Neugroschen verausgabt.

Sonntag, den 1. October 1865. Nachmittag um 4 Uhr (?) mit den Eltern nach Gohlis gegangen.

Montag, den 2. October. Nachmittag bin ich, Vogel, Oskar und August auf den Exerzierplatz gegangen, wo es sehr viel Kacksch gab.

Dienstag, den 3. October. Heute ging die Schule wieder an, nachdem wir 11 Tage frei gehabt haben [...] gewiß sehr schön. Wir haben einen neuen Lehrer bekommen. Sonst ist alles beim alten geblieben.

Vom 4. bis 20. October. Da ich mein Tagebuch einige Wochen vernachlässigt habe, so werde ich diese Tage (vom 4. bis 20. November)[132] gar nicht beschreiben, sondern nur im Ganzen hier kurz erzählen:

Eines Tages machte mir Henniger den Vorschlag, Sprenkel zu stellen; ich nahm den Vorschlag mit Freuden an, und nachdem Henniger erst alles besorgt, und dann die Sprenkel gemacht hatte, konnten wir bald eines Nachmittags nach dem Leutzscher Holze gehen, um sie zu stellen. Wir gingen vor das Frankfurter Thor, rechts ab den breiten Ehrenberger Weg, gleich vorne im Walde, dicht hinter der 1. Brücke links ab, 15 Schritte auf einen kleinen Wege durch den Wald, wo wir auf eine mächtige Wiese kamen und 10 Stück immer am Waldsaume hin stellten. Da bin ich nun so manchen Tag, wie Sonn-, Fest-, Feier- oder Meßtags hingegangen, habe aber nie etwas gefangen. Auch Henniger ist oft früh gleich von Lindenau aus hinübergelaufen, aber auch nach seiner Aussage hatte sich nichts gefangen.

Dann nahm mich Rüder eines Abends mit auf sein Billet zu Rappo. Es wurden prächtige Kunststücke gemacht und zuletzt eine sehr komische Harlekinade aufgeführt. Natürlich wurde aber Nichts dabei gesprochen. Später wollte er mich noch einmal abholen. Ich war gerade im Geschäft, als er hinaufkam; gleich sagte nun Oskar: »Ja, der muß arbeiten mit dem Vater im Geschäfte, der darf nicht.« Und so ging Monsieur Oskar mit. Kaum waren sie fort, als ich heraufkam und nun das Nachsehen hatte. Es war die vorletzte Vorstellung Rappos, als ich noch einmal für mein Geld auf den II. Platz (5 Neugroschen) ging. Es wurde »Garibaldi oder das Schwert Italiens«[133] aufgeführt. Es war herrlich. Ein Haus stand vollständig in Flammen. Zuletzt kam noch eine Schlacht mit den 32–33 (?) Garibaldianern und den wol ebenso starken Östreichern. –

Bei der Abreise des Onkels gab er jedem von uns 15 Neugroschen, welche er der Mutter zur Aufbewahrung gab. Herrmann gab jeden 3 Neugroschen, und die liebe Großmutter kam auch auf einen Tag und gab jeden 5 Neugroschen, zusammen mit dem andern Gelde habe ich 28 Neugroschen. Krepelchen habe ich sehr wenig in der Messe gegessen.

In Oskars Classe ging unter Andern auch ein Junge Namens Einenkel, ebenso die beiden Zwillinge Berger, zwei possirliche kleine Kerle, ebenso der kleine Becker, der Bruder des Becker, welcher in meine Classe geht (siehe Seite 72 unten [S. 61]). Diese 4 gingen immer zusammen. Diese wurden nun immer durch: Benno, Oskar, Herrman (Mäde), Wienand und noch einige aus Spaß verfolgt. Da aber die Letzteren mit ihren Neckereien nicht aufhörten, und Einenkel sehr übelnehmerisch ist, so sagte er eines Tages (wahrscheinlich Dienstags) sehr erbittert: »Kommt nur den Mittwoch auf den Exerzierplatz (welcher vor Gohlis lag), da sollt Ihr schon Eure Keile von den Gohlissern kriegen.«

Mittwoch, den 18. October. Versammelten sich wirklich 7 Mann: Benno, Oskar, Mäde, Neumann, Glinkst, Wienand und August. Nahe am Exerzierplatz schickten sie Vogel und Neumann vor; Neumann aber hatte solchen Schiß, daß er ohne allen Grund rief: »Sie kommen, sie kommen«, worauf die meisten schon schrammen wollten. Nun gingen sie weiter, und plötzlich hörten sie ein greuliches Geschrei und Neumann kam außer Athem zurückgerannt und schrie das obige wieder. Nun riß die ganze schißige Bande aus, ohne nur einen Feind gesehen zu haben. Vogel aber riß nicht aus, sondern versteckte sich am Wasserrand, wo die Gohlisser 10 x vor ihm vorbeiliefen.

▸ F23

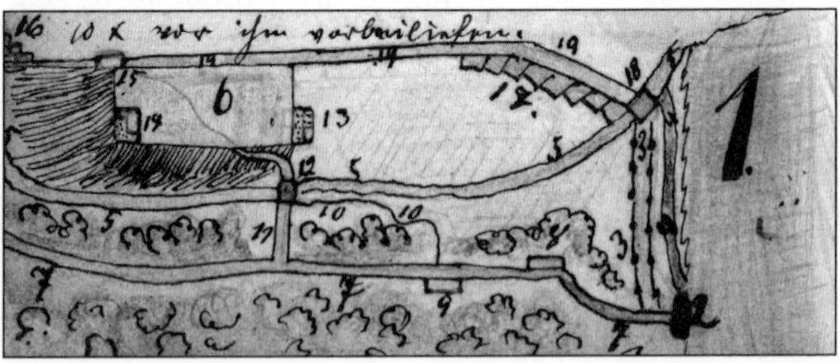

1. Stadt. 2. Rosenthalthor. 3. alte Chaussee nach Pfaffendorf. 4. Parthe (welche sich bei 18 mit der Pleiße vereinigt. Beide Flüsse kann man noch lange verfolgen, da das Wasser der Parthe schwarz, das Wasser der Pleiße aber bedeutend heller ist.) 5. Pleiße. 6. Exerzierplatz. 7. breiter Weg durchs Rosenthal nach Gohlis führend. 8. Bonorand. 9. Kint-

schy. 10. Waldweg, am Fluße hinlaufend. 11. Weg nach dem Exerzierplatz. 12. Brücke. 13. Pestalozzistift. 14. Militairhospital. 15. Einenkels neues Haus. 16. Gohlis. 17. Pfaffendorf (eine Ökonomie, und nicht zu verwechseln mit dem Naundörfchen, welches ebenfalls eine zur Stadt gehörige Ökonomie ist). 18. Brücke. 19. Weg über Pfaffendorf nach Gohlis.

Schulze hatte mich heute (Mittwoch, den 18. October) gegen ½ 3 Uhr abgeholt, und wir waren zusammen in das Rosenthal gegangen. Wir waren tief in das wilde Rosenthal gegangen, und hatten nicht unbedeutende Verwüstungen unter den Brennesseln angerichtet. Gegen 5 Uhr gingen wir wieder zurück und waren gerade da, wo der Weg (11) nach dem Exerzierplatz abgeht, als 6–8 Jungens von der Stadt aus kamen, und ich sie sogleich als Bauerrettige erkannte, sämtlich hatten sie Knüppel. Ich erinnerte mich, daß mir Oskar etwas von einer Keilerei mit den Gohlissern gesagt hatte, und ich schloß sogleich daraus, daß die 1. englische Classe (wo mein Bruder hineingeht) geschrammt sei und wahrscheinlich, wie vorauszusehen war, Keile bekommen hatte. Ich forderte nun Schulzen auf, nach dem nahen Exerzierplatz einmal hinzugehen, jedoch brachte ich den sonst gar nicht so schißigen Schulze (siehe Tagebuch 1864, Sonntag, den 21. August, ich war damals schrecklich schißig, und ich brauch nicht erst wiederholen, was ich schon Donnerstag, den 7. September, siehe Seite 151, etwa die 20. Zeile von oben schon einmal geschrieben habe. Damals hatte ich ja aber kürzlich erst die Gehirnentzündung gehabt, und ich mußte mich daher sehr in Acht nehmen. Trotzdem werf' ich es mir noch heute vor, daß ich mich so feige benommen habe.) erst nach langen Bitten und Zureden dazu, mir zu folgen. Wir kletterten nun da, wo der Exerzierplatz steil abfällt und die »Sandgruben« heißen, hinauf und guckten nur immer über den

Rand hinweg, wo wir denn an der Straße (19) 15–18 Bauerrettige in der Ferne erblickten. Bald aber bemerkten sie uns und rannten auf uns zu. Schulze wollte in einen fort ausreißen, aber ich blieb noch eine Weile, bis sie etwa 150 Schritte von uns entfernt waren, wo auch ich nun bis an die Brücke (12) schrammte, dann aber rasch mit Schulzen weiter *ging*; da kam uns plötzlich ein Realschüler entgegen, welcher auf der Brücke stehen blieb und uns nachsah, da wir ihn nun auch nachsahen, so rief er plötzlich nach dem Exerzierplatz: »Helmerdig (?), hier sind zwei.« Und im selben Moment antworteten auch viele Stimmen vom Exerzierplatz. Schleunigst rißen wir nun aus, aber sie verfolgten uns mit fürchterlichen Geschrei und Gepfeife. Zu unserer Beunruhigung bemerkten wir, daß es vom Waldwege (10) ebenso pfiff. Rechts von unserm Wege (7) (der Waldweg lag demnach links) pfiff es ebenso, und wir glaubten auch vor uns pfeifen zu hören. Schulze rannte wie ein Rasender, obgleich ich ihm zurief, er solle doch nicht so rennen. Aber umsonst, bis ich dann endlich in der Nähe von Bonorand (8) langsamer ging und Schulze bald auch zu rennen aufhörte. Das Gepfeife und Geschrei war schon eher schwächer geworden und hörte nun ganz auf, da unsere Verfolger wahrscheinlich zurückgekehrt waren. Am Rosenthalthor (2) trafen wir Vogel, welcher uns, was geschehen war, erzählte. Als wir nun die Rosenthalgasse durchgegangen waren, sahen wir schon von weitem die ganze Bande stehen, welche uns entgegen kam. Vogel wollte zwar gern noch einmal hingehen, da aber Schulze und die meisten keine Lust hatten, und wir doch gehörige Schmisse bekommen hätten, gingen wir zu Hause. –

Als die I. englische Classe im Rosenthale war, trafen sie Hugo Tannert (siehe Seite 4 [S. 9], § 11) mit seiner Schwester und seinem Cousin. Er fragte sie, was sie hier machten und als sie ihm Antwort gegeben, ging er weiter nach Gohlis. – Als er zurückkam, *so sagt er*, sei er über den Exerzierplatz gegangen, und als er die Gohlisser gesehen habe, habe er gleich auf sie eingeschlagen; darauf seien sie zurückgelaufen, hätten sich dann aber herumgedreht und ein Realschüler (wahrscheinlich derselbe, welchen wir: Schulze und ich, getroffen haben, und welcher nach der Aussage Vogels *Schauer* heißt), sei mit dem blanken Messer auf ihn losgekommen, worauf er noch einige Schellen ausgetheilt, dann aber mit seinem Cousin und Schwester fortgegangen sei. – Das Tannertchen wird nun nicht genau bei der Wahrheit geblieben sein, und wer weiß, wie sich das Alles verhalten hat, mag dem nun sein wie es will, Tannert hatte den Gohlissern seine Rache zugedacht. (Tannert ist der zweit stärkste in unserer Classe, aber das ganze Gegentheil von Roch. Tannert ist gar nicht feige, sondern getraut sich mit fremden Jungen anzufangen. Aber manchmal geht er auch nicht so d'rauf, wie es sich gehört. Ihn zu erwähnen habe ich Seite 151 [S. 130/131] ganz vergessen, und trage das nun hier nach.) Tannert will also nächsten Sonnabend einige aus der Carolinenstraße[134] mitbringen und wollen wir dann noch einmal hinausgehen.

Donnerstag, den 19. October und
Freitag, den 20. October haben wir die Keilerei in der Classe bekannt gemacht, aber die ganze Bande ist viel zu feige, und es haben nur wenige versprochen zu kommen. – Die 1. englische Classe will wieder kommen. – Die mächtigste Hülfe wird die von der Carolinenstraße sein, da das eine der tapfersten Straßen in Leipzig ist; Tannert hat schon sechs Kerle angeworben; und die Gohlisser sollen sich nur morgen in Acht nehmen. Die Aufforderung zum Keilen ist durch Einenkel in Gohlis gesagt.

Sonnabend, den 21. October. Als ich ¾3 Uhr an das Rosenthal kam, war Kuchs und Wrankmore schon da und nach und nach kamen noch 5 aus der 1. englischen Classe und August. Bis jetzt waren wir erst 9 – –. ½4 Uhr kam Tannert, aber statt mit einer großen Bande mit einem einzigen Namens Mensche, und wir hatten uns daher gewaltig getäuscht. Von Mensche hatte mir Tannert schon viel erzählt, daß er sich eher todtschlagen ließ, als ausrisse. Wir waren 12 Mann: Tannert, Mensche, Meister,* ich, Kuchs, Wrankmore, Vogel, Oskar, Glinkst, Mäde, Wienand und August, gerade also 1 Dutzend. Wir gingen nun auf den breiten Weg, wendeten uns dann aber nach dem Waldwege (10). Ich rannte ein Stück voraus, um zu spionieren. Ich bemerkte nun etwa 7–10 Gohlisser auf der Brücke (12) stehen, welche sich unterhielten. Als ich mich kurz darauf umwandte, um zurückzulaufen, sah ich, daß 20 Schritte hinter mir ein Junge [war], in dem ich Einenkeln zu erkennen glaubte, mit Gewißheit konnte ich das aber nicht annehmen, da er mir den Rücken zugedreht hatte. Ich setzte mich nun in langsamen Trabe auf ihn zu, als im selben Moment das Geschrei der Gohlisser erscholl: »Halt auf, halt auf« und sie mich wol bemerkt haben mußten. Ueber das Geschrei drehte sich der Junge um, aber es war nicht Einenkel. Ich lief ruhig vor ihm vorbei, und [traf] 40 Schritt davor auf unsere Bande und berichtete, was ich gesehen hatte. Auf diese Nachricht hin, gingen wir querrüber auf den breiten Weg, wo wir ungefähr da (siehe Seite 170 [S. 150] die Abbildung), wo die mittelste 7 steht, stehen blieben. Wir hatten ausgemacht, daß sowie sich die Gohlisser zeigten, wir auf

* Meister ist auch einer aus der Carolinenstraße, und kam später nach. Obgleich noch kleiner als ich, ist er doch *sehr* muthig und wol auch kräftig.

sie los stürtzen wollten. Aber es zeigte sich kein Gohlisser, und ihr Geschrei wurde nur selten gehört. Deshalb ging Vogel nach einer Weile vor, konnte aber nicht viel berichten. Bald darauf ging ich vor; aber auch die Gohlisser mußten einen Spion abgeschickt haben, denn ich traf mit einem Gohlisser zusammen. Ich schrammte ein kleines Stück, er mir nach; dann blieb ich stehen, wo er dann wieder zurücklief und »hier her, hier her« rief und alsbald auch mit wildem Geschrei eine Bande Gohlisser angestürmt kam; mehrere wandten sich schon zur Flucht, aber wir hielten sie leicht zurück. Sie waren uns nun ziemlich nahe gekommen, als wir uns ermannten und gegen sie losstürzten. Zu unserer größten Freude wanden sie sich auf der Stelle um, und liefen so schnell ihre Beine laufen konnten. Wir verfolgten sie aber nur bis an die Waldecke, nehmlich bis dahin, wo der Weg nach dem Exerzierplatz anging, damit sie unsere schwache Anzahl nicht sehen konnten. Kaum bemerkten sie aber, daß wir sie nicht mehr verfolgten, blieben sie auf der Brücke (12) stehen, wo wir bald noch einen Sturm machten und sie bis auf den Exerzierplatz vertrieben. Schnell kehrten wir wieder bis an die Waldecke zurück aus dem obigen Grunde. Dann machten wir wieder einen Sturm, wo sie wieder flohen, wir aber auf der Brükke stehen blieben und nun fanden, daß sie nur 13 Mann waren. Sie kehrten nun zurück und blieben am Rande des Exerzierplatzes oben stehen, wo sie uns zuriefen, wir sollten auf den Exerzierplatz kommen. Bald setzten wir uns auch, aber nur langsam in Bewegung, wo *sie* dann oben, und *wir* unten stehen blieben. So zankten und höhnten wir uns fast eine viertel Stunde, da wir uns doch nicht hinauf getrauten, da sie dann mit voller Kraft auf uns herabschlagen konnten. (Uebrigens waren die wenigsten Gohlisser sondern über die Hälfte Städter, da wir manche kannten.) Deshalb gebrauchten wir eine List. Wir thaten so, als wenn wir ausrissen und lockten sie richtig herab; plötzlich drehten wir uns aber alle herum, und nun erstürmten wir den Berg, da sie alle schrammten bis in die Mitte des Exerzierplatzes. Sowie wir aber aufhörten zu verfolgen, blieben sie stehen. So trieben wir sie 4 mal bis an Einenkel's Haus zurück, da sie nie Stand hielten; als sie gerade an Einenkel's Haus einmal stehen geblieben waren, und wir uns am Pestallozistift (13) befanden, sahen wir, wie eine schreckliche Bande um die Ecke des Exerzierplatzes von Pfaffendorf her, herumkam. – Wir gingen rasch nun den Berg hinunter und ins Rosenthal, da wir, um keine Keile zu bekommen, zu Hause nun gehen wollten. Bald aber hörten wir das Geschrei der Gohlisser hinter uns, welche uns in der Nähe von Kintschy endlich einholten. Da drehten wir uns aber herum und rannten den feigen Gohlissern so beharrlich nach, bis wir uns wieder auf den Exerzierplatz befanden. Die Anzahl der Gohlisser war nun auf 34–40 angewachsen und sie hatten nun Muth gekriegt und kamen denn bald auf unser kleines Häuflein angestürmt; auch wir stürmten gegen sie und so trafen wir denn zusammen. Ein harter Kampf entstand. Gleich im Anfange stürmten 4–5 auf mich ein, aber ich hieb wie ein Rasender mit meinem kurzen Ochsenziemer um mich. Da holte einer nach mir aus, schnell packte ich aber seinen Stock und hieb 2 mal schrecklich auf sein Gesicht los. Darnach rief ich: »Bleibt zusammen, zu Tannert«, da ich bemerkte, daß sich einige um Tannert sammelten. Nun lief ich die paar Schritte zu Tannert hin, und wenn ich nicht irre, bekam ich da einige gehörige Hiebe auf den Rücken. Da wande ich mich wüthend um und Tannert, Mensche u.s.w. hieben mitten unter sie hinein, so daß die ganze große Bande ausriß und wir sie weit verfolgten. – Mensche hatte seinen (er gehörte seinem Vater noch dazu) Ziegenhainer[135] verloren, und nach langen Zurufen brachten wir deswegen die Gohlisser zum Stehen, wo wir den Stock verlangten, sie ihn aber nicht hatten (?). Da sie uns nun höhnten, so stürmten wir wiederum auf sie los und wir sie vollends ins Dorf hineintrieben. Nun gingen wir zurück, aber sie folgten uns nicht. Wir blieben am Pestallozistift stehen, gerade als sie abzogen. – Alles war schwarz, so eine ungeheure Bande waren die Gohlisser; wie ein Ameisenhaufen bewegten sie sich ins Dorf. Wir aber gingen nun auch zu Hause, nachdem sie uns zuvor noch zugerufen hatten, wir sollten den Mittwoch wiederkommen. So hatten wir denn heute einen großen Sieg errungen, und wir gingen befriedigt nach Hause. Mit fast keiner Ausnahme hatte heute jeder einen Schlag abbekommen, so auch Kuchs, denn als er mich so von den 5 Kerlen bedrängt sah, sprang er hinzu, wurde aber im selben Moment durch 3 fürchterliche Schläge auf den Kopf fast betäubt. – Tannert aber versprach, eine größere Bande den nächsten Mittwoch mitzubringen.

Sonntag, den 22. October 1865.

Montag, den 23. und *Dienstag, den 24.* erzählten wir unseren großen Sieg und dadurch muthiger geworden, versprachen mehr als das vorige Mal, morgen mitzukommen, so auch Henniger. Tannert versprach viele mitzubringen.

Mittwoch, den 25. October. Um ½ 3 Uhr holte mich Henniger ab und wir gingen wie vorigen Sonnabend, so auch heute nach dem Rosenthalthor, wo aber noch Niemand da war. Um uns die Zeit zu vertreiben, liefen wir hinaus nach dem Exerzierplatz und sahen 4–5 in den Sandgruben sitzen und konnten deswegen nicht auf den Exerzierplatz gehen um zu sehen, ob noch dort welche wären. Wir rannten denn eiligst zurück, da es schon 3 Uhr längst geschlagen hatte. Am Rosenthalthor fanden wir denn auch schon 10 Mann ungefähr wie: Jagemann, Schulze, Krätzschmar, Becker, Werner u.a.m., welche aber schon dabeigewesen waren. Henniger, ich, Meister u.a.m. gingen nun ein Stück in den Wald und schnitten uns jeder einen vortrefflichen Stock ab. Erst nach ziemlich einer halben Stunde waren wir in der Nähe des Rosenthalthores angelangt, wo [uns] gerade Tannert mit einer Bande Karolinensträßler und Anderen entgegenkam. Wir waren im ganzen 22 oder 23, darunter: 6 Karolinensträßler, 2 Fleischgässer, etwa 12 aus unserer Schule und einige Fremde, welche Neumann mitgebracht hatte (?). Guten Muthes gingen wir nun hinaus, wo uns die Gohlisser aber nicht wie jedes Mal mit fürchterlichen Geschrei empfingen, und wir ungehindert auf den Exerzierplatz hinauf gehen konnten. Ziemlich an der Straße (19) bemerkten wir einen etwa eben so starken Haufen, welcher, sowie er uns bemerkte, sogleich ein halbes Dutzend Kerle nach dem Dorfe (16) eiligst abschickte, um Hülfe zu holen. Wir lagerten uns einstweilen, und ließen sie ruhig Hülfe holen. Dieselbe erschien denn auch bald, anfangs in Einzelnen, später in Trupps zu 3, 4, 6 und 8 Mann, und die Gohlisser auch nicht unterließen, einzelne Boten nach dem Dorfe ab[zu]schicken, welche sich nach und nach sammelten und ebenfalls als Hülfe erschienen und so ihre Zahl sehr groß erschien, was sie in Wirklichkeit aber auch wirklich war. Nach einer Weile näherten sie sich, tanzend, schreiend und singend, bis wir endlich aufbrachen und gegen sie losstürmten. – Sie blieben stehen. – Schon glaubten wir, daß es zum Keilen käme, aber als wir nahe heranwaren, drehten sie sich herum und schrammten, wo wir sie bis ziemlich an Einenkels Haus vertrieben. Wir gingen nun bis über die Mitte des Exerzierplatzes zurück, wo sie uns denn auch folgten. Wenn ich nicht irre, machten wir noch zwei Stürme, aber nie blieben sie stehen so, daß wir gar wenige Schläge austheilen konnten, da sie in ihren bloßen Füßen (denn weit über die Hälfte waren baarfuß, was kurz, vor allem auf dem Dorfe: barbs ausgesprochen wird) viel besser laufen konnten. Zum dritten (?) Sturm nun, den wir machten, muß ich einen kleinen Plan machen.

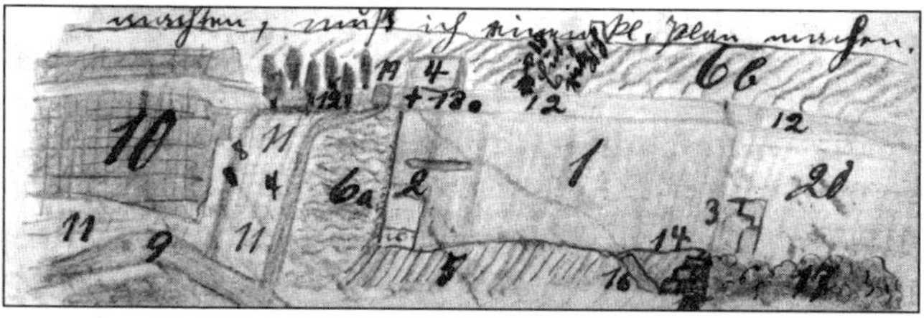

▸F24

Also zum 3. Mal machten wir einen Sturm auf die Gohlisser. – Ich, Meister, August, Wrankmore u.a.m., wir waren die ersten, und (nun siehe den Plan) da eine große Anzahl der Fliehenden da war, wo die 13 und der Punkt *dahinter* ist, sich noch befand, so beschlossen wir rasch sie abzuschneiden. Wir liefen nun, was unsere Beine laufen konnten nach der Brücke (19) zu und den Andern voraus sprang ich da, wo das Kreuz (†) *vor* der 13 ist, mittten unter die Gohlisser hinein und theilte gewaltige Schläge aus. Da wurde mir meine Mütze vom Kopfe geschlagen und indem ich mich schnell danach bückte, sah ich noch, wie einer mit der Kartoffelhacke nach mir ausholte und bekam nun einen fürchterlichen Schlag auf die Stirn und im selben Augenblick regnete 1 Dutzend Sekunden lang ein fürchterlicher Steineregen auf mich herab, worunter Steine von der Größe eines Kopfes, Ziegel- und Mauersteine alles durcheinander, wovon mich denn auch so mancher traf. Gewiß hätte ich noch manchen Schlag auf Hinterkopf und Rücken bekommen, wenn nicht Meister und die Andern, obgleich sie erst ganz starr waren, gehörig auf diejenigen losgeschlagen hätten, welche hinter mir waren. Jetzt liefen die Gohlisser aber soviel sie laufen konnten, da meine Freunde mich erreicht hatten. Ich fühlte an die Stirn, aber es war fast schlimmer als wie ich es erwartete, dazu war eine schreckliche Brausche auf der Stelle geworden, ungefähr ¾ Zoll aufgeschwollen $^{5}/_{4}$ Zoll lang und über ½ Zoll breit. Eine andere geringere Brausche hatte ich rechts am Hinterkopf und ein spitzer Stein hatte mich auf die Hand getroffen, so daß sie blutete u.a.m. Wir gingen vom Exerzierplatz herunter bis ins Rosenthal und die Gohlisser folgten uns wieder. Dieselben standen am Pestallozistifte am Rande (14) und empfingen uns, als wir herausstürmten, mit einem so fürchterlichen, anhaltenden Steinregen, daß wir bis an die Brücke (siehe Seite 170 [S. 150] – Plan – No 12) uns zurückziehen mußten, und sogar bis dahin die Steine flogen. Mehreremale drangen wir wieder vor, aber es war uns nicht möglich, den Exerzierplatz zu stürmen, da jedesmal der Himmel schwarz wurde, so viel Steine schleuderten sie herab, darunter Steine von solcher Größe, daß sie sie nicht gut erheben konnten, sondern auf uns herabkullerten. Da kamen zwei Damen, und ich, Mensche, Meister und noch einige andere schlichen sich hinter dieselben, nahe an dem Gesträuch 17, da wir hofften, die Gohlisser würden doch nicht auf die Damen werfen. Aber sowie wir hinter dem Gebüsch 17 vorkamen, ohngeachted, daß wir uns hinter die Damen versteckten, warfen sie auf uns und die Damen, welche in die größte Gefahr kamen, von den Steinen getroffen zu werden und wir daher von unserm Vorhaben abließen. Nun gebrauchten wir dieselbe List wie am Sonnabend, den 21. October.

Wir thaten nehmlich so, als wenn wir ausrissen und lockten sie richtig herab, wo wir nun uns schnell umdrehten und nun unter einem bedeutend schwächern Steinregen wüthend hinaufstürmten, und sie bis über die Mitte des Exerzierplatzes trieben. Da konnten wir sie nun genau zählen; sie waren 45–50. Ich meinerseits zählte 44. Darnach machten wir noch 2–3 Stürme, jedoch die Gohlisser hielten nie Stand. Da es bereits dunkel geworden war, so gingen wir endlich, ohne von den Gohlissern behelligt zu werden, nach Hause. Der Sieg war unser!

Kurz werde ich nun noch die Zahlen des Plans S. 179 [159] erklären:

1 Exerzierplatz
2 Hospital
3 Pestallozistift
4 Einenkel's Haus
5 Sandgruben
6a geackertes Feld
6b geackertes Feld
7 Graben
8 Graben
9 Fluß
10 Das Dorf Gohlis
11 Wiesen
12 Weg nach Gohlis hinein; bis zum Ende dieses Weges war das weiteste, wohin wir die Gohlisser verfolgten
13 (Punkt) befanden sich beim 3. Sturm ein großer Theil der verfolgten Gohlisser
13 † bekam ich den Schlag u.a.m.
14 standen die Gohlisser und warfen so fürchterlich mit Steinen auf uns herab
15 eine steinerne Treppe
16 Weg auf den Exerzierplatz hinauf
17 Gebüsch (Einzäunung des Petallozistiftes)
18 (wo der → ist und Eutritzsch steht) Richtung nach Eutritzsch
19 Brücke
20 Zu Pfaffendorf gehörende Ländereien

In der Nacht schlief ich sehr schlecht, denn wenn ich mich auf die linke Seite legte, so that mir die Brausche vorn wehe, und wenn ich mich auf den Rücken legte, so schmerzte mir die Brausche am Hinterkopf; also konnte ich mich nur sehr schlecht auf die rechte Seite legen. – Übrigens haben die Eltern von meinen Brauschen nichts bemerkt, da ich so lange gedrückt und gepreßt hatte, daß die Brausche bedeutend gefallen war, ich dann die Haare darüberlegte und am Abend man es sowieso nicht gut erkennen konnte.

Freitag, den 27. October. Nachmittag: [einige Worte unlesbar gemacht]

Sonnabend, den 28. October. Früh: [einige Worte unlesbar gemacht]. – Nachmittags holte mich Henniger wieder ab und wir gingen an's Rosenthalthor, wo sich bis gegen 4 Uhr Tannert immer noch nicht eingefunden hatte und überhaupt erst 8 Mann versammelt waren. Da erschien plötzlich Reiter, der vielgepriesene Reiter mit Meister. Wir waren nun folgende 10 Mann: Reiter, Meister, Henniger, ich, Schulze, Kuchs, Vogel, Klingst, Oskar und Kretschmar. Die beiden letztern waren unbrauchbar respective schißig. Also nur 7–8 kampffähige Kerle. Trotzdem gingen wir auf den breiten Weg (siehe Plan S. 170 [S. 150]). Bald hörten wir das Geschrei der Gohlisser und nun blieben [wir] auf derselben Stelle stehen wie am Sonnabend, dem 21. October. (siehe Seite 174 [S. 154] – ungefähr Zeile 31–35 [Z. 25–28]), die Gohlisser erwartend. Aber es zeigten sich keine Gohlisser. Deswegen schickten wir Meister, Vogel und Klingst vor als Vorposten. Ueber Kretschmar's – – – Angst mußten wir trotz der kritischen Lage, in welcher wir uns befanden, sehr lachen. Plötzlich rief Reiter: »Seht, Klingst haut schon los (in der That schlug Klingst auf einen Gohlisser Kerl mit einer leinenen blauen Blouse, den Anführer der Gohlisser, los), also hin, hin!« Mit furchtbarem Lärmen und Geschrei stürzten wir vor und auf die Gohlisser los, welche bis über die Brücke flohen, jedoch wehrten sich merkwürdiger Weise einige, darunter gerade solche, welche wir noch nie gesehen hatten. Die Anzahl der Feinde betrug allermindestens 25–35 wol auch 40 (wir konnten sie nicht gut übersehen) und zwar, wie wir sogleich erkannten, sehr tapfere Kerle. Es waren 4–6 solche Kerls mit blauen Blousen da, welche wir noch nie gesehen hatten. Wir hatten heute die gegründete Aussicht, die schönste Kloppe zu kriegen. Ein Mann, der uns zugesehen hatte, sagte, wir sollten doch ausreißen, wir aber sahen ein, daß dies sehr gefährlich war, da die Gohlisser uns sofort gewiß bis an das Thor folgen würden. Unterdessen waren uns die Gohlisser wieder näher und näher gekommen und zwar [auch] ihr Anführer, der, auf welchen Klingst losgeschlagen hatte, [der uns] ganz nahe stand. – Nun stürzten wir auf sie los, aber sie blieben entschlossen stehen – und jetzt entstand denn ein so gräulicher Kampf, wie er noch nie dagewesen war. Ich stand neben Schulze und hieb wüthend um mich herum, während Steine, vor allem aber große mächtige Holzstükke und Äste, welche auf uns geworfen wurden, ordentlich die Luft verfinsterten, wovon mich eins schließlich an das Knie traf. Schulze wurde plötzlich von einem so furchtbaren Schlage getroffen, daß er zu Boden sank und ohngeachtet ich wie rasend auf die Gohlisser losschlug, hieb doch ein halb Dutzend dieser Teufel auf den armen Schulze los und erschlugen ihn fast. Jedoch auch diesmal konnten uns die Gohlisser in diesem längeren Kampfe nicht widerstehen und wandten sich zur Flucht. Ich theilte da sehr viel Schläge aus. Zuletzt fiel noch ein Gohlisser vor mich hin und ich schlug nun ebenso, wie die Gohlisser auf Schulze losgeschlagen hatten, auf den vor mir liegenden Halunken los, was meine letzten Schläge heute waren. Als ich mich nun umwandte, focht Reiter mit seinem Stocke wie ein

Unsinniger um sich herum, denn er mußte gar nicht bemerkt haben, daß niemand mehr da war und traf mich auf den Kopf, was jedoch gar nicht mehr wehe that, obgleich er mich auf den bloßen Kopf schlug, da meine Mütze vom Kopfe gefallen war, sonst hätte ich die Gohlisser auch weiter verfolgt. Im selben Moment kommt der arme Schulze auf mich zugewankt: »Halt mich, halt mich.« Es war ein schrecklicher Kampf gewesen. Vor allen hatte ich, wie die meisten, merkwürdigerweise ein furchtbaren Schlag dicht unter der linken Hand bekommen, so daß dieselbe wie gelähmt war und mir einen großen Schmerz verursachte. Vogels Hand aber wurde blutunterlaufen. Mehrere Andere so wie ich waren auch von den Holzstücken an das Knie getroffen worden. – – –

Wir sahen nun ein, daß wir verloren waren und bewogen daher denselben Mann, welcher uns zuerst gerathen hatte zu fliehen, zu den Gohlissern hinzugehen und sie so lange in Schach zu halten, bis wir in Sicherheit waren. Wir zogen uns nun auch ganz ruhig und vor Allem langsam zurück, ohne das Geschrei der Gohlisser nur einmal zu hören. Wir hatten die Gohlisser zwar 2 mal zurückgetrieben, aber hatten ihnen das Schlachtfeld überlassen, und sie hatten daher mehr Ansprüche auf den Sieg als wir. Hoffentlich bekommen sie alles am nächsten male doppelt und dreifach zurück. – Reiter versprach, den nächsten Mittwoch wieder mit zu kommen.

Montag, den 30. October. [Zwei Zeilen unlesbar gemacht]

Dienstag, den 31. October. Henniger und ich wollten nach Dölzig gehen, und ich kam zu diesem Zwecke um 8 Uhr nach Lindenau. (Heute war nämlich: *Reformationsfest.*) Aber da es bei seinen Onkel so viel zu thun gab (sein Onkel heißt Schönemann und ist Becker in Lindenau), konnten wir nicht gehen. Erst gegen 10 Uhr gingen wir ein wenig ins Leutscher Holz, wo wir noch viele Lindenauer Jungens trafen, wovon viele gerade Sprenkel stellten.

Mittwoch, den 1. November 1865. Zwischen 3 und 4 Uhr versammelte sich heute nun unser starkes Rachecorps, bis wir, entweder zu 19 oder 20 Mann angewachsen, nach dem Exerzierplatz gingen. Oben angelangt sahen wir nun, daß die Gohlisser etwa ebensoviel waren, was uns sehr ärgerte, denn wahrscheinlich blieben die Gohlisser nie vor uns stehen, und so konnten wir uns nicht rächen. Wir hatten uns nicht geirrt, denn sie ließen uns nicht 100 Schritte herankommen, sondern schrammten gleich. Um sie endlich einmal zu fassen, schlichen sich 12–14 von uns um die Sandgruben (5., siehe den Plan Seite 179 [S. 159]) und versteckten sich ungefähr da, wo die 6a steht, etwas weiter rechts aber. Von den Gohlissern konnten sie natürlich nicht gesehen werden, schlichen sich noch weiter an sie heran, brachen nun plötzlich vor und griffen sie von vorn und der linken Flanke an, hingegen wir auf die rechte Flanke stürmten (6–8 blieben nämlich von uns bei 14 (siehe den Plan Seite 179 [S. 159]) stehen, worunter auch ich war). Die Flucht nach dem *Dorfe* und nach der Gerberstraße war ihnen abgeschnitten, und so blieb ihnen nun nichts weiter übrig, als sich nach Eutritzsch über die Felder zu flüchten. Was sie ungefähr da, wo auf dem Plane die 18 und Eutritzsch steht und ein Pfeil die Richtung angiebt, bewerkstelligten. Dennoch hatte fast keiner von uns einen einzigen Schlag austheilen können, viel weniger einen Schlag erhalten. Nach einer Weile hieß es plötzlich, ein verkleideter Uze (Ausdruck für Polizeidiener) käme, worauf die meisten von uns sich auf die Brücke

(12) begaben; jedoch viele blieben noch auf dem Exerzierplatz zerstreut, als plötzlich die Nachricht kam, der Uze hätte Vogeln gekriegt; letzterer kam dann auch bald voller Wuth und bestätigte Alles, worauf wir uns allesammt zurückzogen. Ärgerlich schrie ich ganz laut: »Wenn der Uze kommt, so schmeiß ich ihm einen Stein vor'n Kopp.« Plötzlich packte mich ein altes Weib und kreischte: »Wen willst Du werfen?« worauf ich mich loszureißen versuchte, was mir auch nach mehreren Anstrengungen gelang. Da rief die plötzlich einen Soldaten, welcher ihr wol bekannt oder verwandt sein mußte, denn sie rief ihn beim Vornamen zu Hülfe, welcher mir nachsprang, und da ich (aber auch er selbst) im Graben hinfiel, hielt er mich fest. Bald kam nun der verkleidete Uze (?), welcher mich mitnahm bis ans Rosenthalthor, wo ich nach einem Seitengäßchen schrammte, er mir auch nicht nachmachte (er hatte mich schon halb und halb gehen lassen). Ich lief nun nach dem Rosenthal zurück, aber meine Gefährdten waren nicht mehr da, sondern ich traf sie alle auf dem Fleischerplatz, wo sie mich erwartet hatten. Natürlich erzählte ich alles. Hingegen erfuhr ich von meinem Bruder, daß sie während meiner Abwesenheit gewünscht hätten, daß der Uze lieber *Vogeln* behalten hätte, als gerade mich.

Freitag, den 3. November 1865. ††† Die ganze Stadt ist im Aufruhr begriffen, denn gestern Nacht (Donnerstag, den 2. November) ist am Kaufmann Markert[136] in unserer Stadt ein furchtbarer *»Raubmord«* vollführt worden; in seinem Blute schwimmend hat man ihn heute gefunden, und es fehlen 84 Reichsthaler in der Kasse, sowie ist er seiner goldenen Uhr, Kette und Ring beraubt worden. In den Laden führt nehmlich noch eine Hinterthür, wo der oder die Mörder eingedrungen ist oder sind, und währenddem Markert sich umwande, um das Verlangte zu holen, versetzte man ihm den tödtlichen Schlag (mit einem Beil?).

Sonnabend, den 4. November 1865. Heute früh hat man einen Schneidergesellen des Mordes verdächtig gefunden und verhaftet. Seine Stiefeln hat man mit einem Vergrößerungsglas untersucht, und Alles voller Blutflecken gefunden, ebenso einige Blutflecke an seinem Hemd! – Da es heute Nachmittag regnete, so sind wir nicht auf den Exerzierplatz gegangen und werden nun wol auch nicht wieder hinausgehen, denn ich sehe voraus, daß diese Unterbrechung der Keilerei das Ende derselben sein wird.

Sonntag, den 5. November 1865. Man spricht und redet auch von nichts weiter als von diesem Morde. Fünf Morde sind in der letzten Zeit in Sachsen vorgekommen: 1 in Großenhayn, 1 in Hintergersdorf (bei Tharand), 2 in Dresden und dieser in Leipzig, und ein großer Räuber und Mörder ist von früher her kürzlich, oder soll gar erst hingerichtet werden.

Montag, den 6. November. Heute Nachmittag war das Begräbnis des Kaufmanns Markert (in Singen gehe ich nicht [mehrere Worte unlesbar gemacht]). ⅔ einer Companie der Comunalgarde eröffnete mit einigen Trommlern und Musik (Trauer) den Zug, denen das ganze Offiziercorps der Comunalgarde folgte. Darauf kam der prächtige Leichenwagen, wieder mit Comunalgardisten umgeben, dann kamen 5 Wagen und etwa 100–130 Theilnehmende. Ueberall wo der Zug hinkam, herrschte eine geisterhafte Stille, wo man nur den Tritt der Theilnehmenden, das Fahren der Trauerwagen und das dumpfe Schlagen der Trommeln hörte. Das Menschengewoge war unübersehbar.

Dienstag, den 7. November ist der Vater in Geschäften fortgereißt.

Mittwoch, den 8. November
Donnerstag, den 9. November } Nichts passirt

Freitag, den 10. November. Um 10 Uhr Abends kam der Vater wieder. Zugleich war heute Schillerfeier, weswegen wir den ganzen Tag frei hatten.[137]

Sonnabend, Sonntag, Montag, Dienstag
Also vom 11.–14. November Nichts passirt.

Mittwoch, den 15. November ist der Vater wiederum fortgereißt.

Donnerstag – Nichts passirt.

Freitag, den 17. November ist der Vater wiedergekommen; außerdem sehr viel im Geschäft gepackt für Cöthen, da wir morgen oder übermorgen nach dieser Stadt zum Jahrmarkt reisen wollen.

Sonnabend, den 18. November. Wieder sehr stark gepackt.

Sonntag, den 19. November 1865. Mittag um 12 Uhr ist der Vater mit mir nach Cöthen zum Markt abgereißt, wo wir nach 2 Uhr anlangten, und die liebe Großmutter uns in Empfang nahm. Dann aßen wir etwas und gingen später zum Onkel in der Ritterstraße. Dann besahen wir uns das Lokal, welches am Markt liegt und sich im Hause des Herrn Bär befindet: parterre. Die Lage ist ganz gut, aber doch nicht so wie am vorigen male bei [Lücke im Text].

Montag, den 20. November. Die Waaren ausgepackt, Tische und Regale aufgestellt, beklebt und die Sachen vortheilhaft vertheilt; der Raum ist groß genug.

Dienstag, den 21. November. Erster Markttag. [Zwei Zeilen unlesbar gemacht.] – Am Morgen schickte Madame Herzberg und die Großmutter jede eine große Kanne Chocolade, und ich habe allein an 10 Tassen getrunken. Mittags schickte die Großmutter etwas Essen, und Abends gingen wir alle zur Tante, wo ich etwa ½ 11 Uhr wieder fortging, und mich bei den Großeltern eines köstlichen Schlafes erfreute.

Mittwoch, den 22. November. Zweiter Markttag.
[Sechs Zeilen unlesbar gemacht.]

Donnerstag, den 23. November. Wurde eingepackt, womit wir um 4 Uhr fertig waren. Abends bei der Tante Lotto gespielt (mein Vater mit den Andern waren während dieser Zeit auf dem Rathskeller, einer bedeutenden Restauration), wo ich einige Pfennige gewann. – Ich soll, so wollen Alle außer dem Vater, bis zum Sonntag noch in Cöthen bleiben, und nicht schon Morgen fortreißen. Der Onkel will die 22½ Groschen Fahrkosten für mich bezahlen.

Freitag, den 24. November. Da ich dennoch heute mitsollte, so gab mir der Onkel 11 Groschen und für Oskar 11 Groschen, außerdem habe ich bekommen: vom Großvater 1 Groschen, von der Großmutter 3 Pfennig, von der Tante 1 Groschen, gewonnen habe ich 2 Pfennige, 1 Groschen ich weiß nicht woher, 1 Groschen von Madame Herzberg, 5 Pfennig vom Vater, nochmals 2½ Groschen vom Großvater: alles in allen zusammen 19 Groschen.

Mittag ½ 1 Uhr nach Leipzig gereißt, das Geld (11 Groschen) Oskarn gegeben, und mein Geld mit dem Neuen gezählt, was die Summe von 1 Reichsthaler 15 Groschen 2 Pfennigen ausmacht. – Natürlich muß ich morgen wieder in die Schule gehen. Die Kinder vom Onkel Carl sind übrigens angekommen. Selmar heißt der Junge und Sali das Mädchen (siehe Seite 3 [S. 8] ganz unten). Natürlich ist ihre Mutter Adelheid auch mitgekommen. Sie sprachen ausgezeichnet Englisch und ich schwatze den ganzen Tag weiter Nichts mit ihnen.

Sonnabend, den 25. November. Vogel, ich, Klingst, Einenkel, der kleine Becker, Oskar, Wienand (sämtlich, natürlich außer mir, Schüler aus Oskars Classe. Zugleich will ich bemerken, daß Vogel der zweit stärkste in der I. englischen Classe ist. Neumann ist der stärkste aber sehr schißig, während Benno (Vogel) der muthigste und somit die Hauptperson in der ganzen Classe ist. Die meisten in der Classe sind übrigens, wenn sie nur wissen , daß 1 oder 2 Starke bei ihnen sind, muthige wenn auch nicht starke Kerle, was sie ja auch bei der Gohlisser Keilerei bewiesen haben, obgleich sie sich am ersten male nicht gerade sehr muthig bewiesen haben (siehe Seite 170 [S. 150], Mittwoch, den 18. October). Das aber ist zu entschuldigen, da sie nur wenig, nehmlich 7 Jungen waren, und die Anzahl und den Muth der Gohlisser nicht kannten. Im Verlaufe der Keilerei haben sie ihre Schuld getilgt.) gingen heute Nachmittag auf den Exerzierplatz, wo wir uns mit allerlei Spielen und Unsinn unterhielten. Abends kamen 4 Nikolaischüler, und da wir verdächtiges an ihnen bemerkten und hörten, so wurde unsere Bande schnell zusammen gerufen und wir machten unverzüglich einen Angriff auf sie. Mir als den stärksten unter allen, gebührte es, mit den Feinden anzufangen, was ich auch sofort that, indem ich mit meinem Ochsenziemer dämisch auf den größten loshieb (die meisten von uns hatten immer für solche Fälle einen Ochsenziemer verborgen, so auch ich), worauf der schlaue Kerl mir schnell eine Ohrfeige gab und dann schrammte. Ohne ihm aber nachzulaufen hieb ich auf die Andern los, und so trieben wir sie in die Flucht, verfolgten sie bis an die Gerberstraße, und obgleich wir ihnen stets auf der Ferse waren, konnten wir sie dennoch nicht einholen. Wir gingen nun durch die Gerberstraße, wo wir plötzlich auf eine Bande Gerbersträßler von wenigstens 15–18 Mann trafen, welche gleich mit uns anfingen und [uns] als »Instituter«, wie sie sagten, erkannten; als nun noch gar ein großer Kerl von 17–18 Jahren ihnen zu Hilfe kam, verloren wir allen Muth. Mäde und Wienand wurde nach wenigem Widerstande die Ochsenziemer genommen, und als man mich packte, um mit mir ebenso zu verfahren, schleuderte ich ihn so weit von mir wie ich nur konnte. Im selben Augenblick packte man mich schon von vorn und von hinten, aber zu ihrem grenzenlosen Erstaunen fanden sie keinen Ochsenziemer mehr, und ich lachte sie höhnisch aus. Um nicht die fürchterlichste Kloppe zu bekommen, rissen wir bald Alle aus, ohne jedoch viel verfolgt zu werden. Vogel hatte seinen Ochsenziemer behalten, und ich begleitete ihn bis zu Hause.

Sonntag, den 3. Dezember 1865. Früh bin ich, Vogel, Oskar und Wienand in das Rosenthal gegangen, es war sehr kalt, und ich hatte auch meinen Ueberzieher angezogen. Unterwegs erzählte mir Vogel, daß er gestern Abend dennoch seinen Ochsenziemer verloren habe, indem ihn noch 2 Jungens, welche ihn aufgelauert hatten, angefallen und ihm, natürlich nicht gutwillig, den Ochsenziemer entrissen hatten. (Seinen Worten ist zu glauben). Als wir an den Rosenthaler Teich kamen, untersuchten wir seine Eisdekke und fanden, daß sie 1 Zoll dick war. (Mein Ueberzieher ist ganz nagelneu).

Montag, den 4. Dezember. Früh war ein so fürchterlicher Nebel, daß man kaum 10 Schritt vor sich etwas erkennen konnte. Ich bin heute bei Schlesingers zum Geburtstag eingeladen, und das ist das fürchterlichste, was ich thun muß. ½5 Uhr bin ich mit Henniger für den Vater nach Lindenau, in die Mühle zu Herrn Thurm gegangen. Dann ½7 Uhr ging ich zu Alphons (Alphons Schlesinger wohnt in unseren Hause 2. Etage, und sein Vater ist praktischer Arzt), welcher uns beide sowie noch 5 oder 7 andere eingeladen hatte. Es war sehr faul bei ihm.

Mittwoch, den 6. Dezember. Höchstwahrscheinlich war es heute, wo wir beiden in der Frankfurterstraße bei Walter photographiert wurden.[138] Indem wir dem Vater zu Weihnachten 1 Dutzend Bilder (1½ Reichsthaler, bei andern 2, sogar 2½ Reichsthaler) schenken wollen.

Sonntag, den 12. Dezember 1865. Der Mutter und des Königs Geburtstag ist heute.[139] Um der lieben Mutter ein Geschenk zu machen, hatte ich 5 Neugroschen, Oskar 5 Neugroschen und der Vater 10 Neugroschen zusammengesteuert und hatten nun für 20 Neugroschen eine Torte, und zwar eine *prachtvolle* Torte bei Ratty[140] gegenüber backen lassen und der Mutter geschenkt.

Freitag, den 15. Dezember. In der vorigen Nacht hat es zum *ersten male geschneit*, aber freilich nur in der Nacht.

Sonnabend, den 16. Dezember. Gestern Nacht schneite es wieder und gegen 11 und 1 Uhr Mittag ebenfalls.

Freitag, den 22. Dezember. Von heute bis Mittwoch, den 3. Januar 1866 ist die Schule geschlossen, also 11 ½ Tage lang.

Sonntag, den 24. Dezember. Nachmittags kam eine telegraphische Depesche aus Cöthen, der Großvater sei sehr krank, und die Mutter will daher Morgen hinreisen. Abends kam noch ein Brief, worin das obige von Herrmann bestätigt wurde (er hat schon längst die Gicht im Bein und hatte sich noch dazu in den Nagel der großen Zehe geschnitten. Das sei jetzt so sehr schlimm und man befürchte, der Brand käme hinzu; er habe zwei Aerzte: Dr. Westhoff und Dr. Lötterstädt). Die arme Mutter weinte schrecklich und reiste Abends um 10 Uhr mit Oskar ab, wo sie in Cöthen um 12 Uhr eintrifft.

Montag, den 25. Dezember. Natürlich wurde heute Abend nicht bescheert, da die Mutter und Oskar nicht da ist, obgleich der Christbaum schon gekauft ist.

Dienstag, den 26. Dezember. Brief gekommen. Es ist nicht ganz schlimm (denn wir dachten, er würde sterben), obgleich der Fuß bis zum Knöchel *brandig* ist. – Der Vater hat mir 2 dicke Bücher: »Die Geschichte des Deutschen Volkes« von Duller,[141] im Namen des Dr. Caro[142] überreicht. (Dr. Caro ist wol des Vaters bester Freund und wohnt in Jena. Zugleich ist er der Rathgeber der Großfürstin Helene in Petersburg in polnischen Angelegenheiten.)

Länger als den ganzen *December* durch habe ich den Vater im Geschäft geholfen. Am heiligen Abend sind nur 60 Reichsthaler eingenommen worden, und den 23. des Monats 42 Reichsthaler. Das Weihnachtsgeschäft ist nur ziemlich gewesen [ersetzt durch:] und doch auch zum Feuerwehrfest, und da wir fast gar nichts zu Weihnachten bekommen haben, so bat ich ihn um ein Portemonaie, was er mir *verweigert*, hingegen Oskarn Eins gab!!!

Mittwoch, den 27. Dezember. Ich habe mir Professor Bock's »Gesundheits Lehrer«,[143] ein kleines nützliches Büchlein gekauft, für 5 Neugroschen von meinem Gelde, aber Abends um 7 Uhr bin ich ganz allein durch den Johanna-Park gegangen und habe nur einen Menschen da getroffen; dann ging ich hinüber auf die Chaussee und so zurück. Um 10 Uhr ist der Onkel (Moritz) gekommen. Er sagt, es ginge mit dem Großvater gut. Er habe nämlich den Professor Volkmar aus Halle[144] kommen lassen, und derselbe hat den Ärzten bewiesen und gesagt, daß nur ein kleines Stückchen der Zehe brandig ist, das übrige aber »die Rose« sei.

Donnerstag, den 28. Dezember. Franz [ist] gekommen und [hat] gesagt, der Großvater befinde sich schlecht, denn er habe vorige Nacht Fieber gehabt, und die beiden Aerzte (Volkmar sei denselben Tag wieder abgereißt) hätten widerufen, der Großvater habe doch den Brand und die Rose aber zugleich. Abends als es ganz finster war, bin ich durch die Nonne (ein Wald) gegangen, und habe die Bemerkung gemacht, daß ich doch nicht so ganz ohne Furcht bin, jedoch legte sich die letztere später.

Freitag, den 29. Dezember. Nachmittags kam Carl und berichtete, daß es mit dem Großvater schlecht gehe. Abends gebummelt und von Onkel 2 Neugroschen bekommen. –

Schon seit 8 Tagen sind die Teiche, aber noch nicht die Flüsse gefroren. Zuerst gefror der Johanna Teich (2 ½

Grad), dann die Schimmelei (1 Grad). Zwar ist der Schwanenteich auch gefroren, aber man hat ihn, wahrscheinlich um Schlamm zu haben, wieder aufgebrochen. Ich bin jedoch noch nicht gefahren, da meine Schlittschuhe weiter gemacht werden müssen.

Sonnabend, den 30. Dezember. Heute hat mir der Onkel für meinen Geburtstag, welcher am 14. Jan. 66 ist – *1 Reichsthaler* eingehändigt, wofür ich ihm meinen Dank nicht genug aussprechen kann. Die 15 Groschen von den Großeltern, welche ich zu Weihnachten bekommen sollte, liefert die Mutter der armen Großmutter wieder ein, da die Ausgaben für den Wärter (bekommt täglich 1 Reichsthaler), die Arznei und die Aerzte ins unglaubliche gehen. – Von der Mutter hatte ich auch noch 10 Groschen zu einer Stolle bekommen, welche ich mir aber sparte, auch die muß ich mit Oskar theilen. So habe ich ungefähr 2 Reichsthaler, wohingegen ich 2 Reichsthaler und etwa 15–17 Groschen haben könnte. – Der Vater hat schon längst 2 Kuchen à 25 Neugroschen bestellt und erhalten, und so essen wir jeden Morgen etwas Kuchen, was mir sehr mundet.

Sonntag, den 31. Dezember 1865 ist der Onkel fortgereißt.

KURZE ÜBERSICHT DES GANZEN JAHRES

Der Sommer war durchgängig sehr heiß, da die Hitze bis auf 40 Grad in der Sonne stieg, was zur Folge hatte, daß wir sehr oft baden gingen, nehmlich ganz genau gerechnet 73 mal (Oskar 72 mal) was gleich 75 mal ist; 5mal aber gehen davon ab, wo wir theils für unser eigen Geld gebadet haben, macht dem Vater also *für jeden* – 1 Rth 12 Gr.

Der Herbst war sehr angenehm, obgleich auch manchmal recht heiß noch, was zur Folge hatte, daß wir sehr viel Landparthien machten, nehmlich 12, wovon 2/3 im Herbst und die übrigen fast nur in den Frühling fallen.

Der Winter war sehr kalt, da die Kälte bis auf 20 Grad stieg, sehr anhaltend und ungemein schneereich vor allem in der letzten Zeit, was zur Folge hatte, daß wir sehr viel Schlittschuh gefahren sind, etwa 30 mal. (Genau lässt sich das nicht angeben, da der Monat Februar nur im Allgemeinen beschrieben ist; ich habe auf ihn 15 mal gerechnet.) Natürlich haben wir uns auch ungeheuer viel geschneeballert.

Bedeutende Schlägereien habe ich 10 (?) gehabt, wobei freilich 5 auf die Gohlisser kommen. Darnach ist die bedeutendste diejenige mit den Burgsträßlern (siehe Seite 150 [S. 130]). Diesen Burgsträßlern hatten wir furchtbare Rache geschworen, und um dieselbe auszuführen, hatten wir folgendes beschlossen.[145] Im Winter, wenn die Elster nach Lindenau zugefroren sei und die Burgsträßler auf diesem Flusse fahren würden (was mir August, welcher mit den meisten von ihnen in eine Classe geht, zuversichtlich versicherte), wollten wir sie mit Hülfe der den Fluß immer befahrenden und ihn gleichsam beherrschenden Lindenauer Jungens überfallen und sie windelweich keilen, und das nicht nur einmal, sondern stets, wenn sie sich blicken ließen. Dieser Plan wurde aber einfach dadurch zerstört, daß der Fluß in diesem Winter gar nicht zufror, was wir natürlich nicht vorher wissen konnten. Da nun natürlich die Burgsträßler auf den andern zugefrorenen Gewässern fuhren und auf diesen die Lindenauer nur wenig oder vereinzelt fuhren, so durften wir es nicht wagen die Burgsträßler anzugreifen, und unsere Rache war vereitelt.

167

der sächs. Dragoner zu, wie wir überhaupt vielen Dragonern in der Stadt begegneten. Pegau selbst ist sehr freundlich u. hat [illegible] Einwohner. Wir beschlossen Mittagsbrod in Groitzsch zu essen. Dort langten wir um 1/4 [illegible] an. Den Berg sahen wir schon von weitem und ist derselbe ziemlich 4 Gestalt also wie Müllers des Sportmeisters Garten (Augusts Vater) d. i. ist etwa so: und gleicht einem [illegible] Maulwurfshaufen

Groitzscher Berg. gez. v. R.B.

Ringsherum läuft ein breiter Graben; wir überschritten denselben auf einem Wege und stiegen nun hinauf. Oben angelangt suchten wir uns zuerst ein schattiges Plätzchen, da die Sonne sehr heiß brannte. Als wir nun nach mehreren fragten hatten die Leute auch gar nichts zu essen. Sie mußten es erst aus Groitzsch holen. Dann aß 3 Dreierbrode ich ebenfalls u. Oskar 2 Dreierbrode. Unter den Dreierbroden war aber allerhand Weißbrod wie auch Semmeln verstanden. Dazu trank jeder ein Glas Weißbier. Nachdem wir gegessen spazierten wir auf den ganzen Berg herum, wo alles mit Blumen, Gemüse, Bäumen u. s. w. bepflanzt war. Wir hatten eine herrliche Aussicht nach allen Seiten. Links v. Pegau befand sich eine ganze Kette v. Hügel so wie der Groitzscher Berg und wir konnten das Land dahinter erblicken. Groitzsch selbst lag äußerst schön vor allem die Kirche mit dem Gottesacker. Von Groitzsch an stieg das Land immer höher und höher, weil wir von der höchsten Spitze des Berges alles sehen konnten. Ringsum war die Gegend voller Dörfer. Nachdem wir nun alles genugsam besehen hatten rannten wir zur andern Seite [illegible] die [illegible]

Faksimile 21 (► Seite 146)

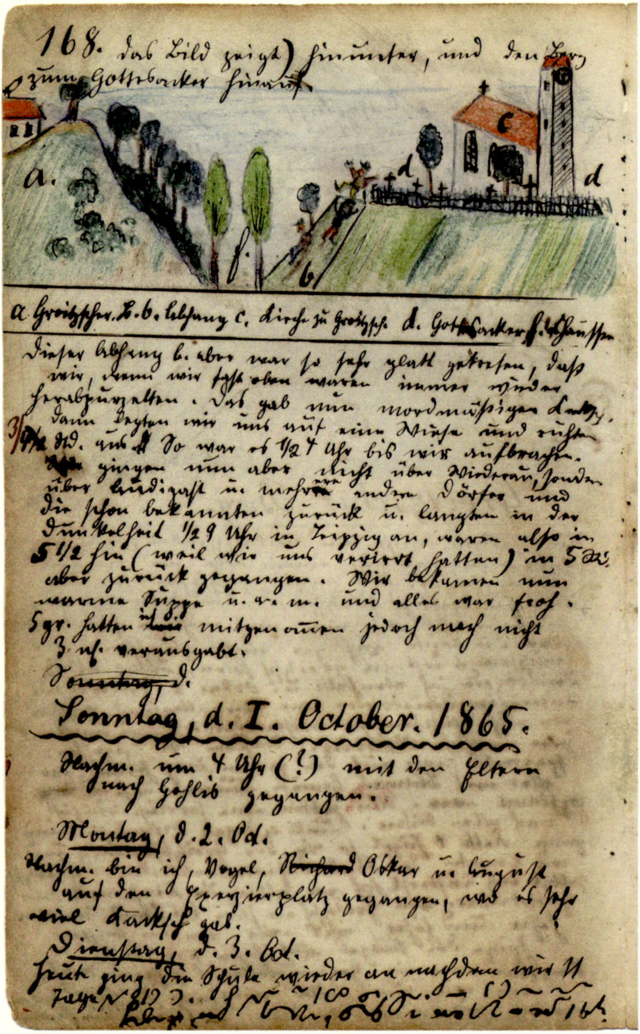

168. das Bild zeigt) hinunter, und den Berg zum Gottbarker hinauf.

a Groitzsch. b. b. Abhang c. Kirche zu Groitzsch. d. Gottbarker Schänke

Dieser Abhang b. aber war so sehr glatt getreten, dass wir, wenn wir fast oben waren immer wieder herabrutschten. Das gab nun mordmäßigen Spaß. dann legten wir uns auf eine Wiese und ruhten 3/4 Std. aus. So war es 1/2 4 Uhr bis wir aufbrachen. Wir gingen nun aber nicht über Wiederau, sondern über Audigast u. mehrere andere Dörfer und die schon bekannten zurück u. langten in der Dunkelheit 1/2 9 Uhr in Leipzig an, waren also in 5 1/2 hin (weil wir uns verirrt hatten) in 5 Std. aber zurück gegangen. Wir bekamen nun warme Suppe u. s. w. und alles war froh. 5 gr. hatte ich mitgenommen jedoch noch nicht 2 ngr. verausgabt.

~~Sonntag~~ d.

Sonntag, d. I. October. 1865.

Nachm. um 4 Uhr (?) mit den Eltern nach Gohlis gegangen.

Montag, d. 2. Oct.

Nachm. bin ich, Vogel, ~~Richard~~ Obter u. August auf den Exerzierplatz gegangen, wo es sehr viel Spaß gab.

Dienstag, d. 3. Oct.

Heut ging die Schule wieder an nachdem wir 11 Tage [illegible]

Faksimile 22 (▸ Seite 146 f.)

170

In Oskars Klasse ging unter Andern auch ein Junge Namens: Hinkel(?), ebenso die beiden Zwillinge: Berger; 2 possierliche kl. Kerle. ebenso. Der kl. Becker, der Bruder des Becker, welcher in meine Klasse geht (1. T. 72 unten) Diese 4 gingen immer zusammen. Diese wurden nun immer durch: Bruno, Oskar, Hermann (Mücke) Niemand(?) u. noch einige auf Jagd verfolgt. Da aber die Letzteren mit ihren Viktorien nicht aufhörten, und Hinkel(?) sehr übelnehmerisch ist, so sagt er eines Tages (wahrscheinlich Dienstags) sehr erbittert: „Kommt nur den Mittwoch auf den Exerzierplatz, (welcher vor Gohlis liegt) da sollt Ihr schon Eure Keile von den Gohlisern kriegen."

Mittwoch, d. 18. Oct.

Versammelten sich wirklich 7 Mann: Bruno, Osk., Mücke, Naumann, Glintsch(?), Niemand(?) und August. Nahe am Exerzierplatz schickten sie Vogel und Naumann vor; Naumann aber hatte solchen Schiß, daß er ohne allen Grund rief: Die kommen, sie kommen, worauf die meisten schon schwärmen(?) wollten! Nun gingen sie weiter, und plötzlich hörten sie ein gräuliches Geschrei und Naumann kam außer Athem zurückgerannt u. schrie: Das Obige(?) wieder. Nun riß die ganze schiefe(?) Bande aus, ohne nur einen Feind gesehen zu haben. Vogel aber riß nicht aus sondern versteckte sich am Wasserrand, wo die Gohliser 10 x vor ihm vorbeiliefen.

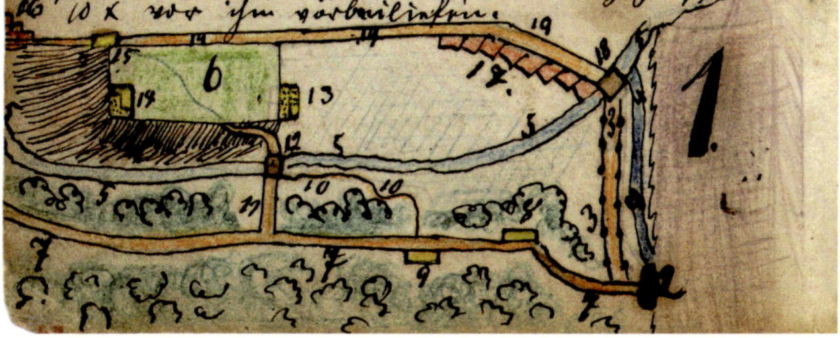

Faksimile 23 (▸ Seite 150f.)

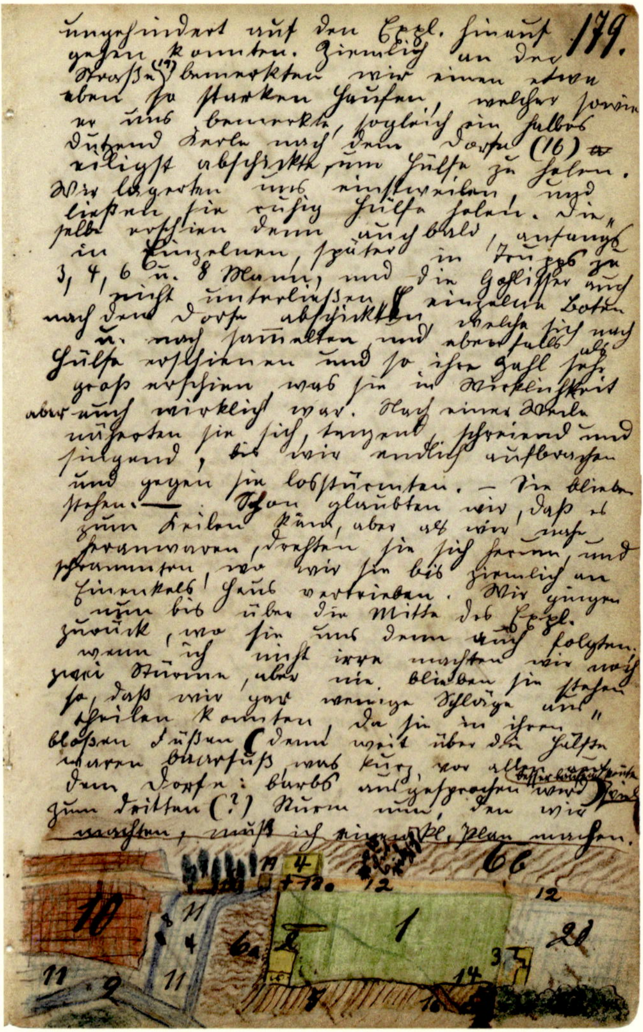

ungehindert auf den Hgl. hinauf 179.
gehen konnten. Ziemlich an der
Straße (?) bemerkten wir einen etwa
aber so starken Haufen, welcher sowie
er uns bemerkte, sogleich ein halbes
Dutzend Kerle nach dem Dorfe (16)
eiligst abschickte, um Hülfe zu holen.
Wir lagerten uns einstweilen und
ließen sie ruhig Hülfe holen. Dieselbe erschien denn auch bald, anfangs
in Einzelnen, später in Trupps zu
3, 4, 6 u. 8 Mann, und die [illegible] auch
nicht unterlassen [illegible] einzelne Boten
nach dem Dorfe abschickten, welche sich nach
u. nach sammelten, und ebenfalls als
Hülfe erschienen und so ihre Zahl sehr
groß erschien, was sie in Wirklichkeit
aber auch wirklich war. Nach einer Weile
näherten sie sich, tanzend, schreiend und
singend, bis wir endlich aufbrachen
und gegen sie losstürmten. – Sie blieben
stehen. Schon glaubten wir, daß es
zum Treffen käme, aber als wir nah
herankamen, drehten sie sich herum und
[illegible] wir sie bis ziemlich an
[illegible] Haus vertrieben. Wir gingen
nun bis über die Mitte des Hgl.
zurück, wo sie uns denn auch folgten.
wenn ich nicht irre machten wir noch
zwei Stürme, aber nie blieben sie stehen
so, daß wir gar wenige Schläge austheilen konnten, da sie in ihren
bloßen Füßen (denn weit über die Hälfte
waren barfuß) [illegible] kurz vor allem [illegible]
dem Dorfe: [illegible]
zum dritten (?) Sturm nun, den wir
machten, muß ich einen kl. Plan machen.

Faksimile 24 (▸ Seite 158 f.)

Anhang

NACHWORT

Ein Stück Alltagsgeschichte des 19. Jahrhunderts, aus dem Blickwinkel eines Dreizehnjährigen im Jahre 1865 beobachtet und beschrieben, liegt uns vor in dem illustrierten *Tagebuch von Richard Bühle* aus Leipzig. Es gewährt Einblicke nicht nur in die Erlebniswelt des vielseitig interessierten, an Vorgängen und Ereignissen seiner Umwelt lebhaft Anteil nehmenden Jungen, sondern sogar in die gelegentlich mitgeteilten »Gedanken« und »Betrachtungen«.

Sehr lebendig läßt sich in den mit erstaunlicher Ausdauer und Sorgfalt niedergeschriebenen Aufzeichnungen »vom letzten Glockenschlag der 12. Stunde« des Jahres 1864 bis zum 31. Dezember 1865 miterleben, was der Alltag dieses Jungen ihm an Erlebnissen und »Abenteuern« bescherte, ihm aber auch an Pflichten auferlegte. Was aus der weiten Welt in der Stadt Leipzig seiner Knabenzeit durch amtliche Nachrichten, mündliche Überlieferung, Gespräche im Familienkreis, aus dem Schulunterricht und durch eigene Lektüre bekannt und erlebbar wird, erkennen wir im Spiegel seines Tagebuches. Zur Familienlektüre gehörte außer der Tageszeitung »Leipziger Nachrichten« auch das »billigste illustrirte Familienblatt«, die »Gartenlaube«; beide Blätter werden erwähnt und mehrmals zitiert. Für einen Dreizehnjährigen, der seine Eindrücke klar, oft sogar fesselnd darzustellen versteht, und nicht nur für ihn, war das Jahr 1865 vielleicht in besonderer Weise reich an Ereignissen: Es brachte einen strengen Winter mit »mordmäßigen« Schneefällen, mit Verkehrschaos auf den Straßen und Eisenbahnen und Wintervergnügen für Jung und Alt, es brachte das gefürchtete Frühjahrshochwasser, den tragischen Tod des US-Präsidenten Abraham Lincoln, einen langen heißen Sommer mit Badewetter bis Mitte September, außerdem die Einweihung des ersten »Schreber-Spielplatzes«, die Enthüllung des Gellert-Denkmals im Rosental, das beginnende Baugeschehen auf dem Gelände von Gerhards Garten, das Eisenbahnunglück von Buckau bei Magdeburg, den »Sechsten deutschen Feuerwehrtag« in Leipzig, die Fertigstellung des neuen Dresdner Bahnhofs, den Raubmord an dem Leipziger Kaufmann Markert und vieles andere. Eine wichtige Rolle spielt im Tagebuch auch das lokale Brauchtum beim Fischerstechen oder dem »Tauchaer Jahrmarkt«, außerdem die Leipziger Messe mit den »Schaubudenmessen«, die jeweils nach den großen »Waarenmessen« im Frühjahr und Herbst auf dem Roßplatz stattfanden.

Albin Julius *Richard* Bühle wurde am 14. Januar 1852 in Leipzig geboren und wuchs auf in dem Haus Klostergasse 14 »Zu den zwei goldenen Sternen«. Sein Vater, Ferdinand Bernhard *Louis* Bühle, laut Adressbuch »Bürger« und »Kaufmann«, hatte seine Werkstatt, die zugleich als Verkaufsraum diente, im Parterre. Dort befand sich außerdem die Weinhandlung von Paul Theodor Tittel und eine »Weinstube und Restauration«. Das »Geschäft« mit der Firmenbezeichnung »Louis Bühle & Co., Papier- und Cigarrengeschäft« wird oft im Tagebuch erwähnt, wenn davon die Rede ist, daß die Söhne an schulfreien Nachmittagen oder am Abend dem Vater helfen mußten, daß der Vater zu später Stunde, etwa vor Beginn der »Angro-Messe«, lange gearbeitet hat oder »in Geschäften verreißt« war. Die Mutter Anna *Louise* Bühle, geborene Sternthal, stammte aus einer jüdischen, seit dem 18. Jahrhundert in Köthen ansässigen Familie, die dort u.a. als Wollhändler bis 1890 nachweisbar ist. Ihr Vater, Hermann Hirsch Sternthal, hatte mit »Putzwaren« gehandelt und war zuletzt als »Secretär« bei der Eisenbahn angestellt. Zur engeren Familie gehörte noch Richards Bruder, der elfjährige Hermann Eduard *Oskar* Bühle, geboren am 6. Februar 1854. Das Dienstmädchen, »welche Friederike Mehnart heißt« und aus Schkeuditz kam, genoß offenbar das Vertrauen der ganzen Familie.

Es scheint, daß vor allem der Vater sich darum kümmerte, was seine Söhne in ihrer Freizeit unternahmen – wenn sie nicht, wie auch die Mutter, im Geschäft mithalfen. Er beobachtet die Schlittschuhlaufkünste der Jungen auf dem Schwanenteich oder setzt eine Belohnung aus für denjenigen, der zuerst »bei Händel« in der Parthe das Schwimmen gelernt hat. Vater und Kinder besuchen eine Raritätenschau in »Poppes Restaurant« in der Kleinen Fleischergasse und ein Tonfiguren-Diorama »Die Düppler Schanzen« in der alten Handelsbörse und fahren am Pfingstsonntag »auf dem großen Dampfschiff« zum Felsenkeller nach Plagwitz. Auch an den Ausflügen und Abendveranstaltungen des geselligen Vereins »Rose«, dem die Eltern angehören und »wo der Vater Director ist«, dürfen die Kinder teilnehmen. Natürlich gehören dabei das »Einkneipen«, aber auch Gesellschaftsspiele, Tanzrunden und gemeinsames Singen zum Programm; letzteres begleitet von einem Ziehharmonikaspieler und in heiterer Stimmung zumindest auf dem Heimwege. Die ausführlich beschriebenen »Landparthien« aber, einen Fußmarsch nach Pegau zum Beispiel oder eine Wanderung nach Lützen, um dort ein großes preußisches Manöver mitzuerleben, unternimmt Richard meist allein, doch für alle Fälle »ausreichend verproviantiert«, mit Landkarte und Skizzenbuch ausgerüstet und voll Entdeckerfreude. In Ausnahmefällen werden sein Bruder Oskar, der Nachbarjunge August, Sohn des Sporermeisters Müller aus der Klostergasse, und einige Getreue unter den Schulfreunden als Teilnehmer zugelassen. Hierfür und auch während des langen Badesommers lassen die Eltern ihren Söhnen viel Freiheit. Allein mehr als siebzigmal (!) Baden »bei Händel« oder an einer anderen der damaligen Badestellen registriert das Tagebuch. Vielleicht waren den Bühles trotz damaliger Erziehungsideale, der sogenannten »preußischen« Tugenden wie Fleiß, Disziplin und Pflichterfüllung, die von Leipzig ausgehenden Schreber-Hauschildschen Bestrebungen zur Verbesserung der Lebensbedingungen für Großstadtkinder nicht unbekannt. Von einer Ferienreise ist allerdings nie die Rede, und mehrere Anläufe, ein »Sommerlogis« im noch dörflichen Gohlis zu mieten oder einen Garten im Johannistal zu pachten, zerschlugen sich zur Enttäuschung der Kinder immer wieder. Es hätte das Budget der Familie wohl auch überstiegen. Trotz finanzieller Engpässe, die sich andeuten, eines streng geregelten Arbeitsalltags und bei bescheidenem Lebensstil – im Hinblick auf ihre Mietwohnung in der sonnenarmen engen Klostergasse, auf Kleidung, Eßgewohnheiten und Speisezettel – ist in der Familie ein gegenseitiges Aufeinanderhören, Anteilnahme und spontane Hilfsbereitschaft spürbar, ein harmonisches Miteinander, das auch die Geschwister der Mutter und des Vaters, die »Onkels« und Tanten mit ihren Ehepartnern und Kindern, vor allem aber »die lieben Großeltern« Sternthal in Köthen und sogar Vaters Laufburschen Emil einschließt.

Das altertümliche Miets- und Geschäftshaus in der Klostergasse, neben dem Eckhaus Zills Tunnel das übernächste Haus, worin die Bühles die 3. Etage bewohnten, wurde beim Bombenangriff auf Leipzig 1943 zerstört. Im Jahre 1865 war das Haus bis ins Dachgeschoß, bis in die 5. Etage, bewohnt: die Beletage von der Hausbesitzerin, der »Wattenfabrikbesitzerswittwe« E. F. Richter, von deren Geschäftsführer, dem »Kaufmann« C. H. Holler, und dem »Kaufmann« und Inhaber eines »Materialwaaren-, Tabak-, Cigarren- und Spirituosengeschäfts« am Neumarkt, A. H. Ohme. In der 2. Etage hatte Dr. med. J. A. Schlesinger, »pract. Arzt und Geburtshelfer«, Wohnung und Praxis. Die 5. Etage teilten sich ein Schriftsetzer und ein »Meubleur«, während es sich bei dem »Cigarrenmacher« E. Thiele in der 4. Etage um den Compagnon der Firma Bühle handeln könnte. Diese Angaben über die Hausbewohner, von denen einige im Tagebuch vorkommen, sind geeignet, ein wenig das

Milieu zu verdeutlichen, in dem die Jungen erste Kontakte außerhalb ihrer Familie aufnehmen konnten: Es ist die Sphäre des mit Fleiß und hoher Arbeitsmoral um gesellschaftlichen Aufstieg ringenden Kleinbürgertums oder »Mittelstandes«. Auch von den Kindern wurde erwartet, daß sie ihre Pflichten, zunächst die schulischen Anforderungen, aber auch Hilfsarbeiten im väterlichen Geschäft, erfüllten. Ab dem zehnten Lebensjahr besuchten die Brüder Bühle ein privates Gymnasium, dessen Besuch die Eltern ihnen, wohl mit Blick auf spätere Berufschancen im härter werdenden Konkurrenzkampf des späten 19. Jahrhunderts, ermöglichten. Auf den ersten Seiten des Tagebuches zählt Richard die Namen seiner Mitschüler auf, und auch hieraus, d.h. aus den Berufen der Väter, kann man wiederum auf das gesellschaftliche Umfeld der Familien schließen: Genannt werden Geschäftsinhaber, Kaufleute, zu denen sich ja auch Vater Bühle zählte, »Commissionshändler«, Handwerksmeister und Gewerbetreibende. Richards »bester Freund« Emil Henniger zum Beispiel war der Sohn des »Beutler-Obermeisters« der Leipziger Innung; einer der Väter war »besoldeter Stadtrath«, er besaß den bescheidenen Luxus eines eigenen »Landeplatzes« für sein Boot an der Pleiße! Auch die Taufpaten, die im Register der Nikolaikirche für den Erstgeborenen der Bühles eingetragen sind, ein Buchhändler, ein Kaufmann und »Jungfer Amalia, Gottlob Richters, Hausmanns hinterlassene Tochter«, unterstreichen die soziale Zuordnung der Familie.

Schon mit zwölf Jahren, im Jahre 1864, hatte Richard Bühle ein Tagebuch geführt, das er erwähnt, das aber wahrscheinlich verschollen ist, sodaß er im darauf folgenden Jahr schon »Redaktionserfahrungen« besaß. Ob es sich um das Tagebuch eines Kindes oder eines Jugendlichen handelt, ist nicht eindeutig zu bestimmen: denn es ist beides! Noch sind die kindlichen Spiele nicht aufgegeben, denen sich Richard mit Eifer und stets in vollem Ernst widmet. Doch er beginnt auch schon, sein Ich zu entdecken, vergleicht sich und seine Leistungen mit anderen, macht sich Gedanken um seine Zukunft, bildet sich ein Urteil über Menschen und Ereignisse, läßt sich bei eigenen Beobachtungen von seiner Phantasie beflügeln, genießt ganz bewußt auch Köstlichkeiten des leiblichen Wohls, »unsere geliebte Milchkaltschaale«, ein kräftiges Picknick unterwegs auf der »Landparthie« oder »zehn Tassen Schokolade« aus Großmutters großer Kanne, erfreut sich »eines köstlichen Schlafes« im Hause der Großeltern und – führt ein privates Tagebuch! Freundschaften mit Mitschülern werden wichtig genommen – Mädchen gab es freilich nicht im Zillschen Institut, und Kontakte etwa zur benachbarten »Töchterschule« wurden von Eltern und Lehrern nicht gefördert. Einer der Jungen, wohl aus einer höheren Klasse, wird Richards Idol, wird bewundert und imitiert; um seine Aufmerksamkeit und sportliche Anerkennung wirbt und ringt er längere Zeit, was ihn dann glücklich, ja »über-heureux« macht, und er träumt gar von Zärtlichkeiten, wie die Nacherzählung eines Traumes verrät. Wichtiges zu diesen Problemen wird – zum Zwecke der Geheimhaltung – in Französisch oder in soeben erlernter Gabelsberger Stenografie notiert. »Sehr geärgert« hat es ihn verständlicherweise, daß die Mutter im Tagebuch gelesen hat. Doch diplomatisch, ohne dem Sohn Vorwürfe zu machen, verspricht sie ihm, niemandem etwas darüber zu sagen.

Diese ersten pubertären Anwandlungen treten gegenüber den aufregenden Erlebnissen in Schule und Freizeit bald wieder in den Hintergrund. Bei »tollen Streichen«, aber auch in den tätlichen Auseinandersetzungen mit Banden von Jungen aus anderen Straßen oder Stadtvierteln wie den »Fleischergässlern«, den »Gohlissern«, den »schissigen« Realschülern und den Thomanern oder mit den barfüßigen »Bauerrettigen« aus Lindenau steht Richard Bühle im Mittelpunkt des Geschehens. Er stellt sich als Anstifter von allerlei »Unsinn« dar, den er mit dem Bruder und mit Schulkameraden anstellt. Hierzu gehört auch heimliches Zigarrenrauchen oder das Loslassen einer selbstgebastelten Rakete in der elterlichen Wohnung. Er vergißt dann zuweilen, daß er »aus gutem Hause« kommt, was sonst gern betont wird, und landet schließlich sogar einmal auf der Polizeiwache. Es geht nicht weniger rau und rüde zu als auch unter Schülern von heute; die Jungen verhalten sich sogar offen aufmüpfig gegenüber einem »Polizeidiener« und dem Ordnungshüter am Schwanenteich, dem alten »Vater Blech«, auch »Schippendittrich« genannt, einem stadtbekannten Original. Das alles spielt sich ab rings um den Markt, um die Thomaskirche, die alte Peterskirche, die Pleißenburg, in Lurgensteins und in Gerhards Garten, im Leutzscher Holz, am Exerzierplatz im Rosental und am Fleischerplatz.

Wir lernen einen kontaktfreudigen selbstbewußten Jungen kennen, der zwar zu jedem »Unfug« bereit, durchaus aber auch guten Lehren zugänglich ist. Trotz guter Vorsätze, die seine Schulleistungen und seine Lebenshaltung betreffen, will Richard keinesfalls ein Duckmäuser werden: »Nun nehme ich mir aber vor, ein guter Schüler zu werden ... Donnerwetter!!! Ich will, und wenn sich tausend Teufel in den Weg stellen; ich werde sie alle zu Boden schmettern ... das heißt – Unsinn und tolle Streiche werden aber doch gemacht«.

Richard Bühle gibt seiner Begeisterung und Anteilnahme an den täglichen Vorfällen, besonders den Ereignissen, die sich außerhalb von Familie und Schule abspielen, oft schwungvoll Ausdruck mit jugendgemäß kräftigen Beiwörtern wie »toll«, »famous«, »prachtvoll«, »mordmäßig«. Zur Schilderung dramatischer Vorgänge: den Schlägereien – mit und ohne Messer, »natürlich zugeklappt« –, dem Zielen nach Fensterscheiben oder den Verfolgungsjagden, kann er auf möglichst drastische Ausdrücke und Redewendungen in der sächsischen Mundart und Muttersprache nicht verzichten, wie »betzen«, »krietschen«, »Kacksch« (Spaß, toller Unsinn) anstellen, »Bällereien« (Schneeballschlachten) veranstalten: mit reichlich Munition und dichtem Ballhagel, so daß sich »die Luft verfinsterte«! Auch ließ man nicht nur Steine von den Bäumen herab »blautsen«, sondern drohte damit, sie sich gegenseitig »vor'n Kopp« zu werfen und teilte »Schla'e« aus beim Kräftemessen untereinander. Merkwürdig, daß ein sonst gutwilliger und gutmütiger Junge all das noch bitterernst auffaßt. Dem »alphabetisch geordneten Inhaltsverzeichnis«, das Richard Bühle seinem Tagebuch anfügt, ist eine »Übersicht des ganzen Jahres« vorangestellt; darin werden »Bedeutende Schlägereien« gleich zu Anfang nochmals genau aufgeführt und kommentiert!

Natürlich beschäftigten der Schulunterricht, die beliebten oder die gefürchteten Lehrer und die gemeinsamen Erlebnisse mit den Klassenkameraden die Phantasie der Jungen. Literarische Einlagen allerdings wie »Eine Maus im Klassenzimmer« oder »Ein böser Streich« füllen deutlich mehr Tagebuchseiten als etwa das Examen zum Schuljahresende vor Ostern. Besonders der Unterricht in Deutsch, Richards Lieblingsfach, den der Klassenlehrer erteilte, scheint Früchte getragen zu haben. Dr. Wilhelm Hermann Kleinsteuber (1826–1888) war ein erfolgreicher Autor historischer Romane und wirkte neben der pädagogischen Tätigkeit als Redakteur und Mitarbeiter mehrerer Zeitschriften. Möglich, daß er es gewesen ist, der seine Schüler angeleitet hat, ihre Erlebnisse und Gedanken zu formulieren und in einem Tagebuch niederzuschreiben. Trotz Respektes aber hängten sie auch ihm Spitznamen an, die sich, verglichen mit denen des Kollegen für »Naturgeschichtslehre«, Dr. Lachmann, genannt »Pavian« oder »Lacharsch«, harmlos ausnahmen.

In den ersten vier Jahren durchliefen die Schüler des »Zill'schen Instituts« oder »Modernen Gesamtgymnasiums« eine Art Vorkurs für die Aufnahme in die eigentlichen Gymnasialklassen, das sogenannte

Progymnasium. In dieser Zeit wurde auf die modernen Fremdsprachen Englisch und Französisch und auf Deutsch besonderes Gewicht gelegt. Den Fremdsprachenunterricht erteilten Muttersprachler. Die übrigen Fächer waren Geschichte, Schreiben, Rechnen, Geografie, Naturgeschichtslehre, Stenografie, Singen und Turnen; den Religionsunterricht hatte der Schuldirektor und Lateinlehrer der oberen Klassen, Dr. Moritz Alexander Zille, übernommen. Schon 1849, gleichzeitig mit der Gründung der Schule, war auf Empfehlung seines Vorgängers, Dr. Ernst Innocenz Hauschilds, das Erlernen der Gabelsbergerschen Stenografie eingeführt worden – trotz heftiger Kritik aus den älteren Gymnasien. Sie sprachen einer solch »simplen plebejischen Kunst« auch »die leisesten bildenden Elemente« ab. Später jedoch wurde das Leipziger »Moderne Gesamtgymnasium« als »die Stätte des ersten als Pflichtfach erteilten Stenographieunterrichts in Deutschland« gewürdigt. Als Stenografielehrer konnte der Sprachwissenschaftler Dr. Karl Albrecht gewonnen werden, ein Freund Hauschilds (und Franz Xaver Gabelsbergers), Verfasser eines der ersten Stenografielehrbücher. Die Erziehungsziele dieser Schule, wie sie Direktor Zille in seiner Schrift »Weltbürgertum und Schule« 1867 formulierte, muten modern an: »Die engherzige Gleichgültigkeit des Pfahlbürgers gegen alles Fremde, die blödsichtige Überschätzung des eigenen Landes ... endlich gar die Geringschätzung und Verachtung anderer ist dem Weltbürger unmöglich«. Ob der Schüler Richard Bühle in diesem Sinne Weltbürger geworden ist? Das umsichtig geführte Tagebuch mit dem erkennbaren Interesse für »Politisches« macht es wahrscheinlich, und sein späterer Berufsweg als Journalist bestätigt diese Vermutung.

Richard Bühle hatte zunächst versucht, einen eigenen Verlag zu führen, und gab dort unter anderem das »Zentralorgan für die Interessen der Gehülfen des deutschen Buchhandels« heraus. Schon vor 1890 aber war er als Chefredakteur des »General-Anzeigers für Leipzig und Umgebung« tätig, eines Blattes, das um politisch neutrale Berichterstattung bemüht war, sich jedenfalls keiner Partei und deren Zielen verpflichtet betrachtete. Nach Aussage des Verlegers Wilhelm Girardet hatte sich der »Anzeiger« besonders der Leipziger Arbeiterschaft »fast unentbehrlich gemacht«; Nähe zur Sozialdemokratie, die der Zeitung unterstellt wurde, ließ er aber entschieden dementieren. Sein Bestreben, der Zeitung um jeden Preis, sei es auch mit unseriöser Sensationsberichterstattung, den Erfolg zu sichern, erfüllte Richard Bühle vermutlich bald nicht mehr zur Zufriedenheit. So wurden einige Mitarbeiter des Redaktionskollegiums, darunter auch der Chefredakteur, im Sommer 1892 entlassen.

Etwa zur gleichen Zeit berief der bekannte Leipziger Zeitungsverleger Edgar Herfurth (1865–1950) den berufserfahrenen, inzwischen vierzigjährigen Kollegen Richard Bühle zum Chefredakteur der von ihm gegründeten Tageszeitung »Leipziger Neueste Nachrichten«, deren erste Nummer am 1. Oktober 1892 erschien. Innerhalb weniger Jahre entwickelte sich diese Zeitung – mit Richard Bühle an der Spitze – nicht nur zur meistgelesenen Leipziger, sondern zu einer der führenden Tageszeitungen Deutschlands. Ihre politische Ausrichtung war von Anfang an national-konservativ, was mit Bühles schon früh anerzogenem nationalen Denken und Fühlen zunächst übereingestimmt haben mag. Als im Vorfeld des Ersten Weltkriegs auch die »Leipziger Neuesten Nachrichten« chauvinistische Anmaßung, deutsche Eroberungspläne und bedenkenlose Kriegshetze immer offener vertraten, war dies weder mit den Idealen und Vorstellungen eines »Weltbürgers« im Chefsessel der Redaktion noch mit dessen ehrlicher Vaterlandsliebe vereinbar. Nach über einem Jahrzehnt verantwortungsvoller, mit größter fachlicher Kompetenz ausgeübter Tätigkeit gab Richard Bühle seine Position auf. Er arbeite noch einige Jahre in der Redaktion des »Leipziger Tageblattes«, verließ aber die Stadt wahrscheinlich 1912; sein Name ist seitdem in den Leipziger Adreßbüchern nicht mehr verzeichnet. Am 2. August 1922 ist Richard Bühle im Alter von 70 Jahren in Berlin-Halensee gestorben.

ZU DIESER AUSGABE

Das Tagebuch von Richard Bühle aus dem Jahre 1865 konnte 1980 vom Stadtgeschichtlichen Museum Leipzig aus dem privaten Nachlaß einer in Leipzig ansässigen Familie erworben werden und befindet sich seitdem in der Autographen-Sammlung des Museums. Das Büchlein im Format 16,5 x 10,0 cm umfaßt 221 gezählte, eng beschriebene Seiten in deutscher Schreibschrift sowie zahlreiche Illustrationen.

Der Text des Tagebuches wird in der vorliegenden Ausgabe vollständig wiedergegeben; lediglich die von Richard Bühle beigefügten Register schienen entbehrlich zu sein, zumal sie durch ein neues, sehr viel umfangreicheres Register ersetzt werden.

Die Orthographie wurde mit allen Eigenheiten und Unregelmäßigkeiten, auch denen, die bei der Schreibung des stellenweise lokal gefärbten, sächsischen Sprachgebrauchs auftreten, unverändert übernommen. Zur besseren Lesbarkeit und Verständlichkeit von Satzgefügen wurden lediglich einige Satzzeichen ergänzt. Abkürzungen, von Bühle ohnehin nicht allzu häufig einsetzt, wurden durchgängig aufgelöst. Hervorhebungen (durch Unterstreichung, lateinische Schreibschrift, Sperrung oder Fettschreibung) werden einheitlich kursiv wiedergegeben. Ergänzungen der Herausgeberin erscheinen in eckigen Klammern.

Die Handschrift weist zwei Besonderheiten auf, die bei der Transkription zu berücksichtigen waren. Bestimmte Teile des Textes – einzelne Wort, Sätze oder ganze Abschnitte – hat Richard Bühle vor fremden Lesern schützen wollen. Zu diesem Zwecke hat er sich während des Schreibens der Gabelsberger Stenografie bedient, die er an der Schule gerade zu erlernen begann, aber nur in geringem Umfange und mit großen Unsicherheiten schon aktiv anwenden konnte. So weit möglich, wurden diese Passagen für die Buchausgabe »rückübersetzt«; wo dies nicht gelang, wurden die Lücken durch »[...]« markiert. Zu einem späteren Zeitpunkt genügte Bühle dieser »Schutz« offenbar nicht mehr, weshalb er kleinere oder größere Partien (im Umfang von zwei Zeilen bis zu einer ganzen Seite) mit Papier überklebte und sie damit – für immer, wie er hoffte – dem unbefugten Auge entzog. Bei einer fachmännischen Restaurierung des Originalmanuskriptes im Jahr 2004 konnten die überklebten Teile wieder freigelegt werden, so daß auch die »geheimen« Mitteilungen lesbar wurden. Der Schreiber des Tagebuches möge uns unseren Forscherdrang verzeihen! In der Buchausgabe erscheinen die überklebt gewesenen Passagen in geschweiften Klammern {...}, die in Gabelsberger Stenografieschrift notierten Passagen werden in einer serifenlosen Schrift wiedergegeben.

Für die freundlich erteilte Genehmigung zur Veröffentlichung des Tagebuchs von Richard Bühle ist dem Stadtgeschichtlichen Museum Leipzig zu danken. Unterstützung bei der Transkription der Passagen in Gabelsberger Stenografie verdanke ich Frau Marlies Posselt und Frau Regina Voss in Leipzig, außerdem – nach einer Empfehlung vom Deutschen Tagebucharchiv in Emmendingen – Frau Helga Oehne, Vorsitzende des Stenografenvereins »Gabelsberger« e.V. in Kelsterbach am Main. Für bereitwillige Auskünfte zur Biografie und zur späteren beruflichen Tätigkeit Richard Bühles bin ich Familie Winfried Bühle in Berlin und Herrn Dr. Andreas Müller in Frankfurt am Main zu besonderem Dank verpflichtet.

Brigitte Richter

1 Anna Louise, geborene Sternthal, und Ferdinand Bernhard *Louis* Bühle, »Bürger« und »Kaufmann« in Leipzig, Mitinhaber der Firma »Louis Bühle & Co., Papier- und Cigarrengeschäft«.

2 Das fünfstöckige Wohnhaus, kriegszerstört 1943, stammte noch aus dem 18. Jahrhundert, ebenso das Nachbarhaus Nr. 12, die Rückseite von Äckerleins Hof am Markt.

3 Gründer und erster Direktor der Schule war Dr. Ernst Innocenz Hauschild (1808–1866), der als Mitstreiter des bekannten Leipziger Arztes Dr. Daniel Moritz Schreber bei dessen Bemühungen um die Schaffung von Kinderspielplätzen und »Schrebergärten« für die Großstadtkinder bekannt wurde.

4 Hermann Eduard *Oskar* Bühle, zwei Jahre jünger als Richard Bühle.

5 Dr. Wilhelm Hermann Kleinsteuber (1826–1888), Pädagoge, zugleich Autor historischer Romane und Redakteur mehrerer Zeitschriften.

6 Ein Klassiker der Kinderliteratur und zugleich als Sprachlehrbuch verwendet: Thomas Day: The history of Sandfort and Merton (zuerst 1786), hier evtl. in der Ausgabe: Intended for the use of children. Mit syntaktischen und erläuternden Noten und einem vollständigen Wörterbuche versehen von Franz Bauer, 4. Aufl. Celle 1856.

7 Nicht ermittelt.

8 Der Großvater Richard Bühles, Hermann Hirsch Sternthal (1796 oder 1798–1866), war einer der vier Söhne des Süßmann Simon Sternthal (1759–1833), eines Wollhändlers in Köthen. Der Name Sternthal ist nach 1890 in Köthen nicht mehr nachweisbar.

9 Die Großmutter Eleonore, geborene Dreyer, verwitwet 1866, lebte seitdem in Leipzig bei der Familie ihrer Tochter; sie starb 1872.

10 In der Schreibschrift waren »L« und »C« leicht zu verwechseln, gemeint sind »Lerchenbaum« und »Ceder«.

11 Am Ende der Frankfurter Straße (heute Jahnallee) befand sich bis 1939 ein Wahrzeichen Leipzigs, der sogenannte Kuhturm, wahrscheinlich Rest einer mittelalterlichen Befestigungsanlage. Die Gegend um die dort angesiedelte beliebte Ausflugsgaststätte galt lange als skandalumwittert.

12 Heute: Friedrich-Ebert-Straße.

13 Leibnizstraße.

14 Heute: Jahnallee.

15 Die Promenadenstraße lag zwischen Dittrichring und Westplatz. Die Straße und der Name verschwanden nach Kriegszerstörungen und Neubebauungen.

16 Die Familie des »Bürgers, Hausbesitzers und Kaufmanns« Friedrich Robert Liebich, Vater eines Mitschülers, führte ein »Tüll-Geschäft« und wohnte in der Weststraße.

17 Die heutigen Straßen- und Brückenbezeichnungen »Am Elsterwehr« und »Heilige Brücke« erinnern an die Bezeichnung Hochzeitswehr, woran sich eine Sage knüpfte: Ein junger Mann, zwischen zwei Frauen stehend, hatte sich schließlich für die eine entschieden. Am Hochzeitstage aber, bei einer Bootsfahrt, erschien die Verlassene und zog das junge Paar in die Tiefe.

18 Der Rechtsanwalt Dr. Carl Erdmann Heine (1819–1888), »Pionier des Leipziger Westens«, war durch Erbschaft in den Besitz von Gerhards Garten gekommen. Mit Entwässerungs- und Auffüllarbeiten trug er zur baulichen Erschließung des teils sumpfigen, hochwassergefährdeten Geländes westlich des Stadtgebietes und später zur Ansiedlung von Industriebetrieben besonders in Plagwitz bei.

19 Eine der ehemals vier Leipziger Mühlen an der Pleiße war die Barfußmühle. Sie lag nahe der 1943 kriegszerstörten Matthäikirche.

20 In der noch dicht besiedelten Innenstadt wurden auch im Lurgensteinschen Herrenhaus am Dittrichring, erbaut 1836/37, Wohnungen vermietet. Prominentester Mieter war (fast zwanzig Jahre vor Richard Bühles Tagebuch) der jungen Gewandhauskapellmeister Felix Mendelssohn Bartholdy.

21 Das (handgeschriebene) Blatt scheint nicht ans Licht getreten zu sein. Berühmtes Namensvorbild war die Berliner politisch-satirische Wochenzeitschrift »Kladderadatsch« (ab 1848).

22 Die Bezeichnung »Schimmels Teich« oder »Schimmelei« erinnert an Schimmels Gut, eine Bauernwirtschaft, auf deren Gelände 1888/89 das Reichsgericht erbaut wurde. Im Winter als Eisbahn, im Sommer als Gondelteich mit Insel und Restaurant »Buen Retiro« war Schimmels Teich ein beliebtes Ausflugsziel in unmittelbarer Stadtnähe.

23 Zu »Schlosserobermeister, Sporermeister und Schwertfeger« Mathias Müller in der Klostergasse 5. Die Werkstatt befand sich im Erdgeschoß, die Wohnung in der 1. Etage (Leipziger Adressbuch 1865).

24 Krampen, Metallhaken.
25 Gemeint ist Serpentin, ein meist dunkelgrünes oder schwarzes Mineral, das u.a. bei Zöblitz, nahe Marienberg in Sachsen, im Tagebau abgebaut wurde. Wegen seiner geringen Härte eignet es sich zur Herstellung von Kleinplastiken, von Gebrauchsgegenständen und zu dekorativer Wandgestaltung, wie beispielsweise im »Serpentinsaal« aus dem Jahre 1858 im Leipziger Hotel Fürstenhof.
26 »Ein lieblicher Weiher in dem nördlichen Theile der die innere und äußere Stadt trennenden Promenade« (Carl Weidinger). Schlittschuhläufer vergnügten sich hier noch bis in die Zeit vor dem Zweiten Weltkrieg.
27 Franz.: le patin, in Sonder- oder »Gaunersprache«: der Kuß.
28 Dreikönigstag war offizieller Feiertag und daher schulfrei.
29 Störeln, d.h. stochern.
30 Unter diesem Namen wurde 1846 eine »Erziehungsanstalt für häuslich verwahrloste Knaben und Mädchen« in Leipzig eingerichtet. Die dazu gehörenden Gebäude und das Gartengelände befanden sich »auf den Pfaffendorfer Feldern« (Carl Weidinger).
31 Neben dem Dresdner Bahnhof der zweitälteste Leipziger Bahnhof (1840), 1863 grundlegender Um- und Neubau zum modernen Stationsgebäude.
32 Bäckermeister Carl Wilhelm Freyburg hatte sein Geschäft in der Petersstraße 7. Beliebt war sein Speckkuchen, mehrmals empfohlen in den »Leipziger Nachrichten« und im »Vergnügungs- und Restaurations-Kalender« zur Zeit der Leipziger Messe 1865.
33 Im Jahre 1837 hatte der Rat der Stadt beschlossen, das bisher als »Wirtschaftswald« genutzte Rosental als Park zu gestalten. Der Kunstgärtner Siebeck ließ u.a. die Große Wiese anlegen. Hier ist das nicht kultivierte Auwaldgelände des Rosentals jenseits der Waldstraße gemeint.
34 Das Zillsche Institut (vgl. Anm. 3).
35 Hermann Hannig, »Schulaufwärter« am Zillschen Institut. Er wohnte im Schulgebäude am Peterskirchhof 4, in der I. Etage.
36 Walther Schardius, »Buchhandlungsbeflissener und Inhaber eines Commissionsgeschäftes von Rhein- und Ungarweinen«, aus Reudnitz, Gemeindegasse 277, II, war »Vergnügungsrath« in der Gesellschaft »Rose« gewesen, seiner Geschäfte wegen aber nach Hamburg gegangen.
37 Die Gesellschaft »Rose« war eine der zahlreichen »geschlossenen

Gesellschaften für gesellige Freuden«, wie zum Beispiel die Vereine »Harmonie«, »Erholung« (ein Herren-Klub), »Concordia«, »Tunnel«, »Glocke« und andere, »deren Mitglieder sich aus allen Ständen – bis zur dienenden Classe herab« (Carl Weidinger) rekrutierten.

38 Buen Retiro, Insel in Schimmels Teich.

39 Ordnungshüter für die Parkanlagen an der Promenade und am Schwanenteich, auch »Schippendittrich« oder »Vater Blech« genannt. Als Überbleibsel biedermeierlicher Beschaulichkeit wurden die damals stadtbekannten Leipziger »Originale« gern von der Jugend geneckt. Zu »Blech« vgl. ausführlich Adolf Lippold: Von Nachtwächtern, Trödeljuden und Harfenmädchen. Erinnerungen eines alten Leipzigers, hrsg. von Katrin Sohl. Leipzig 2004, S. 144–151.

40 Gemeint ist die Peterskirche am Peterskirchhof. Schon 1870 galt es als fraglich, ob die turmlose, bescheiden ausgestattete Petrikirche ihren Platz behaupten oder an anderer Stelle als neue Großstadtkirche errichtet werden würde. Baubeginn für die neue Petrikirche am Schletterplatz war 1885. An die Stelle der alten Kirche trat ein Geschäftsneubau, in dem sich heute die Musikschule »Johann Sebastian Bach« befindet.

41 Als Straßenname taucht der »Obstmarkt« noch in den Stadtplänen von 1900 auf und bezeichnet den Abschnitt des Lutherringes, der sich an den jetzigen Leuschnerplatz anschließt. Dort befand sich, nahe der Nonnenmühle, auch die Pferdeschwemme.

42 Bei der Auktion wurden Reit-, Wagen- und Arbeitspferde sowie Wagen, Geschirre und Reit-Utensilien angeboten.

43 Die schriftlichen und (öffentlichen) mündlichen Prüfungen, die Ausgabe der Zensuren und die Entlassungsfeierlichkeit fanden – wie noch bis 1942 üblich – vor Ostern statt.

44 Die zwölfstrophige Ballade der Dichterin Louise Brachmann (1777 bis 1822) von der meuternden Schiffsbesatzung gegen Kolumbus und dem glücklichen Ausgang der Amerika-Expedition erschien als »Schulbeispiel« geeignet, Mut, Gefolgstreue und Gottvertrauen anzumahnen – außerdem als Gedächtnisübung! Vgl. Louise Brachmann: Auserlesene Dichtungen. Halle 1824, S. 169.

45 Markt 11, einer der für Leipzig typischen Durchgangshöfe der Barockzeit mit prächtiger Fassade nach der Marktseite, erbaut von Gregor Fuchs 1708/14. Über den Hof gelangte man zur Klostergasse. Ein beliebtes Weinlokal war »Äckerleins Keller«.

46 Evt.: Probe (einer Turnvorführung)?

47 Die Zentralhalle stand »vor dem Thomasthore« an der nach ihr benannten Zentralstraße. Das Gebäude mußte schon vor dem Ersten Weltkrieg Wohnungsbauten weichen. Als freistehender »colossaler Bau« mit vielen Versammlungsräumen, einer Schwimmhalle und einem Saal diente die Zentralhalle als Gesellschaftshaus »für den Handels- und Gewerbestand«.

48 1824 ließ der Schweizer Zuckerbäcker Georg Kintschy im Rosental, nahe dem Rosentalteich, das »Schweizerhäuschen« errichten, eine Filiale seiner Konditorei in der Klostergasse 2. Das Gebäude, ehemals mit einem »Concertgarten« umgeben, ist auf dem heutigen Gelände des Leipziger Zoos noch erhalten.

49 Seit 1903: Schillerweg im Stadtteil Gohlis. Noch nach der Mitte des 19. Jahrhunderts erschien es – zumal Familien mit Kindern – erstrebenswert, die Sommermonate außerhalb der dicht bebauten und besiedelten Stadt in ländlicher Umgebung zu verbringen und dazu ein »Logis« zu mieten.

50 Menckestraße 42. Friedrich Schiller verbrachte in diesem Hause den Sommer 1785.

51 Eine beliebte Gaststätte in Gohlis »mit Garten, Tanz- und Concertsaal«, die frühere »Wasserschenke«.

52 Gebiet des Leipziger Auwaldes südlich des Clara-Parks bei Schleußig.

53 Restauration in Plagwitz (heute Eckgebäude Karl-Heine-Straße 32/Zschochersche Straße 14), die 1890 zum Veranstaltungshaus mit Festsälen umgebaut und noch nach 1945 vielfältig für Versammlungen und Veranstaltungen genutzt wurde.

54 Heute: Lindenthaler Straße.

55 »Die Communalgarde ... vereinigte in ihren Reihen die sämmtlichen zum Waffentragen geeigneten gesunden Bürger Leipzigs aller Stände. Außer im Aprilaufstand 1849, wobei sie im Kampf mit den Aufständischen drei Mann verlor, ist die Bürgergarde niemals kriegerisch tätig gewesen«. (Adolf Lippold).

56 Die Thonbergstraßenhäuser zogen sich rechts (stadtauswärts gesehen) der Äußeren Hospitalstraße (heute: Prager Straße) entlang.

57 Gemeint: Corps.

58 Gemeint ist die Pleißenburg (heute: Neues Rathaus), wo sich die Militärkommandantur befand.

59 Beliebte Gaststätte in Gohlis, ebenfalls »mit Garten, Tanz- und Concertsaal«.

60 Die Brauerei von Franz Julius Thieme in der Tauchaer Straße (heute: Rosa-Luxemburg-Straße).

61 Nahe dem Eingang zum Rosental, rechts vom Teich, stand das »Bonorand'sche« Kaffeehaus, wo ebenfalls Gartenkonzerte stattfanden. Nach 1900 fiel die Restauration den Erweiterungen des Zoogeländes zum Opfer, während das Café Bonorand in der Katharinenstraße 4 noch länger bestand.

62 Restauration mit Garten, wo auch Gose ausgeschenkt wurde, An der Pleiße 2 (heute: Dittrichring), benannt nach dem Inhaber Martin Heinrich Cajeri, »Koch und Restaurateur«. Das Restaurant bestand unter diesem Namen bis 1945.

63 Gerhards Garten (ehemals Richters Garten und später Reichenbachs Garten), zwischen Lessing- und Gottschedstraße gelegen. Die aus dem frühen 18. Jahrhundert stammende Gartenanlage wurde ab 1863 parzelliert.

64 Von dem im 18. Jahrhundert angelegten »grünen Ring« um den Stadtkern an der Stelle der mittelalterlichen Festungsanlagen, der als »Promenade« beliebt war, hat sich bis heute der Name für die Parkanlagen entlang der Goethe- und der Schillerstraße erhalten.

65 Nicht mehr vorhanden.

66 Nachfolger des am 15. April 1865 ermordeten Republikaners und Präsidenten der Vereinigten Staaten von Amerika, Abraham Lincoln (1709–1865), wurde (bis 1869) der Demokrat Andrew Johnson.

67 Die Schaubuden der »kleinen Messe« standen noch bis zu Anfang des 20. Jahrhunderts auf dem Roßplatz, ab 1907 dann auf der ehemaligen Viehwiese vor dem Frankfurter Tor und seit 1935 auf dem Platz am Cottaweg.

68 Am Ausgang der Petersstraße, vor dem ehemaligen Peterstor.

69 Zirkuskönig Ernst Jacob Renz (1815–1892) besuchte Leipzig in den Jahren 1847 bis 1876 sehr oft; dies dokumentieren über hundert Originalplakate im Stadtgeschichtlichen Museum Leipzig. Die Konkurrenz, besonders durch den Zirkus Busch, führte 1897 zur Auflösung des ersten deutschen Zirkusgroßunternehmens.

70 Krebelchen: kleine Krapfen (Kräppelchen), in heißem Fett gebacken.

71 Im Deutsch-Dänischen Krieg wurden am 18. April 1864 die Düppeler Schanzen erstürmt, eine der wichtigsten Befestigungsanlagen Dänemarks. Damit war der Weg frei geworden zur Einverleibung Schleswig-Holsteins als preußische Provinz.

72 Der Franzose Henri Martin Kreutzberg (1793–1874), einer der zu

seiner Zeit berühmtesten »Thierbändiger«, gastierte viele Male in Leipzig mit seiner »Großen Niederländischen Menagerie« in der speziell dafür erbauten Bude auf dem Roßplatz an der Königsstraße. Kreutzberg ist allerdings nicht, wie Bühle meinte, »auf dem Meere untergegangen«, sondern starb einige Jahre später an der Verletzung durch einen seiner Löwen. Sein mit einer Löwendarstellung verzierter Grabstein soll auf dem Neuen Leipziger Johannisfriedhof (dem Gelände des jetzigen Friedensparks) gestanden haben.

73 »Esche's Restauration und Kaffee-Garten in Gerhards Garten, Lessingstraße 1 pt.«. Wilhelm Heinrich Esche bot seinen Gästen »zu jeder Zeit eine reichhaltige Speisekarte, preiswürdige Weine, Bairisch- und Lagerbier und ff. Gose sowie Mittags 12 Uhr Table d'hote« und ein vielfältiges Musik- und Unterhaltungsprogramm (nach Annoncen in der »Leipziger Zeitung« 1865).

74 Gemeint ist die »Brandbäckerei« im ehemaligen Brandvorwerk. Dieses war während der Calvinistenunruhen im 16. Jahrhundert in Leipzig in Brand gesteckt worden. Der Name Brandvorwerkstraße erinnert noch heute an das alte Gut.

75 Zwei der bekanntesten Leipziger Schwimmanstalten in der Mitte des 19. Jahrhunderts: die erste wurde von dem Fischermeister Johann Friedrich Händel an der Parthe nördlich der Bahnstrecke nach Dresden, hinter dem Magdeburger Bahnhof, betrieben; die Badeanstalt des Fischerobermeisters Johann August Gustav Händel (von Bühle auch als »der jüngere Händel« bezeichnet) befand sich an der Nonnenmühle an der Pleiße (heute Harkortstraße).

76 Gemeint ist wohl Lindenau.

77 Die Kolonnadenstraße in Leipzig erinnert an den einst berühmten Apelschen Garten, der um 1700 zu beiden Seiten der heutigen Otto-Schill-Straße als barocker französischer Garten angelegt worden war. Kolonnaden, wohl begrünte Säulengänge, führten einst durch das Gartengelände.

78 Richards Übersetzung von: Kirschwehr. Das Wehr im Pleißenmühlgraben lag flußaufwärts in Richtung Schleußig etwa dort, wo zwanzig Jahre später die Rennbahn projektiert wurde.

79 15 Grad Réaumur; Temperaturmessung nach der 80-Grad-Skala von René Réaumur.

80 Eythra, Ortschaft südlich von Leipzig, die dem Braunkohlentagebau zum Opfer fiel.

81 Eine Dampfschifffahrt zum »Felsenkeller« bildete 1865 noch ein neues Vergnügen in Leipzig, da es erst seit 1864 möglich geworden war, auf der von Carl Heine eingerichteten Schiffslinie auf dem Wasserweg nach Plagwitz zu gelangen.

82 Das heißt, er hatte Dienst bei der Kommunalgarde.

83 Bereits 1841 wurde das städtische »Fiacrewesen« eingerichtet, der Betrieb mit Pferdedroschken-»Taxis«, während 1860 erstmals Omnibusse als innerstädtische »Massenverkehrsmittel« Fahrgäste auf festgelegten Routen beförderten. Vom Naschmarkt aus konnte man in Richtung Reudnitz, Lindenau, Connewitz oder Gohlis fahren.

84 Für die anwesenden Kinder waren die »Reden an die Jugend« vermutlich allzu lang und scheinen auch Richards Geduld überfordert zu haben. Von der Tragweite der an diesem Tag von hier ausgehenden Schrebergarten-Bewegung konnte er freilich nichts ahnen. Die Einweihung des »Schreber-Platzes« auf einer Wiese an der (heutigen) Aachener Straße fand in Anwesenheit von Dr. Ernst Innocenz Hauschild statt.

85 Die Taten des Wilddiebs und Sozialrebellen Mathias Klostermayr, des »Bairischen Hiesel« (oder Hiasl, geboren 1736, hingerichtet 1771) boten – ähnlich wie die des Karl Stülpner im Erzgebirge – Stoff zu vielfältiger literarischer und dramatischer Darstellung bis hin zum Volkstheater und Puppenspiel. In der Familienzeitung »Die Gartenlaube«, die Familie Bühle vermutlich abonniert hatte (denn Richard kannte sich in dem Krimi aus), erschien 1865 in Fortsetzungen die Geschichte als »Volkserzählung« von Hermann Schmid.

86 In der ehemaligen Sandgrube östlich der Johannisvorstadt wurde 1832 die Gartenanlage »Johannistal« eröffnet und zugleich der Johannistag mit einem Volksfest gefeiert. In dem Kinderfest jeweils an einem Wochenende um den Johannistag lebt diese Tradition im Kleingärtner-Verein der Gartenanlage noch heute fort.

87 Das lebensgroße Denkmal des Leipziger Dichters Christian Fürchtegott Gellert (1715–1769) von Hermann Knaur stand in der Nähe des Rosentalteiches.

88 Carl Robert Käßmodel, »Kramer und Conditor. Firma C. R. Käßmodel. An der Pleiße 2. pt.«

89 Bezeichnung für ein kleines dreigeteiltes Hefebrötchen.

90 Am Johannistag, dem 24. Juni, an dem das Johannisfest auch in Leipzig, hauptsächlich mit dem traditionellen Schmücken der Gräber, gefeiert wurde, war schulfrei.

91 Der alte Dresdner Bahnhof von 1839/40 wurde 1864/65 durch einen Neubau ersetzt.

92 Die Wolfsschluchtszene im 2. Akt des »Freischütz« von Carl Maria von Weber, naturalistisch dargestellt, ließ den Geschwistern »die Haare zu Berge stehen«. Der von Theaterdirektor Theodor von Witte engagierte Bühnenbildner Moritz Lehmann, »K.K. österr. Hoftheater-Dekorateur«, soll am Erfolg dieser Freischütz-Inszenierung entscheidenden Anteil gehabt haben. Das Gebäude des alten Stadt-Theaters zu Leipzig allerdings wird von den Zeitgenossen als dringend erneuerungsbedürftig geschildert. Schon war ja am Augustusplatz das Neue Theater im Entstehen.

93 Carl Heinrich Holler, im Adreßbuch als »Kaufmann« genannt, hatte im Hof des Hauses Klostergasse 14 die »Wattenfabrik« der Fabrikantenwitwe Richter geführt.

94 Wie noch zu Anfang des 20. Jahrhunderts üblich, trugen die Gymnasiasten Schülermützen in einer für ihre Schule festgelegten Farbe; die Thomaner beispielsweise hatten grüne Mützen.

95 Gemeint ist der »Mechanicus und Opticus« Ottomar Heinrich Meder, Begründer einer später bekannten Augenoptikfirma in Leipzig. Seine Werkstatt befand sich im Hof der sogenannten »Kaufhalle«, Markt 10.

96 »Ella, die Nymphe. Große Zauberposse mit Gesang und Tanz in 4 Akten und 8 Bildern von G. Raeder«. Der Theaterzettel der 46. Abonnements-Vorstellung im Stadt-Theater zu Leipzig am 5. Juli 1865 ist im Stadtgeschichtlichen Museun Leipzig erhalten.

97 Gemeint ist der Universitätsgesangverein Sankt Pauli, der älteste Leipziger Männerchor, gegründet 1822.

98 Louis Eduard Levy, »Kaufmann«, dessen Geschäft »E. Levy & Co. Manufakturwaaren« sich (zur Messe) am Brühl 85 befand.

99 Franzbrot oder Franzbrötchen ist die Bezeichnung für ein kleines Brötchen mit einer Längskerbe in der Mitte, dessen Teig mit Milch zubereitet ist.

100 Das Kirschwehr in der Pleiße galt als »eines der vorzüglichsten Flußbäder«. Bei günstigem Wasserstand konnte man »das Wehr als Douche benutzen«.

101 Das als städtisches Zucht- und Waisenhaus zu Beginn des 18. Jahrhunderts erbaute und 1790–1797 umgebaute Georgenhaus an der Ecke Brühl/Goethestraße wurde um 1870 auf das Gelände des ehemaligen Jacobshospitals im Rosental verlegt.

102 Jefferson Davis (1808–1889), amerikanischer Politiker, 1861–1864 Präsident der Konföderierten Staaten von Amerika und damit Führer der Südstaaten im Sezessionskrieg, 1865–1867 wegen Landesverrats in Untersuchungshaft, das Verfahren wurde 1869 eingestellt und Davis die Staatsbürgerschaft der USA aberkannt.

103 Gemeint ist das Georgenhospital, das von der Innenstadt (Georgenhaus) auf das Gelände des ehemaligen Jacobshospitals im Rosental verlegt wurde.

104 Johann Wilhelm Kahl, Schneidermeister, hatte seine Werkstatt am Königsplatz 1, 4. Etage.

105 Carl Helfer, Lehrer am Modernen Gesamtgymnasium und an der Schmittschen Töchterschule, wohnte in der Zeitzer Straße 34 (heute: Karl-Liebknecht-Straße).

106 Leipzigs älteste Innung, die der Fischer, begründete in Zeiten, als die Flüsse noch wasser- und fischreicher waren, ihr Volksfest. Anläßlich des Besuches Augusts des Starken an seinem Geburtstag in Leipzig im Jahre 1714 erfuhr es eine Neubelebung. Reste noch im 19. Jahrhundert erhaltenen Brauchtums beim Leipziger Fischerstechen erklärt Richard Bühle selbst dem Leser, »doch erfreut sich dasselbe einer großen Theilnahme nicht mehr« (Carl Weidinger).

107 Auch Sprengel: Schlingen, die ausgelegt wurden zum Vogelfang.

108 Die »Schmittsche Höhere Töchterschule«, eine Privatschule.

109 Das »Sechste deutsche Feuerwehrfest« fand in Leipzig vom 20. bis 22. August 1865 statt. Außer dem Festumzug der Feuerwehren fanden »Manöver« mit Vorführung von Löschtechnik und »Rettung« von Menschen aus »Feuersnot« statt.

110 Küraß, Bezeichnung für den Leder- oder Metallpanzer der Schweren Reiter, der Kürassiere.

111 Er galt um 1865 als »sehr elegant« und war 1856 als vierter Leipziger Bahnhof eröffnet worden (nach der Inbetriebnahme des Dresdner, des Magdeburger und des Bayerischen Bahnhofs).

112 An der Wintergartenstraße.

113 Christian Wilhelm Schneemann, »Restaurateur«, Inhaber einer Gaststätte in der Reichsstraße 10, »im Hof«.

114 Friedrich August Breese, »Korbmachermeister (ohne Geschäft)«, Tauchaer Straße 17–18 I; war auch tätig als Sachverständiger für das Korbmacherhandwerk beim Bezirks-Handelsgericht.

115 Das »Constitutionsfest« zur Erinnerung an die Einführung der

sächsischen Verfassung von 1831 wurde als schulfreier Feiertag begangen.

116 Das Denkmal für Fürst Carl von Schwarzenberg, der 1813 nach der Völkerschlacht bei Leipzig den verbündeten Monarchen die Botschaft vom Sieg über Napoleon überbracht hatte, war 1838 von der Familie von Schwarzenberg errichtet worden. Es stand im Park des Meusdorfer Gutshofes.

117 Nahe dem Denkmalsstandort, an der Straße nach Liebertwolkwitz, befand sich während der Schlacht bei Wachau das Standquartier Napoleons. Das Denkmal war 1852 vom »Verein zur Feier des 19. Oktober 1813« errichtet worden.

118 Das 1854 errichtete Denkmal steht auf dem nordöstlich von Liebertwolkwitz gelegenen Kolmberg. Eine der Inschriften erinnert daran, dass hier am 16. Oktober 1813 die »Stätte des Kampfes zwischen Klenau und Macdonald« gewesen ist.

119 In der Schlacht bei Breitenfeld 1631 schlug Gustav Adolf, König von Schweden, den kaiserlichen Heerführer Tilly. Das Denkmal mit der bekannten Inschrift wurde 1831 errichtet.

120 Große Murmeln.

121 »Das sonderbarste Volksfest ... erinnert an den früheren Jahrmarkt zu Taucha. Der Auszug der Leipziger Studenten zu Roß und Wagen, als fremde Kaufleute verkleidet, ist zwar längst weggefallen. Noch immer aber strömt eine große Menschenmasse nach Reudnitz, füllt die Restaurationen und bereitet besonders den Kindern ein Fest, die verkleidet und mit kleinen Trompeten und so genannten Waldteufeln ausgerüstet, lärmend umherziehen ... Den Abschluß bildet ein Laternenumzug« (Carl Weidinger). Zum »Tauch'schen Jahrmarkt« vgl. auch ausführlich Adolf Lippold: Von Nachtwächtern, Trödeljuden und Harfenmädchen. Hrsg. von Katrin Sohl. Leipzig 2004, S. 193–203.

122 Nach der Ankündigung im »Vergnügungs- und Restaurations-Kalender« der »Leipziger Nachrichten« vom 24. September 1865 war »Platows Naturalienausstellung« in Poppes Restaurant am Neukirchhof (heute: Matthäikirchhof) zu sehen.

123 Altertümliche Bezeichnung für eine Stoß- und Stichwaffe: die Hellebarde oder den Spieß.

124 Gemeint ist die Engros-Messe (französisch en gros: in großen Mengen).

125 Das gußeiserne Denkmal wurde über dem sogenannten Schwe-

denstein, an der Stelle, wo nach der Schlacht bei Lützen der Leichnam Gustav Adolfs gelegen hatte, aufgrund einer Stiftung des schwedischen Königs 1832 errichtet und 1837 enthüllt.

126 Wilhelm I. (1797–1888), preußischer König seit 1862, ab 1871 Deutscher Kaiser.

127 Otto Fürst von Bismarck (1815–1898), preußischer Ministerpräsident seit 1862.

128 Die drei Sprüche am Gustav-Adolf-Denkmal stammen aus dem Alten Testament: 1. Samuel 25, Vers 28 und aus dem Neuen Testament: 1. Johannes 5., Vers 7 und 2. Timotheus 1, Vers 7 (2. Brief des Paulus an Timotheus).

129 Der »Salon Agoston« auf der Schaubudenmesse versprach das Auftreten »des Physikers Herrn Mehay aus Paris« und »Zum Schluß jeder Vorstellung die großartigen Geister- und Gespenstererscheinungen« laut Anzeige in den »Leipziger Nachrichten« vom 22. September 1865.

130 Die Werbung für »Rappo's Theater« in den »Leipziger Nachrichten« vom 22. September 1865 versprach u.a. »eine Gallerie prachtvoller lebender Bilder, Productionen der neuesten Erfindungen in der gymnastischen Kunst, Ballettanz und Pantomimen ... in der größten, prachtvoll decorirten, mit Gas beleuchteten und bequem eingerichteten Bude auf dem Roßplatz gegenüber dem Grünen Baum.«

131 Heute: Karl-Liebknecht-Straße.

132 Recte: Oktober.

133 Giuseppe Garibaldi (1807–1882), italienischer Freischarenführer, kämpfte für die Einigung Italiens.

134 Heute: Paul-List-Straße.

135 Knotenstock, kräftiger Lauf- und Wanderstecken aus dem knorrigen Holz der Kornelkirsche, hergestellt in Ziegenhain bei Jena.

136 Carl August Markert, Firma »August Markert. Strumpfwaren-, Material-, Tabak-, Cigarren- und Lotteriegeschäft«, Grimmaische Straße 28 pt.; Wohnung in der Reichsstraße 30 II.

137 Mit Schiller-Feiern jeweils am Geburtstag, dem 10. November, wurde auch im »Zill'schen Institut« des Dichters gedacht. Der Tag war schulfrei.

138 Hermann Walter (1838–1909) gehörte zu den ersten Berufsfotografen in Leipzig und wurde mit seinen prägnanten Stadtansichten zum Chronisten des alten Leipzig. 1865 nannte er sich

noch »Mechanicus« und hatte Werkstatt und Atelier, zunächst für Porträtaufnahmen, in der Frankfurter Straße. Die Porträts von Richard Bühle und seinem Bruder Oskar sind leider nicht mehr nachweisbar.

139 Der 12. Dezember war auch der Geburtstag des sächsischen Königs Johann, Thronfolger von Friedrich August II. seit 1854.

140 Jacob Ratty, »Bäcker und Conditor«, Klostergasse 6 (Markt 11) pt.

141 Eduard Duller: Die Geschichte des deutschen Volkes. Mit hundert Holzschnitten nach Originalzeichnungen von L. Richter und J. Kirchhoff, Leipzig 1840; hier vermutl. gemeint: Neue Ausgabe, völlig umgearbeitet von William Pierson. Berlin 1861.

142 Jacob Caro (1836–1904), Historiker, seit 1863 Privatdozent für Geschichte an der Universität Jena, spezialisiert auf polnische Geschichte, Berater und kurzzeitig Begleiter der Großfürstin Jelena Pawlowna in St. Petersburg, seit 1868 Professor in Breslau.

143 Carl Bock: Volks-Gesundheits-Lehrer. Zum Kennenlernen, Gesunderhalten und Gesundmachen des Menschen. 4. Auflage, Leipzig 1866.

144 Richard (von) Volkmann (1830–1889), Arzt in Halle, seit 1863 Professor der Chirurgie an der Universität Halle, Wegbereiter der modernen Chirurgie in Deutschland, 1885 geadelt.

145 Das nachstehend Erzählte sollte Anfang 1866 stattfinden.

ORTSREGISTER

Äckerleins Hof (ehem. Haus am Markt, zugleich Weinkeller) 46, 81, 189
Alexanderstraße (heute Max-Beckmann-Straße) 9
Alte Börse (Naschmarkt) 67
Altenburg 115
Altes Theater (ehem. Fleischerplatz / Goerdelerring) 48, 86, 87, 92, 108, 197, 200
Altscherbitz (Dorf nordwestl. von Leipzig, heute Stadtteil von Schkeuditz) 143
Antonstraße (ehem. Verbindungsstraße zwischen Dresdner Straße und Täubchenweg) 9
Apels Garten (Otto-Schill-Straße) 195
Audigast (Dorf südl. von Leipzig) 147
Auerbachs Hof (Grimmaische Straße) 9
Augustusplatz 30, 34, 118, 197
Bahnhofstraße (heute Goergiring) 9
Barfußmühle (am Dittrichring) 12, 190
Bayerischer Bahnhof 198
Berlin 8, 101, 186, 201
Bienitz (Gelände östl. von Leipzig, heute eingemeindet) 64
Bonorand (Kaffeehaus am Eingang des Rosentals) 59, 81, 93, 96, 104, 113, 150, 152, 194
Bosenstraße (heute Teil der Nürnberger Straße) 61
Böttcherstraße (Gohlis, heute Teil der Lindenthaler Straße) 52
Brandbrücke (Brücke über den Pleißemühlgraben in der Südvorstadt) 68
Brandtbäckerei (Bäckerei auf dem Gelände des Brandvorwerks) 69, 109
Braustraße 9
Braustraßenbrücke (Brücke über den Pleißemühlgraben am Ende der Braustraße) 123
Breitenfeld (Dorf nördl. von Leipzig, heute eingemeindet) 124, 126, 128, 199
Bremen 102, 106
Brühl 34, 61, 197
Buckau (bei Magdeburg) 99, 100, 101, 179
Buen Retiro (Insel in Schimmels Teich an der Stelle des heutigen Bundesverwaltungsgerichts) 33, 35, 60, 104, 110, 111, 190, 192
Burgkeller (Restaurant) 109
Burgstraße 130, 176
Cajeri (Gartenrestaurant an der Pleiße) 59, 67, 194
Carolinenstraße (heute Paul-List-Straße) 9, 153, 154, 158
Centralhalle (ehem. Gesellschaftshaus, Gottschedstraße Ecke Dittrichring) 49
Clara-Park 193
Connewitz (Dorf südl. von Leipzig, heute eingemeindet) 74, 131, 144, 196

Döhlen (ehem. Dorf südwestl. von Leipzig) 145
Dölitz (Dorf südl. von Leipzig, heute eingemeindet) 74
Dölzig (Dorf westl. von Leipzig, heute Stadtteil von Schkeuditz) 164
Dresden 106, 167, 195
Dresdner Bahnhof (an der Stelle des heutigen östlichen Teils des Hauptbahnhofs) 85, 191, 197, 198
Dritte Bürgerschule (Dresdner Straße, am Johannispatz) 37
Ehrenberg (Dorf westl. von Leipzig, heute als Böhlitz-Ehrenberg eingemeindet) 82, 148
Elsterstraße 9, 40, 103
Esche (Gartenrestaurant in Gerhards Garten) 68, 79, 80, 82, 97, 104, 108, 109, 110, 195
Eutritzsch (Dorf nördl. von Leipzig, heute eingemeindet) 85, 91, 124, 161, 165
Exerzierplatz (Gohlis, etwa nördlich des heutigen Nordplatzes) 66, 67, 83, 90, 107, 110, 112, 119, 124, 142–144, 148, 150–153, 155–158, 160, 161, 165–167, 170, 183
Eythra (ehem. Dorf südl. von Leipzig) 72, 195
Felsenkeller (Restaurant in Plagwitz, Karl-Heine-Straße, Ecke Zschochersche Straße) 50, 71, 73, 93, 111, 121, 180, 196
Fleischergasse 14, 101, 158, 180
Fleischerplatz (heute Goerdelerring) 166, 183
Floßplatz 115
Frankfurter Straße (Teil der heutigen Jahnallee zwischen Waldplatz und Angerbrücke) 11–13, 40, 41, 79, 172, 189, 201
Frankfurter Tor (am Waldplatz, auch äußeres Ranstädter Tor genannt) 40, 51, 120, 136, 148, 194
Gaschwitz (Dorf südl. von Leipzig) 72
Gautzsch (Dorf südl. von Leipzig) 131, 145
Gellert-Denkmal (Rosental) 77, 91
Georgenhaus (Goethestraße / Brühl) 103, 197
Georgenhospital (neues) (Rosental) 198
Gera (Thüringen) 101
Gerberstraße 119, 165, 171
Gerhards Garten (im Bereich der heutigen Lessingstraße) 59, 96, 108, 110, 179, 183, 190, 194, 195
Glauchau (bei Halle) 115
Gohlis (Dorf nordwestl. von Leipzig, heute eingemeindet) 42, 49, 52, 58, 80, 82, 96, 113, 123–125, 143, 148, 150, 151, 153–165, 170, 176, 181, 193, 196
Grenzgasse (heute Grenzstraße) 9, 61
Grimma 111, 125
Grimmaische Straße 23, 34
Groitzsch (Kleinstadt südwestl. von Leipzig) 146, 147
Großenhain (Sachsen) 167
Großmiltitz (Dorf westl. von Leipzig, heute eingemeindet) 136

Großmodelwitz (Dorf nordwestl. von Leipzig, heute als Teil von Lützschena eingemeindet) 143
Großwiederitzsch (Dorf nördl. von Leipzig, heute eingemeindet) 124
Großzschocher (Dorf südl. von Leipzig, heute eingemeindet) 50
Gustav-Adolph-Straße 42
Hainstraße 20
Halberstadt 101
Halle/Saale 174
Hallesches Tor 119
Hamburg 33, 191
Händels Badeanstalt (an der Nonnenmühle gegenüber der Pleißenburg / Neues Rathaus) 69, 92, 93, 104, 195
Händels Badeanstalt (an der Parthe, nördlich des Ausgangs der heutigen Hofmeisterstraße, an der Brandenburger Straße) 69, 72, 74, 79–81, 83–88, 92, 95, 96, 99, 100, 107–109, 112, 180, 181, 195
Hänichen (Dorf nordwestl. von Leipzig, heute als Teil von Lützschena eingemeindet) 143
Harth (ehem. Waldgebiet südlich vom Großstädteln) 72
Helgoland (Gaststätte in Plagwitz) 109
Hintergersdorf (bei Tharand) 167
Hochzeitswehr (heute Elsterwehr bzw. Palmgartenwehr) 11, 12, 190
Holzhausen (Dorf östl. von Leipzig, heute eingemeindet) 53, 128
Hospitalstraße (heute Teil des Prager Straße) 193
Imnitz (ehem. Dorf südwestl. von Leipzig) 145
Insel. Siehe Buen Retiro
Jacobshospital (Rosental) 198
Jena 173, 200, 201
Johanna-Park 174
Johannistal 77, 79
Karolinenstraße. Siehe Carolinenstraße
Kaufhalle (Markt, Ecke Barfußgäßchen) 90, 197
Kintschy (Konditorei, Klostergasse) 49, 52, 60, 96, 104, 150, 156, 193
Kirschwehr (zwischen Pleißemühlgraben und Hochflutbett der Pleiße, südl. des Schleußiger Wegs) 73, 100, 112–114, 120–122, 129, 131, 132, 134, 195, 197
Kleinmiltitz (Dorf westl. von Leipzig, heute eingemeindet) 136
Kleinmodelwitz (Dorf nordwestl. von Leipzig, heute als Teil von Lützschena eingemeindet) 143
Kleinwiederitzsch (Dorf nördl. von Leipzig, heute eingemeindet) 124
Klostergasse 7, 9, 61, 85, 109, 181, 190, 192, 193, 197, 201
Knauthain (Dorf südwestl. von Leipzig, heute eingemeindet) 120
Kolmberg 125, 127–129, 199
Köln 104, 105
Kolonnadenstraße 71, 195

Königsplatz (heute Wilhem-Leuschner-Platz) 198
Köthen 7, 8, 73, 100, 135, 137, 168–170, 173, 189
Kötschbar (ehem. Dorf südwestl von Leipzig) 145
Kuhturm (Rest einer alten Befestigungsanlage an der Angerbrücke, Restaurant) 11, 20, 50, 92, 119, 121, 189
Landfleischerhalle (Fleischerplatz / Goerdelerring) 46
Leibnizstraße 11, 12, 61
Leutzsch (Dorf westl. von Leipzig, heute eingemeindet) 123
Leutzscher Holz 50, 81, 102, 123, 148, 165
Liebertwolkwitz (Dorf südöstl. von Leipzig, heute eingemeindet) 126, 127, 129, 199
Lindenau (Dorf westl. von Leipzig, heute eingemeindet) 11, 20, 40–42, 65, 98, 112, 123, 136, 149, 164, 172, 176, 183, 195, 196
Lindenstraße (Gohlis, Schillerweg) 49, 52, 75
Lindenthal (Dorf nördl. von Lpz., heute eingemeindet) 124
Lurgensteins Garten (Dittrichring gegenüber der Thomaskirche) 9, 12, 129
Lützen 135–137, 140, 180, 200
Lützschena (Dorf nordwestl. von Lpz., heute eingemeindet) 143
Magdeburg 99, 179
Magdeburger Bahnhof (an der Stelle des heutigen mittleren Teils des Hauptbahnhofs) 22, 70, 83, 85, 195, 198
Markranstädt 136, 140
Markt 69, 83, 189, 192
Maschwitz (ehem. Dorf südwestl. von Leipzig) 145
Meusdorf (Dorf südl. von Leipzig, heute eingemeindet) 125, 199
Mittenwalde 8
Möckern (Dorf nordwestl. von Leipzig, heute eingemeindet) 143
Naschmarkt 59, 67, 196
Naundörfchen (zwischen Lessingstraße und Ranstädter Steinweg / Jahnallee) 151
Neues Theater (Augustusplatz, heute Opernhaus) 197
Neukirchhof (ehem. Platz an der Neu- bzw. Matthäikirche) 133, 199
Neuschönefeld (Stadtteil von Leipzig) 58, 103
New York 8
Nonne (Auwaldgebiet südl. der Anton-Bruckner-Allee) 50, 174
Nonnenmühle (zwischen Karl-Tauchnitz- und Harkortstraße) 93–96, 99, 102, 110, 192, 195
Oberschänke (Gaststätte in Gohlis) 58
Obstmarkt (heute Martin-Luther-Ring) 38, 192
Oetzsch (Dorf südl. von Leipzig, heute eingemeindet) 131
Papitz (Dorf nordwestl. von Leipzig, heute als Teil von Lützschena eingemeindet) 143
Parthe 68–70, 107, 150, 180, 195
Pegau (Kleinstadt südwestl. von Leipzig) 144, 145, 147, 180

Peterskirche (am Ausgang der Petersstraße) 37, 44, 45, 183, 192
Peterskirchhof 191
Petersstraße 7, 24, 37, 39, 108, 191, 194
Peterstor (am Ausgang der Petersstraße) 89, 194
Pfaffendorf (ehem. Vorwerk an der Pleiße) 150, 156, 161
Pferdeschwemme (am Obstmarkt / Martin-Luther-Ring) 38
Place de repos (ehem. Vereinshaus am Dittrichring) 61
Plagwitz (Dorf südwestl. von Leipzig, heute eingemeindet) 11, 12, 20, 50, 59, 80, 83, 93, 109, 111, 180, 190, 193, 196
Plagwitzer Weg 20
Pleiße 11, 12, 97, 150, 182, 190, 194–197
Pleißenburg (heute Neues Rathaus) 54, 107, 129, 193
Poststraße (ehem. Verbindungsstraße zw. Bahnhofstraße/ Georgiring und Querstraße) 9
Prager Straße 202
Probstheida (Dorf südöstl. von Leipzig, heute eingemeindet) 53, 125
Prödel (ehem. Dorf südl. von Leipzig) 145
Promenade 27, 59, 191, 192, 194
Promenadenstraße (heute Teil der Käthe-Kollwitz-Straße) 11, 190
Quasnitz (Dorf nordwestl. von Leipzig, heute als Teil von Lützschena eingemeindet) 143
Quesitz (Dorf westl. von Leipzig) 136
Reichsstraße 118, 198, 200
Reudnitz (Dorf östl. von Leipzig, heute eingemeindet) 61, 191, 196, 199
Rosental 24, 50, 59, 68, 72, 78, 81, 84, 86, 91, 96–98, 103, 106, 124, 134, 135, 142–144, 150–152, 154, 156, 160, 166, 171, 191, 193, 194, 196
Rosentalgasse 152
Rosental-Teich 172
Rosentaltor 150, 152, 157, 158, 162, 166
Roßplatz 52, 179, 194, 195, 200
Salzgäßchen 102
Schillerhaus (Menckestraße) 49
Schimmels Teich (an der Stelle des heutigen Bundesverwaltungsgerichts) 13, 21-24, 27, 35, 175, 190, 192
Schkeuditz (Kleinstadt nordwestl. von Leipzig) 124, 143, 180
Schleußig (Dorf südwestl. von Leipzig, heute eingemeindet) 109, 193, 195
Schleußiger Holz 50
Schloß. Siehe Pleißenburg
Schneckenberg (ehem. Hügel an der Stelle des Neuen Theaters / Opernhauses am Augustusplatz) 34
Schneemann (Restaurant) 118
Schneiders Theater 67
Schönau (Dorf westl. von Leipzig, heute eingemeindet) 136
Schönefeld (Dorf nordöstl. von Leipzig, heute eingemeindet) 58
Schützenhaus (Gesellschafts-

haus, Wintergartenstraße Ecke Tauchaer Straße / Rosa-Luxemburgstraße) 115, 119
Schwanenteich 15, 16, 19, 21–23, 26, 27, 32–34, 36, 175, 180, 183, 192
Schwanns s. Schwanenteich
Schwimmanstalt (Weststraße) 13, 51
Seifertshain (Dorf östl. von Leipzig) 128
Sonneberg (Thüringen) 115
St. Petersburg 173
Stadttheater. Siehe Altes Theater
Stahmeln (Dorf nordwestl. von Leipzig, heute eingemeindet) 143
Stötteritz (Dorf südöstl. von Leipzig, heute eingemeindet) 128, 134
Südstraße (heute Teil der Karl-Liebknecht-Straße) 144
Taucha (Kleinstadt östl. von Leipzig) 132, 199
Tauchaer Straße (heute Rosa-Luxemburg-Straße) 61, 194, 198
Theaterplatz (Platz vor dem Alten Theater) 61
Thekla (Dorf nordöstl. von Leipzig, heute eingemeindet) 58
Thiemesche Brauerei (Tauchaer Straße) 58
Thonberg-Straßenhäuser (heute Teil der Prager Straße) 53, 125, 193
Thüringer Bahnhof (an der Stelle des heutigen westlichen Teils des Hauptbahnhofs) 115
Trinkhalle Nr. 1 (Peterstor) 64, 89
Universitätsholz (Oberholz, Waldgebiet bei Großpösna) 50
Wachau (Dorf südl. von Leipzig, heute Ortsteil von Markkleeberg) 125, 126, 127, 128, 129, 199
Wahren (Dorf nordwestl. von Leipzig, heute eingemeindet) 123, 143
Waldschlößchen (Gaststätte mit Tanzsaal in Gohlis) 50, 82
Washington, D.C. 106
Weißenfels 137
Weststraße 9, 11, 13, 61, 190
Wiederau (Dorf südwestl. von Leipzig) 145, 147
Wien 123, 130
Wintergartenstraße 9, 198
Wittenberg 101
Zeitzer Straße (heute Teil der Karl-Liebknecht-Straße) 61, 108
Zeitzer Tor (am Peterssteinweg, kurz vor der Einmündung der Emilienstraße) 144
Zillsches (Hauschildsches) Institut (Privatgymnasium am Peterskirchhof) 7
Zöbiger (ehem. Dorf südl. von Leipzig) 145
Zum Weißen Hirsch (Peterskirchhof) 7
Zwei goldene Sterne (Klostergasse Nr. 14) 7
Zwenkau (Kleinstadt südl. von Leipzig) 72, 145